HISTOIRE

DE

NADER CHAH,

CONNU SOUS LE NOM DE

THAHMAS KULI KHAN,

EMPEREUR DE PERSE.

TRADUITE D'UN MANUSCRIT PERSAN,

PAR ORDRE DE SA MAJESTÉ

LE ROI DE DANNEMARK.

AVEC

DES NOTES CHRONOLOGIQUES, HISTORIQUES,
GÉOGRAPHIQUES.

ET

UN TRAITÉ SUR LA POÉSIE ORIENTALE.

PAR M.R JONES,

MEMBRE DU COLLEGE DE L'*UNIVERSITÉ* A OXFORD.

PREMIERE PARTIE.

A LONDRES.

CHEZ P. ELMSLY, LIBRAIRE DANS LE STRAND.
M.DCC.LXX.

EPITRE

A

SA MAJESTÉ
CHRETIEN VII.

PAR LA GRACE DE DIEU

ROI DU DANNEMARK ET DE LA NORWÉGUE,
DES GOTHS, ET DES VANDALES,

DUC DE SLESVIC, HOLLSTEIN, STORMARN, ET
DITTMARSHEN,

COMTE D'OLDENBOURG ET DELLMENHORST.

&c. &c. &c.

SIRE,

UNE Traduction, faite par les Ordres de Votre Majesté, emprunte son

lustre des augustes auspices sous lesquels

                    elle

E P I T R E.

elle a été entreprife ; daignez donc fouffrir, que laiffant à mon auteur l'enthou-
fiafme de la flatterie orientale, je ne faffe
mention de fon Héros que pour relever un
contrafte qui m'a frappé. C'eft au fuc-
ceffeur légitime d'une fuite de Rois, auffi
anciens qu'illuftres, que je préfente ce
Nader Chah, ufurpateur, & d'une origine obfcure. Le crime & la terreur conduifirent ce fameux guerrier à la fortune,
par une voïe remplie d'allarmes & de
dangers. L'admiration & la confiance des
peuples, déja fixées au pied du trône de
Votre Majefté, lui ouvrent une carriere
auffi brillante qu'heureufe. Nader craignit

la

la lumiere du favoir, & tâcha de détruire
les fciences dans fes états ; Vôtre Majefté,
véritable appréciatrice du génie, lui con-
fiera fans peine les annales de Son regne.
Il fuffira à Ses hiftoriens d'être éclairés &
fideles ; ils ne feront pas obligés, comme
celui de Nader, de donner au deftructeur
le mafque du conquérant ; à l'oppreffeur
ces magnifiques titres que la bouche fer-
vile accorde, & que le cœur honnête re-
fufe à l'injuftice, & à la tyrannie. Mais,
SIRE, fi d'autres ont l'honneur d'achever
le contrafte que j'ébauche, & de faire fen-
tir à la pofterité la différence qu'il y a entre
la baffeffe de l'adulation & le pur encens

de

E P I T R E.

de la vérité, j'aurai du moins l'avantage de
les avoir dèvancés dans une route, que la
gloire de Votre Nom rendra fi facile, ainfi
que dans le zèle, & le très profond refpect
avec lefquels je fuis,

DE VOTRE MAJESTE,

Le très humble &

très obeïffant ferviteur,

WILLIAM JONES.

PREFACE du TRADUCTEUR.

CET Ouvrage n'eſt point entiérement inconnû ; un * Auteur Anglois, dans l'agréable récit de ſes voïages, a fait mention d'une vie de NADER CHAH, écrite en Perſan ; mais, il ajoute, qu'il eſt peu probable qu'elle paroiſſe jamais en Europe. En effet, pour que le public fût enrichi de ce rare préſent, il a a fallû que le deſtin le fît tomber entre les mains d'un Roi diſtingué par ſon amour pour les Belles Lettres, & par la délicateſſe de ſon goût ; ce qui n'étoit pas un bonheur facile à prévoir. Chargé par les ordres de ce Monarque de traduire, & de publier ce manuſcrit, je deſirerois de mon côté pouvoir ſatisfaire le lecteur, en lui donnant une parfaite connoiſſance de l'auteur que je traduis ; mais, mes recherches à cet égard aïant été vaines, il faut qu'il ſe contente de mon opinion. J'avoüe

PREFACE du TRADUCTEUR.

J'avoüe d'abord, que je ne fuis pas de l'avis de l'écrivain que je viens de citer, qui annonce mon auteur comme un général ou un commandant; il me paroit plutôt un homme d'un favoir profond, d'une éloquence agréable, & parfaitement verfé dans la litérature orientale, ainfi que dans la poëfie de fon païs. Ses notions fur l'art militaire, la maniére dont il décrit les batailles ne conviennent nullement à un guerrier; elles s'accordent bien mieux avec le titre de Mirza, qui fignifie homme d'étude, lorfqu'il précede le nom propre; celui de Khan, qui s'y trouve joint, prouve feulement que le favoir, en Afie, eft le chemin de la fortune, auffi bien que celui de la gloire. Comme il n'y a que douze ans que cette hiftoire a été écrite, il eft probable que Mirza Mohammed Mahadi Khan de Mazenderan vit encore, à moins qu'il n'ait péri dans quelque danger femblable à ceux qu'il décrit, & qui étoient fi frequens dans fa patrie aux tems malheureux qu'il déplore: cependant le récit de ces rebel-

lions

lions perpétuelles, souvent compliquées, & renouvellées aussitôt qu'appaisées a quelque chose de sec & de fatiguant. L'auteur l'a senti lui-même ; ainsi, lorsqu'il n'a pas eû des evénemens grands & frappants à raconter, il a táché de faire supporter la minutie, & même quelquefois l'obscurité de sa narration par des morceaux de poésie Persanne aussi bien choisis que placés. Ces essais de Rhétorique orientale sont sur tout admirables dans les descriptions variées du printems, qu'il donne au commencement de chaque année, & dans lesquelles, en géneral, il fait allusion à ce qui s'y est passé de plus remarquable. Cet ouvrage doit naturellement intéresser le public, & attacher le lecteur ; les faits en sont si récens, qu'ils ne sauroient être effacés de notre mémoire, & n'aïant pas perdû leur degré de chaleur par une froide recherche dans des siécles reculés, ils ne se présentent à nous qu'avec ces charmes, & cette importance que la la verité & l'authenticité donnent aux moindres événemens.

<table>
<tr><td>Part I.</td><td>b</td><td>Après</td></tr>
</table>

Après avoir ainsi rendû justice à mon auteur, je serai plus concis sur ce qui me regarde moi-même & ma traduction. Je dois d'abord assurer le lecteur, que j'ai tâché de lui donner une idée exacte de l'original Persan, en le traduisant aussi literalement qu'il m'a été possible ; en cela j'ai suivi & mes ordres & mon inclination. Nous avons assés d'histoires Asiatiques habillées à l'Européene, j'ai laissé à celle-ci ses ornemens naturels : je n'ai orné aucun détail ; j'ai suivi l'élévation ou l'abaissement du style, comme je les ai trouvés. Le peu de mots que je puis avoir ajoutés n'ont été que pour écarter des ambiguités attachées à la différence d'idiomes ; je n'ai retranché que dans les endroits où les allusions étoient ou trop éloignées ou trop absurdes pour nous ; que quand les expressions à force d'être outrées devenoient ridicules à l'imagination calme de nos climats. Si j'ai hazardé de donner une traduction rimée des vers que j'ai trouvé dans le corps de cette Histoire, j'en ai ajouté une litérale à la fin de chaque partie.

On

On trouvera dans mes Notes un index Géographique des principales villes & provinces dont cet ouvrage fait mention, mais j'ai été forcé de paſſer ſous ſilence ce qui concerne pluſieurs tribus, villages, & fortereſſes, dont on ne voit nulle trace dans les livres de géographie orientale que j'ai conſulté.

Quant au traité ſur la poéſie Aſiatique que j'ai ajouté à cette hiſtoire, comme une eſpece de commentaire ſur le goût poétique dans lequel elle eſt écrite, s'il s'y trouve quelques erreurs, j'en appelle au jugement impartial du lecteur ſavant ; il conſiderera ſans doute combien il étoit difficile d'entendre parfaitement des Odes dont le ton ſublime, & chargé d'ornemens embarraſſe même ceux dans la langue deſquels elles ſont écrites, ſurtout étant privé du ſecours d'un bon commentaire, ſi néceſſaire dans ces occaſions. Au reſte, comme il m'a été preſcrit d'écrire cet ouvrage en François, j'eſpére qu'on excuſera la témérité que j'ai eû en entreprenant une traduction ſi difficile

b 2

dans

dans une langue qui n'eſt pas ma langue naturelle. Je ne dirai pourtant point avec le Romain, qui publia un ouvrage Grec, que j'ai commis des fautes volontaires, afin quelles fiſſent connoitre quelle étoit ma patrie ; au contraire, j'avoue que je n'ai rien oublié pour me mettre en état d'offrir un ſtyle correct ; que j'ai reçû avec empreſſement tous les avis qui m'ont été donnés à ce ſujet, & accepté avec reconnoiſſance les ſecours qui m'ont été offerts.

PREFACE DE L'AUTEUR.

Au nom de Dieu clément & miséricordieux!

C EUX qui possèdent le savoir, & sont doüés de la sagesse, connoissent, que quand les tems sont remplis de troubles & de confusions, quand la fortune favorise les desirs de l'injuste, le suprême Modérateur de l'univers, l'Arbitre de toutes choses fait paroitre parmi les hommes un elû qu'il remplit de l'effusion de son eternelle merci; qu'il étend son bras sur le monde, pour adoucir par le baume de sa clémence les blessures du cœur de l'opprimé; qu'il laisse le méchant gouter le poison de ses funestes succès, mais récompense la justice par les douceurs de sa bonté.

Ces

Ces vérités sont prouvées par les prospérités merveilleuses de la vie de sa très-haute Majesté, douée de force & de pouvoir, possédant les richesses d'Alexandre & les dignités de Dara ; de ce redoutable destructeur de ses ennemis dans le champ du combat ; de ce Héros, trop grand pour recevoir ou bénéfice ou injure par la louange ou le blame, lui, qui manifesta le pouvoir de Dieu, & ne paya un tribut d'adoration qu'à lui seul ; qui deploïa au loin ses victorieuses bannieres ; dont le trône fut exalté, la fortune prospère ; dont la splendeur éclaira l'univers ; guerrier, armé d'un bras tout puissant ; héros, qui à l'aide de son sabre éclatant prit possession de tous les roïaumes du monde ; chef, dont les fléches aiguës firent trembler la terre, & dont la lance perçante allarma même le firmament ; à l'approche duquel la douce voix de l'espérance parvint aux oreilles des mortels, & dont la libéralité fit découler autour de lui mille torrens de délices ; le lion rugissant du siécle, & le plus grand monarque du monde ; le plus illustre Souverain, qui donna le diademe aux rois de l'Inde

&

PRÉFACE DE L'AUTEUR.

& du Turquestan; le puissant conquérant, l'arbitre très-clément, le sultan Abou Seif Nader Chah. Ainsi que le soleil, il dispersoit autour de lui les raïons de sa gloire; comme l'alchimiste, il changeoit tout en or pur, & répandoit de tous côtés les flots de sa munificence. Il se soutint dans sa naissante fortune par sa prudence & son intrépidité, jusqu'au tems où la terre d'Iran fut abreuvée de sang, & où l'etendart de la revolte fut arboré dans toutes les parties de l'empire, comme dit le poëte,

    * " L'Iran par l'injustice, à la fin harrassé,

     " Vâ, punir les Afgans, qui l'avoient oppressé.

Dans ce tems le trône imperial êtoit foulé aux pieds par des usurpateurs; les flâmes de la violence & de la rapine éclatoient à la fois en tous lieux. Les gouverneurs, les chefs de tribus se revoltérent ouvertement, & parmi les petits, ainsi que parmi les grands, tout fut en mouvement dans la Perse. Depuis Kandehar jusqu'au Isfahan la tribu de Galgeh remplit les plaines de désolation. En

Hérat

PRÉFACE DE L'AUTEUR.

Hérat les Abdalis, en Chirvan les Leczies suscitérent des troubles : plusieurs avanturiers se mirent à la tête des revoltés, & levérent des armées de rebelles en diverses provinces ; dans ce nombre furent, à Fars, un homme d'une race inconnue, qui prit le nom de Sefi Mirza ; dans le Kerman, Seïd Ahmed Nevadeh Mirza Daoud ; dans le Balougeslan & le Bender, Soltan Mohammed, qui par dérision fut surnommé Ker Sovar (ou le Cavalier aux anes) ; dans Gianki, un homme du peuple nommé Abbas ; dans le Ghilan, Ismaïl ; enfin dans le Khoraslan, le prétendant Melek Mahmoud Seïstani.

Les Turcs s'étoient rendûs maîtres de l'Azerbigian, depuis Arpehtchaï jusqu'à Sultania & Abher, & depuis Kermanchah jusqu'à Ghezaz. Les usurpations des Russes commençoient à Derbend, & s'etendant aussi loin que le Mazenderan comprenoient toutes les frontiéres de l'empire. Outre tous ces malheurs intestins & ces pertes étrangéres, les Turcmans d'Asterabad renouvelloient per-

petuellement

petuellement les desordres. Les tribus des Bakhtiaris,
celle de Fili, les Kiurdes d'Ardelan, & les Arabes
d'Havifeh avoient entrepris de fecouër le joug de l'obeïffance ; mais le livre facré dit,

" Dieu fera le repos aux travaux fuccéder ;"

& le poëte ajoute,

" Afin que le méchans foient contraint de céder.

Ainfi la Sageffe éternelle, qui gouverne le monde, ordonna que dans ces tems malheureux s'éleveroit un Monarque auffi magnifique que Feridoun, dont la grandeur
& le pouvoir anonceroient la gloire du Créateur, & dont
la prudente conduite montreroit les traces de la fapience
incréée dans un plus vif éclat. La vie fortunée de ce
Héros fut deftinée à répandre des traits de lumiére dans
tout l'univers, & les raïons de fa gloire à briller aux
yeux des jeunes & des vieux.

PREFACE DE L'AUTEUR.

Pour toutes ces raisons l'auteur a entrepris de donner à la posterité le récit détaillé de la vie de l'incomparable conquérant ; mais avant que d'entrer dans la narration suivie de ses grandes actions, il a trouvé nécéssaire de raconter quelques uns des événemens qui ont précédé son élévation.

Cette Histoire est écrite & embéllie par Mohammed Mahadi, esclave de la cour de sa Majesté ; dans laquelle il explique tout ce qui est arrivé depuis le commencement de la fortune prospére de ce monarque ; afin que la Mémoire de ces admirables événemens s'étende, & se conserve parmi les hommes, & pour éterniser le nom du Héros, qui a rendû à l'Iran sa prémiére grandeur ; qui a donné un nouveau lustre à la rose de cet empire, dont l'éclat terni par le souffle de l'adversité rendoit alors trop naturelle l'application de ces vers ;

* " *Ecoute*

PREFACE DE L'AUTEUR.

* « *Ecoute les avis de ton ami sincere ;*

« *Tu vois fuir les beaux jours de l'aimable printems ;*

« *La rose séche, hélas ! & l'aquilon sévére*

« *Prépare au rossignol de douloureux accens.* »

« *Ce livre vous fera entendre la voix de la vérité.* »

TABLE

T A B L E

D E S

C H A P I T R E S.

I N T R O D U C T I O N.

SOMMAIRE de ce qui a precédé l'élévation de Nader Chah.

L I V R E I.

Depuis la naiſſance de Nader Chah juſqu'à la reſtoration de Chah Thahmaſp en Mechehed.

CHAP. VI.

CHAP. II.

T A B L E.

CHAP. XXI.

CHAP. XI.

L I V R E IV. P A R T I E II.

Depuis l'élévation de Nader au trône de Perse jusqu'à la prise de Kandahar.

L I V R E V.

Depuis la prise de Kandahar, jusqu'au retour de l'expédition des Indes.

CHAP. II.

L I V R E VI.

Depuis le retour de Nader Chah de l'expédition des Indes, juſqu'à ſa mort ; avec les regnes de ſes neveux & de ſon petit fils.

T A B L E.

Notes à l'hiftoire de Nader Chah :

Traité

TABLE.

Traité fur la poefie Orientale :

HISTOIRE

[illegible]
[illegible]
[illegible]
[illegible]
[illegible]
[illegible]
[illegible]
[illegible]
[illegible]
[illegible]

HISTOIRE

DE

NADER CHAH.

INTRODUCTION.

Sommaire de ce qui a precédé l'élévation de Nader Chah.

SECTION I.

L A prémiére de ces révoltes qui défolerent le roï- A.D. 1708.
Nad. 20.
aume d'Iran fût celle de Mirveïs, qui fufcita
les troubles de Kandehar en l'année de la Souris,
qui répond à celle de l'hégire 1120. Cette révolte
commença de la maniére fuivante.

ii

Kerkein Khan, prince de Georgie, étant gouverneur de Kandehar, une troupe de Georgiens qui habitoient cette province, abusant de leur pouvoir sur les Afgans les oppréssoient avec la plus grande rigueur, & la plus odieuse injustice. Mirveïs, chef de la tribu de Galgeh, extrémement affligé du malheur de ses compatriotes, vint porter ses plaintes à la cour, dont l'influence a autant d'étendüe que les vastes cieux. Il ne trouva point dans la démeure roïale de l'Empéreur le soulagement qu'il espéroit, & quittant son prémier dessein, il partit en hâte pour le sacré temple de la Mecque. A son retour il observa avec la derniére attention l'état des affaires, & fit ses remarques tant de près que de loin, jusqu'à son arrivée en Kandehar. Kerkein Khan venoit d'en partir dans l'intention de faire rentrer dans le devoir la tribu de Kakri, & avoit mis ses troupes en quartiers à Dehchir. Mirveïs tomba sur lui, le fit prisonnier, & donna ordre à un vil Afgan, nommé Morad Khan, de trancher le cours de sa vie. Sur cet événement Caïkhosrev Khan, neveu de Kerkein, fût envoïé avec des forces égales à celles de Cosri & de Gem pour vanger le meurtre de son oncle. A cet effet il rassembla plusieurs tribus de Georgiens, d'Arabes, & de Persans, dans le dessein de prendre possession de Kandehar, & de châtier le rebelle Mirveïs. Aïant joint

à ses

à fes troupes une compagnie d'Abdalis, ennemis des
Afgans de Galgeh, il tint la citadelle de Kandehar,
bloquée pendant un an entier. Au bout de ce tems,
il leva imprudemment le fiége, & aïant donné bataille
il fût tué. Après fa mort Mohammed Zeman Khan
Chamlou fût envoïé pour la même expedition ; mais
comme fes marches étoient lentes & pénibles, il mourût avant que d'atteindre Kandehar. Plufieurs autres
fûrent dépéchés dans le même deffein, dont les troubles de Hérat, & la révolte des Abdalis prévinrent les
fuccès.

Ainfi Mirveïs jouït de l'entier gouvernement de
Kandehar pendant huit ans. Son frére Abdulaziz Khan
lui fuccéda ; mais Mahmoud, fils de Mirveïs, de concert avec les principaux chefs de l'état l'aïant affaffiné,
prit poffeffion de Kandehar, & éleva hautement l'étendart de la rebellion.

A.D. 1715.
Nad. 20.

A 2   SECTION

SECTION II.

A.D. 1716.
Nad. 29.

LA révolte des Afgans Abdalis, & les troubles de Hérat commencérent en 1129. Voici la narration abregée de ces troubles. Les Abdalis font une nation plus nombreufe que celles des Galgiens. Elle confiftoit autrefois en foixante mille familles. Dans le tems dont nous donnons l'hiftoire, Abdalla Khan, fils de Heiat Soltan Sedouzani, chef d'une tribu d'Abdalis, aïant appris ce qui venoit de fe paffer en Kandehar, partit de Moltan, & s'avança en hâte avec fon fils Afadallah vers Khofrev Khan : mais par les inaltérables décrets de la Providence, les affaires de cette province aïant tourné de la maniére que nous avons raconté, Abdalla & fon fils fe retirerent à Hérat, ville alors gouvernée par Abbas Kuli Khan Chamlou. Ils y faifirent toutes les occafions pour exercer ouvertement des violences, qui enfin obligérent Abbas Kuli Khan de les envoïer tous deux en prifon. Cependant les Perfans de Hérat, étant en inimitié avec le gouverneur, excitérent une fédition contre lui, & le chafférent de la ville. Quand ces nouvelles parvinrent à la cour roïale, Giafar Khan Eftegiarlou fût nommé pour fuc-

céder

céder à Abbas, & envoïé à Hérat. Afadallah & fon
pére profitérent de ces circonftances pour s'échaper de
prifon, & ils élevérent le drapeau de la rebellion fur la
montagne Dou Chakh, où ils s'enfuirent. Ils y gag-
nérent les efprits d'une partie confidérable de peuple,
& s'emparérent du chateau d'Esfezar. Enfuite, à environ une parafange de la ville, ils donnérent bataille
à Giafar Khan, gouverneur de Hérat, le firent prifonnier, & mirent le fiége devant cette capitale de fon
gouvernement. Tous les paffages étant fermés par les
Afgans, les affiégés defefperérent bientôt d'avoir du fecours. D'un autre coté les habitans de Beldem, bourg
dépendant de Hérat, dont il fe trouvoit un grand nombre dans la ville affiégée, s'entendant avec les Afgans,
dans la nuit du vingt-fixieme du bien heureux mois de
Ramazan, ils leur jettérent du haut de la tour nommée
Filkhané des échelles, à l'aide defquelles ils efcaladé-
rent les murailles. Cette place ainfi prife, une partie
de la garnifon fût paffée au fil de l'épée, & les Perfans
aïant évacué la ville, les Afgans d'Esfezar vinrent auffi
l'habiter, & peu après ils s'emparérent de Kiufiyé, de
Gorian, de Mergab, & de Badghis. Alors Afadallah
fongea à fe rendre maître de Ferah, qui l'année préce-
dente avoit été affiégé par les Afgans de Galgeh. A cet
effet aïant fait des marches couvertes, il profita d'une

A.D. 1716.
Nad. 29.

21 Août.

nuit

nuit fort obfcure pour faire donner l'affaut à cette ville, dont ainfi il s'empara aifément, & d'où il ne fe retira, qu'après avoir pris fes furetés pour s'en conferver en propre la poffeffion. Dans cet intervalle, Fath Kuli Khan Turcman avoit été nommé généraliffime des troupes roïales : ce commandant infortuné aïant rencontré les Afgans près de Kiufiyé, les mit d'abord en déroute, & les obligea de fe fauver pendant la nuit, du coté de Gorian ; mais les aïant pourfuivi avec peu de troupes, & rencontré une de leurs compagnies dans la plaine de Rouzenk, il s'engagea témérairement au combat. Les Afgans s'apercevant que les nuages de l'erreur couvroient les yeux de l'ennemi, lacherent les rênes à leurs courfiers, & brandiffant leurs fabres enfanglantés ils tuérent le général, & dépouillerent la plûpart de fes troupes du vêtement de l'exiftance. Quelque tems après cette affaire, Mahmoud, fils de Mirveïs, s'avança dans le deffein de reprendre Ferah, & entre le chateau de Zemindaöur, & un lieu nommé Dilarám, il en vint aux mains avec Afadallah, qui fût tué dans le combat : mais Mahmoud, par l'impoffibilité de prendre Ferah, s'étant contenté de cette victoire, fe retira avec précipitation vers Kandehar. Dans ce tems là le roi Huffein, d'heureufe mémoire, réfidoit à Kazvin, Mahmoud croïant qu'il lui étoit ex-

pédient

A.D. 1716.
Nad. 29.

pédient d'aller lui rendre ſes hommages, vint ſe préſenter à lui avec ſoumiſſion, & par ſa conduite inſinuante il s'empara ſi fort de l'eſprit des miniſtres de cette cour, qu'ils lui donnérent le nom d'Huſſein Kuli Khan, & le titre de Saﬁ Zemir, qui veut dire, conſcience nette. Ce fût à ce ſujet que les beaux génies de Kazvin marquérent l'époque de la mort d'Aſadallah par ces mots,

“ Aſadra ſeki chahi Iran derid,”
Le chien du roi d'Iran a dechiré le lion.

Après ceci, Zeman Khan s'empara d'Hérat, empoiſonna Abdalla pére d'Aſadallah, & força l'arbre de la vie de Giaſar, ainſi que des autres captifs, de porter le fruit ſanglant de la mort. La cour alors donna le commande-ment de l'armée à Seﬁ Kuli Khan, & l'envoïa avec des forces ſuﬃſantes à Hérat; mais aïant voulu combattre Zeman Khan dans la plaine de Cáfar Kalá, il fût tué, & ſes troupes totalement défaites. Depuis ce tems, les Afgans avoient poſſedé ſans diſpute cette province; & tenû pendant pluſieurs années ſous leur domination les païs adjacens: lorſqu'enﬁn les éclairs étincelans du ſabre de Nader diſſipérent les ténebres de ces troubles; & le pouvoir de ſon bras détruiſit juſque dans ſa baſe toute révolte & toute ſédition.

SECTION

SECTION III.

A.D. 1716.
Nad. 29.

OUTRE les troubles dont nous avons parlé, d'autres féditions fûrent fufcitées par les Sainkhanis d'Aftrabad ; qui étoient une tribu de Turcmans, alliée aux Kharezmiens, mais habitant les bords de Gergioun & de Dechet-keigian. Quoique ees peuples fe foumiffent quelques fois à l'autorité du gouverneur d'Aftrabad, en général ils étoient rébelles, & commettoient une infinité d'outrages. Plufieurs corps de troupes avoient été auparavant envoïés pour les ranger au devoir, mais n'avoient pû les réduire entiérement, & leurs fureurs & leur infolence augmentoient tous les jours ; lorfqu'enfin notre victorieux Nader, fortant comme un glorieux foleil de l'horifon de fa fortune profpére, força ces rébelles d'imiter les hiboux, & de cacher leur tête, pour ne pas voir fes éblouïffans raïons.

SECTION

SECTION IV.

LES autres défordres fûrent, la révolte des Leczies A.D. 1716. Nad. 29. du Dagheftan, & les commotions dans le Chirvan : & voici comme ils arrivérent.

Une troupe de Leczies, qui s'étoient établis près de Chirvan, s'étant jointe à la tribu de Rakhor, qui habitoit les bords de Cheki, commencérent à pofer les fondemens d'une révolte. Sur cela Hufn Ali Khan, gouverneur de Chirvan, s'avança avec fes forces pour les chatier; mais lorfqu'il fe fût mis en quartier à Cheki, ces rebelles tombérent fur lui pendant la nuit, le mircnt à mort, ainfi que fes foldats, & fe faifirent de tous les effets du refte de fon armée. Quelque tems après Hagi Daoud Mefkouri, aïant joint Ahmed & Sarkhaï, chefs des Leczics, tuérent Ahmed, gouverneur de Kebbe, & marchérent contre Chirvan, où aïant échoué ils retournérent au lieu d'où ils étoient partis. Ils revinrent une feconde fois pour tenter la même entreprife, prirent le chateau de Chemaki ; mirent à mort Hufn Khan, nouveau gouverneur du Chirvan ; & s'appliquérent tant à renforcer la province qu'à s'en affurer. Ils reclamérent

PART I.   B   enfuite

A.D. 1716.
Nad. 29.

enfuite la protection de la Porte ; ils en obtinrent un ferman, ou un octroi, qui fût mis fous le nom d'Hagi Daoud, & Sarou Muftafa-Bacha fût envoïé pour les af- fifter & les foutenir. Serkhaï, dont les forces étoient fupérieures à celles d'Hagi Daoud, s'oppofa au paffage de Muftafa ; & aïant obtenu à force des préfens l'octroi en fon propre nom, il déploïa l'étendart du pouvoir, & envoïa Vaffaru Muftafa contre Cangeh.

SECTION V.

A.D. 1719.
Nad. 32.

NON moins affligeante pour la Perfe fût la rebel- lion de Melek Mahmoud Siftani. Lorfqu'en l'année 1132, (A. D. 1719) la nouvelle de la mort de Sefi Kuli-Khan fût apportée à la cour augufte, Ifmaïl Khan fût nommé général, & reçût l'ordre de prendre Hérat : cependant, comme Melek Mahmoud, gouver- neur de Toun, avoit porté l'orgeuil & l'infolence juf- qu'à negliger & méprifer les ordres de la cour, le nou- veau général envoïa Fath Ali Khan, gouverneur de Me- chehed, avec un corps de Perfans pour attaquer Toun.

Cette

Cette ville fût donc afliégée pendant un mois entier : A.D. 1719. Nad. 32. mais un nommé Pir Mohammed, domeftique de Fath Ali Khan, piqué contre fon maître, s'enfuit du camp, & s'étant retiré dans la citadelle, il informa Melek de la foiblefle des afliégeans. Le jour d'après, Melek fit une fortie avec des troupes complettes ; & dans l'action Fath Ali Khan fût tué d'un coup de fufil. Par cet événement le pouvoir de Melek s'étant accrû, il refta tranquille poffeffeur de fa province, & à la décadence du général Ifmaïl Khan il agit ouvertement en fouverain. Ce général infortuné ne pouvoit fe foutenir long-temps contre tant de féditieux ; après la mort de Fath Ali Khan il avoit donné le gouvernement du Khoraffan à Ali Kuli Khan Chamlou, alors gouverneur de Merou, & réfidant dans Mechehed ; mais fentant fon pouvoir décliner de jour en jour, & ne trouvant pas Ali Kuli autant dans fes intérêts qu'il l'auroit defiré, il voulût le dépofer. Ali Kuli ne fe reffouvenant point du verfet du livre facré, qui dit, " Les mauvais def-" feins finiffent toujours par la ruine de leurs inven-" teurs," raffembla une bande d'hommes qui lui étoient dévoüés, & les envoïa dans la maifon d'Ifmaïl Khan, d'où ils l'arrachérent par force, & le trainérent en prifon, dénoüant ainfi les perles du bracelet de fon pouvoir. Ceci arriva dans Mechehed l'onziéme du 10 Octobre 1722.

mois

mois Moharrem 1135, le même jour que les Afgans prirent poffeffion d'Isfahan : le gouvernement tomba alors entre les mains des principaux chefs de Mechehed. Ali Kuli Khan retira d'abord de grands avantages de

fa trahifon ; mais dans le mois de Giumádil Avali de la même année les chefs entrérent dans fa maifon, & le mirent à mort. Ils délivrérent enfuite Ifmaïl Khan, & le retablirent dans fon gouvernement ; duquel toutéfois il n'eût que le titre ; car ils retinrent l'adminiftration de toutes les affaires importantes. Enfin, ils envoïérent offrir à Melek Mahmoud le gouvernement de la province, où celui-ci s'étant rendû en diligence, étendit le tapis du pouvoir fur toute fa nouvelle domination. Le fecret deffein de ces chefs étoit de fe défaire de Mahmoud à fon arrivée ; mais tout étant en une grande confufion, ils jugérent plus à propos de l'envoïer avec des forces fuffifantes pour reprimer les féditieux, qui derniérement avoient rempli le païs de defordres ; comme il eft écrit dans le livre facré, " Si Dieu n'éle-
" voit pas nation contre nation, le terre feroit entiére-
" ment corrumpûë."

SECTION

SECTION VI.

NARRATION détaillée de ce qui concerne Mah- A.D. 1719.
moud le Galgien, & son arrivée à Isfahan.   Nad. 32.

Dès que Mahmoud, fils de Mirveïs, eût tué Afadallah en bataille rangée, il apporta lui-même la nouvelle
de fa victoire à la cour de Perfe ; & fit en même tems
la requête fuivante, " Puifque cette action eft fuffi-
" fante pour prouver mon attachement à cette cour,
" je demande que les troupes roïales marchent d'une
" part en Khoraffan ; que de l'autre il me foit permis
" de paffer de Kandehar à Hérat, afin que les Abda-
" lis foient attaqués de tous côtés." Les miniftres
fûrent affez foibles pour fouffrir que Mahmoud, en
impofât à leur jugement par cette décévante propofition ; ils lui accordérent fa requête ; & le confir-
mérent dans le gouvernement de Kandehar ; ils lui
fîrent même préfent d'une vefte fomptueufe, & d'un
cimeterre. Mahmoud, en conféquence, partit pour le
Seiftan, fous prétexte de réduire les Abdalis d'Hérat.
Dans cet intervalle, Chehded le Balougien forma des

deffeins

A.D. 1719.
Nad. 32.

deſſeins contre le Kerman ; mais les habitans de cette province quittant leur capitale vinrent à la rencontre de Mahmoud, qui, pour aſſurer leur païs, y ſéjourna neuf mois, juſqu'à ce qu'enfin ſa préſence devint néceſſaire à Kandehar, où de troubles nouveaux s'étoient élevés. Lorſque Mahmoud avoit quitté ſon gouvernement, il avoit nommé pour tenir ſa place Beigen Solton un Leczie, qui demeuroit auparavant à Ferah. Le nouveau gouverneur, voïant qu'il y avoit peu d'Afgans dans la ville, s'aboucha avec Melec Giafar Khan de Sciſtan, qui étoit empriſonné à Kandehar, dans l'intention de ſécourir la famille de Sefi : à cet effet, avec l'aſſiſtance des Perſans ils maſſacrérent tous les Afgans qui étoient dans la ville, ce qu'aïant appris ceux qui étoient campés au dehors, ils s'aſſemblérent, entrérent dans la citadelle, & mirent à mort ces aſſociés. A ces nouvelles, Mahmoud prit en hâte la route de Kandehar : mais l'année d'après, deſirant ardemment d'avoir le Kerman en ſa poſſeſſion, il raſſembla huit mille Afgans de Kandehar, de Balougeſtan, & des Hezarés, & s'étant mis à leur tête, vint poſer le ſiége devant la ville de Kerman. Après qu'il eût commis de grands ravages, les habitans voïant qu'ils ne recevoient aucuns ſécours, capitulérent, & rendirent la ville. Mahmoud accepta leur ſoumiſſion, & marcha immédiatement vers Isfahan.

Les

Les grands de la cour, qui s'attendoient peu à une telle attaque, avoient à peine des armes, qu'on se hâta toutesfois de préparer en grande diligence. Ils furent, cependant, obligés de fournir leur païsans, & les marchans (très ignorans dans l'art militaire) de sabres, de lances, de cottes de maille, & d'armures complettes, leur enseignant de brandir la masse d'armes de Rustem (ancien héros Persan). Ce fût avec des troupes si indisciplinées, qu'ils s'avancérent vers le champ du combat, & le Lundi vingtiéme de Giumádil Avali, en l'année 1134, répondant à celle du Bœuf, les deux armées se rencontrérent à Kelounabad, à quatre parafanges d'Isfahan. Les Persans furent défaits, & Rustem Khan fût tué, ainsi qu'Ahmed Khan, maître de l'artillerie, & plusieurs autres nobles de la cour, qui voulûrent tenir ferme. Enfin les fournitures du camp, l'artillerie tout tomba entre les mains des Afgans, & ceux qui leur échapérent, se retirérent à Isfahan. Deux jours après Mahmoud arriva à Ferehabad, où il porta la desolation & fît des ravages au delà de toute licence de guerre. C'étoit dans le commencement du mois Giumadil Akhri en l'année 1134, alors le bienfaifant soleil, souverain de l'univers, deploïoit les éclatantes banniéres de ses raïons vivifians, & s'avançoit pour prendre possession de la forteresse du Belier, l'armée du printems

avoit

A.D. 1719.
Nad. 32.

avoit mis en fuite les troupes de Decembre, & saccagé le camp de Janvier; les gazouïllans oiseaux faisant avec leurs différens ramages une mélodie variée arrivoient en foule; ainsi que les tumultueux Afgans, pour s'emparer du charmant séjour des jardins; les rossignols éscortés des roses armées d'épines, venoient comme les troupes des Hezarés & de Balouge pour prendre possession des odoriférans bosquets. Dans ce même tems les troupes de Mahmoud, s'élançant avec violence & impetuosité, commirent les plus horribles outrages : les habitans de la ville, soutenus par l'espérance d'un prompt sécours, ne voulûrent pas délier les perles du bracelet de leur résolution; ni les chefs de l'état consentir à la reddition de la ville, se flattant de repousser l'ennemi. Ils avoient lieu de l'éspérer ainsi; car, le prince Thahmasp, fils du roi Hussein, étoit sorti à la faveur d'une nuit obscure, dans l'intention d'assembler des troupes, & de lever du sécours pour les assiégés. Dès que ce prince fût éloigné, les Afgans bloquérent la ville, & en fermérent toute communication avec les habitans; qui, se voïant de plus en plus incapables de se soutenir, fûrent plongés dans le plus profond désespoir : alors, le feu de la détresse, & les flâmes de misére commencérent d'éclater dans cette ville infortunée. La famine y fût si grande, que le peuple se trouva contraint de manger les cadavres; plusieurs

enfans

enfans à la mammelle fûrent dérobés de la maifon pa- A.D. 1722.
Nad. 35.
ternelle, & dévorés : enfin, la calamité devint univer-
felle. Ceux qui auparavant avoient été revetûs de foië
étoient, ainfi que les vers qui l'avoient produite, obligés à fe nourrir de feuïlles ; & quoique accoutumés à
fe régaler des mets les plus délicats, forcés à dévorer
l'écorce des arbres. Bref, Isfahan fût réduit aux plus
terribles extremités, & bientôt la difette d'hommes fût
encore plus grande que celle de provifions *. Les chefs
de l'état voïant cette défolation, & s'appercevant que
leur condition étoit défefperée fe déterminérent à ren-
dre la ville. En conféquence de cette réfolution le on- 10 Octobre
1722.
ziéme de mois Moharrem, en l'année du Léopard, ré-
pondant à celle de l'hegire 1135, ils envoïérent le roi
Chah Huffein à Ferehabad ; la même nuit Mahmoud
envoïa fes officiers à Isfahan pour s'affurer des tréfors
& des effets du roi ; & le quatorziéme du même mois
il entra dans la ville avec l'orgeuïl de Pharaon & la
tirannie de Chedad (ancien roi d'Arabie) ; il ordonna
auffi-tôt qu'on batit monnoïe à fon coin, & que les

---

* Le refte de cette défcription eft fi extravagant, & les images
en font fi contraires à nos idées, qu'une traduction litérale auroit
été inintelligible pour un lecteur Européen.

Part I.   **C**   harangues

A.D. 1722.
Nad. 35.

harangues des mosquées fussent faites en son nom.
Quand la nouvelle de la prise d'Isfahan parvint aux
oreilles de Thahmasp Mirza, il s'assît sur le trône de
la roïauté que son pére avoit si infortunément rempli.
Les beaus esprits de Kazvin marquérent la datte de son
accession par ces mots,

" Akhri mahi Moharrem."

Novembre. Dans le mois Sefer un détachement d'Afgans fût envoïé pour troubler Chah Thahmasp dans Kazvin ;
mais, aussi-tôt qu'il apprit leur approche, il quitta cette
ville, & prit la route de l'Azarbigian, suivi seulement de
quelques amis choisis. Les habitans de Kazvin, voïant
que leur roi s'étoit enfuï, & que l'ennemi étoit à leurs
portes, capitulérent, & admirent les Afgans dans leurs
murailles. En ce lieu les troupes de Mahmoud commirent toute sorte d'atrocité, & poussérent si loin les
traitemens injurieux, que les Kazviniens en mirent la
plus grande partie à mort, chaque homme tuant celui
de leurs cruels ennemis, qui étoit logé dans sa maison.
Les Afgans, qui étoient dans les jardins, & dans les
retranchemens hors de la ville, étant consternés de la
mort de leur compagnons s'enfuïrent, & retournérent
à Isfahan. Quand Mahmoud apprit ce qui venoit de
se passer, il forma le dessein de massacrer les Persans,

&

& le jour même que les Afgans arrivérent de Kazvin, il fit mettre à mort cent & quatorze hommes, confondant les bons avec les méchans, & les grands avec les petits. Il envoïa enfuite des troupes contre Chiraz, qui bloquérent cette ville pendant neuf mois, & en prirent enfin poffeffion. Mahmoud continuoit d'exercer un pouvoir abfolû dans Isfahan, & dans les païs adjacens, lorfque fon mauvais génie lui confeilla le maffacre de tous les princes du fang : en effet, il fit égorger les enfans & parens d'Huffein, au nombre de trente & un, & envoïa leurs cerceuils à Kom. Peu après il fût faifi d'un violente phrénefie & d'une paralyfie mortelle, de maniére qu'aïant perdû l'ufage de fes fens, il ne fût plus en état de gouverner. Son neveu Echeref, qui attendoit impatiemment fa mort, de concert avec quelques Afgans le fît affaffiner le douze du mois Chaban, en l'année 1136, répondant à celle du Serpent, & s'affit avec un entier pouvoir fur le trône de fa domination ufurpée. Pendant fon regne Echeref prit poffeffion du Kerman, de Yezd, de Benáder, de Kom, de Kazvin, & de Tehiran, auffi loin que Poulkerbi, qui eft frontiére de l'Irak & du Khoraffan.

A.D. 1723.
Nad. 36.

25 Avril
1723.

C 2   **SECTION**

SECTION VII.

A.D. 1723.
Nad. 36.

LES conquêtes des Ruſſes ſur les frontiéres de l'empire, & dans le Ghilan étoient auſſi très nuiſibles
aux Perſans. Dans le tems que Chah Thahmaſp ornoit
ſa tête du diadéme de la roïauté dans Kazvin, ſon grand
viſir Iſmaïl Beg fût envoïé en Ruſſie pour demander de
l'aſſiſtance : en conſéquence un corps des Ruſſiens fût
ordonné ſous le commandement d'un général Ruſſe, &
ils ſe mirent en quartier dans la ville de Rechet. Le
gouverneur de cette ville, ignorant par quels ordres ils
étoient ainſi venûs, entreprit de les chaſſer ; mais ils le
vainquirent, & s'établirent dans la ville : enſuite ils écri-
virent une lettre à la cour de Perſe, qui contenoit ces
mots ; " Nous avons fait un long & pénible voïage à la
" requête de votre cour ; & l'ambaſſadeur de Chah
" Thahmaſp a accordé à la notre l'entiére poſſeſſion
" de vos frontiéres, depuis Neïazabâd juſqu'aux bornes
" d'Aſtrabâd, ſous condition que nous garderions les
" Perſans, & expulſerions leurs ennemis." Sous ces prétextes ils s'emparérent des places qui parûrent leur convenir ſur les frontiéres, & commirent même des hoſtilités.
Ils eûrent ſi peu d'égard pour les intérets de la cour de
Perſe,

Perfe, qu'avec un renforcement de dix mille hommes ils A.D. 1723. Nad. 36. fe faifirent en effet de toutes les frontiéres jufqu'à Neïazabâd, toujours alléguant l'accord fait avec Ifmaïl Beg, autorifé par la haute cour de Sefi. Ces invafions obligérent Chah Thahmafp d'envoïer un corps de troupes pour réprimer les Ruffiens. Les forces des deux nations fe recontrérent dans les dehors de la ville de Rechet; mais les Perfans fûrent défaits, & les Ruffiens prirent Rechet & Kehdem, & gardérent leurs poffeffions dans ces quartiers folidement & fans difpute pendant deux ans. Alors un Kalander nommé Ifmaïl Mirza, aïant fufcité des troubles dans Maffoulé (comme il fera dit cideffous) les Ruffiens s'emparérent de Lahigian & de Tigian, dont le Kalander avoit été en poffeffion. Quelque tems après le Czar, avec une nombreufe armée, marcha par la voïe du chateau Kezler à Derbend. Les habitans de ce diftrict craignant les ravages des Leczies & des Turcs, les plus formidables ennemis de la Perfe, fe foumirent au Czar, qui ordonna l'évacuation de la citadelle de Derbend, & y mit une garnifon de trois mille moufquetaires (que les Ruffiens appellent Soldats) & pourfuivant fes conquêtes il prit Badkouïeh & Salian. Mais enfin, raffaffié de fes victoires, il retourna dans la capitale de fon empire.

SECTION

S E C T I O N   VIII.

A.D. 1723.
Nad. 36.

LES Turcs n'avoient pas fait de moindres conquêtes dans l'Azarbigian. Après que Chah
Thahmasp eût quitté Kazvin pour Tauris, la Porte
envoïa Ibrahim Pacha, gouverneur d'Erzeroum, dans
la Georgie; Aref Ahmed Pacha à Erivan; Abdalla
Pacha Kiuprili Ogli, gouverneur de Van, à Tauris; &
Haſſan Pacha, gouverneur de Bagdad, à Kermanchah
& à Hamadan : ces deux pachas, à la tête de deux armées innombrables, élevérent dans les airs leurs pré-
ſomptueuſes banniéres, & répandirent la crainte & la
déſolation de tous côtés.   Ibrahim Pacha s'avança avec
des forces completes, & mit le ſiége devant la ville
d'Erivan; mais après quatre mois de reſiſtance, les aſ-
ſiégés ne recevant aucun ſécours rendirent la ville, &
implorérent merci. Dans la même année Abdalla Pacha
Kiuprili Ogli s'avança pour faire le ſiége de Tauris, &
celui d'Erivan, dans le tems que les troupes roïales
étoient en Ardebil; mais aïant vû qu'il ne pouvoit
prendre Tauris dans cette même année, il ſe retira &
campa dans les plaines de Khouï & de Selmas. L'année

7   ſuivante

fuivante il s'y rendit avec de nouvelles forces, prit la
ville, & en fit paffer les habitans au fil de l'épée.
Haffan Pacha, gouverneur de Bagdad, déploïa à fon
tour les banniéres de la conquête à Kermanchah, qu'il
reduifit ; mais après avoir demeuré quelque tems dans
ce lieu il mourût, & entra dans le féjour de l'éternité.
Après fa mort, fon fils Ahmed Pacha fût nommé par
la Porte général à fa place, & il entreprit la réduction
d'Hamadàn. Feridoun Khan Mekri, alors gouverneur
de cette ville, en fortit fous prétexte de donner bataille,
& joignit Ahmed Pacha : les habitans, néanmoins,
foutinrent le fiége pendant trois mois dans l'efpoir de
fécours ; mais Ahmed aïant pris la citadelle d'affaut,
remplit cette ville de maffacres & de défolation. Après
cet événement Sarou Muftafa Pacha attaqua Cangia, &
Ali Pacha fût envoïé pour faire le fiége d'Ardebil :
Cangia fût pris après une longue réfiftance, & les forces
roïales transferées d'Ardebil à Tehiran. Alors les Turcs
prirent poffeffion non feulement d'Ardebil, mais de
Moganat, de Rengiau, de Sultanie, & du diftrict de
Ghezaz. Chah Thahmafp regnoit depuis deux ans ;
Echeref aïant appris qu'enfuite de la réduction de l'A-
zarbigian, ce prince devoit retourner à Tëhïran, vint
avec précipitation s'oppofer à fa marche. Il fit camper
fes troupes près du villàge d'Enderman du côté de Tehiran,

A.D. 1723.
Nad. 36.

A.D. 1723.
Nad. 36,

hiran, par où les Perfans devoient paffer. Les armées
fe rencontrérent dans Solmanabad ; l'action s'engagea,
& les Perfans aïant été défaits, Chah Thahmafp fût
obligé de fuïr vers Mazenderan & Afterabad. Sur cet
événement Echeref ordonna le fiége de Tehiran, &
envoïa fon général contre Kazvin, tandis que lui-même
s'avançoit vers Isfahan. Les habitans de Kazvin fe
rendirent bientôt, & les troupes roïales étant arrivées à
Mazenderan, en partirent pour fe rendre à Afterabad.
Le roi nomma Fath Ali Khan Kagiar gouverneur de
Semnan, & l'envoïa, avec un corps de Turcmans & de
Kagiars, pour chaffer les Afgans de Tehiran : en conféquence ces troupes rencontrérent les Afgans dans
Ibrahimabad ; mais, par la défection de leurs auxiliaires
& la trahifon de quelques revoltés, ils fûrent obligés de
fe retirer à Afterabad. Les habitans de Tehiran déf-
éfperans de fécours fe joignirent aux Afgans : les peuples même de Saöuh & de Kom, qui avoient fi long-
tems tenû tête à Echeref, fe foumirent lui, & mirent
leurs villes entre fes mains.

                                           SECTION

SECTION IX.

RECIT succinct de la situation des affaires d'E- A.D. 1723.
cheref, & de la paix faite entre lui & les Turcs. Nad. 36.

La troisiéme année après l'usurpation d'Echeref, Ahmed Pacha, gouverneur de Bagdad, fût élevé par la Porte au poste de généralissime : sa nombreuse armée fût renforcée encor par Khanec Pacha, gouverneur de Maban, Abdurrhan Pacha d'Hamadan, Kara Mustafa & Hussein Pacha de Moussel. Les ordres du généralissime étant d'assister le roi de Perse, & de reprendre son roïaume sur les Afgans, qui l'avoient usurpé, il marcha du côté d'Hamadan, & détache deux corps de troupes, l'un contre Dizabad, l'autre contre Kerdferahan. Il envoïa aussi un ambassadeur à Echeref pour lui dire, que, " Les Afgans, race misérable, aïant usurpé un " roïaume sur lequel ils n'avoient aucuns droits, & dé- " pouillé de la roïauté celui qui en étoit sultan légi- " time, il redemandoit ce roïaume pour lui." Sur cette ambassade Echeref quitta Isfahan pour se rendre à Kulpeikan : il dépecha un courier à la capitale pour mettre à mort le Sultan Hussein, & par l'épée tran-

PART I.   D   chante

A.D. 1723.
Nad. 36.

chanté le força de boire la coupe amére du martire : aïant enfuite envoïé la tête de cet infortuné monarque à l'ambaffadeur Turc, il lui fît dire, qu'il comptoit lui donner une plus pleine réponfe par la pointe de fon cimeterre, & par le révers de fa lance. Cette conduite enragea à un tel degré les Turcs, & alluma fi fort les flâmes de leur reffentiment, qu'auffi-tôt Ahmed, tous les pachas, l'armée entiére couvrirent le païs de leurs banniéres depuis Hamadan. Les armées fe rencontrérent près de Chehrkerd, & le feu du combat éclata parmi elles, jufqu'à ce qu'enfin les Turcs fûrent vaincûs, & mis en fuite. Echeref retourna alors à Iffahan, & l'année d'après Ahmed Pacha, dont les enfeignes fûrent déploïées à Hamadan, conclut une paix avec lui, pour affurer les limites des deux empires : les conditions de ce traité fûrent, que les provinces du Khuziftan, du Loriftan auffi loin que Ghezar, & Rengian, Sultanie, Khelkhal, & Ardebil appartiendroient à la Porte, & que la partie orientale de l'Irak, ainfi que les frontiéres feroient dans la poffeffion des Afgans. Ces articles étant fermement & fincérement accordés, chaque armée retourna dans leurs quartiers refpcctifs. La quatriéme année du regne d'Echeref, Ráched Pacha lui fût envoïé de la part d'Ahmed Khan, empéreur des Turcs, pour confirmer avec lui le fufdit traité, & le

congra-

congratuler fur fon acceffion au trône. Echeref de fon côté, aïant nommé pour fon ambaffadeur à la Porte Mohammed Khan Balouge, celui-ci, en compagnie des pachas ci-deffous mentionés, fe rendit à la cour Ottomane.

SECTION X.

QUELS étoient les prétendans, qui pendant l'interregne en Perfe afpirérent à la roïaute, & fe revoltérent hautement. _{A.D. 1724. Nad. 37.}

Les prémiers de ces prétendans fût un homme nommé Sefi Mirza : il commença à paroître fur la fcéne dans le voifinage de Bakhtiari. Sa véritable hiftoire eft comme il s'enfuit. Il étoit de la tribu de Caraï, & dans l'année 1137, étant à Khalilabad, il prétendit être un prince, fils du dernier fultan, difant que fon nom, avant qu'on l'eût changé, étoit Abu'l Mâffoum Mirza. Sur ceci Mohammed Huffein Khan, gouverneur de Bakhtiari, lui fît hommage, & reconnût fon autorité fouveraine. Pour foutenir ce prémier fuc- A.D. 1724.

A.D.1723.
Nad. 36.

cès, Sefi Mirza envoïa à Isfahan pour se procurer de faux témoins sur sa naissance roïale : il y trouva même une femme, qui se déclara sa sœur, & qui, comme telle fût, traitée avec le plus grand respect par le peuple déçûs. Alors, se déclarant ouvertement, il écrivit des caractéres sur les bords de son turban ; il porta son plumet du côté gauche, & dans les chaires des mosquées, quand le nom de Chah Thahmasp étoit mentioné, il ordonnoit que le sien fût prononcé immédiatement après. Les magistrats de Chouster, ceux de Couhkeilouïh, tous les chefs de ces districts fûrent à sa rencontre, & se ceignirent du baudrier de la soumission : en conséquence, il nomma de sa propre autorité des gouverneurs, & demeura en sûreté dans ces quartiers, jusqu'au tems où Chah Thahmasp alla resider en Khorassan. Alors le très-haut conquérant Nader envoïa ses commandemens suprêmes à ceux qui soutenoient Sefi Mirza, leur déclarant que la naissance roïale de Chah Thahmasp, & celle de ce prétendant n'étant pas réconciliables, il leur ordonnoit de l'arrêter, & de l'amener à une juste punition. Sur ces ordres Sefi Mirza fût saisi & mis à mort par ses propres partisans dans le tems qu'il residoit à Dehdechet. Cet événement

Août 1727. arriva vers le milieu du mois Moharrem dans l'année 1140.

SECTION

SECTION XI.

LE second prétendant fût Seid Ahmed Nevádeh Mirza A.D. 1723.
Daoud, qui avoit été peu auparavant gouverneur Nad. 36.
de Mechehed; & voici quel fût son fort.

Après la révolution d'Isfahan, & le départ de Chah
Thahmasp pour l'Azarbigian, Seid Ahmed se rendit à
Aberkouh; il y reclama la conduite en chef des affaires
en Fars, & dans le Kerman sous le scéau de Chah Thahmasp; il deçût ainsi grands & petits, & les trompa sous
de faux prétextes: cependant il forma un corps de
troupes de toutes les sortes de gens qu'il pût ramasser,
& marcha à leur tête vers Bavanat & Meroudechet en
Fars, qui n'est qu'à huit parasanges de Chiraz. Zeber-
dest, Afgan de nation, fût envoïé pour s'opposer à lui
par Mahmoud, gouverneur de Chiraz. Les deux armées se rencontrérent en Pelkhan, & en vinrent aux
mains. Seid Ahmed fût défait, & se retira à Aberkouh;
mais les habitans de cette ville étant pleinement informé
de ces tromperies, se faisirent de lui, & le jettérent dans
une prison. Il trouva toutefois le moïen de s'échaper
après deux mois de captivité, & s'étant enfuï du coté
de

A.D. 1723.
Nad. 36.

16 Octobre
1727.

de Gehran, il y raffembla fes troupes, & répara fa fortune ruinée. De Gehran, Daoud paffa à Darab & à
Neiriz, où il compléta fon armée. Enfuite il fe rendit maître du Kerman, & le quatorze du mois Rabiel-
aveli en l'année de la Brebis, répondant à celle de l'hégire 1140, il prit le nom d'empéreur, & s'affit fur le
trône de la roïauté. Il ofa même faire battre monnoïe
à fon coin, & porter la plume & la diadéme. Quelque
tems après un corps de troupes aïant été envoié par E-
cheref pour fe faifir de lui, il fe fortifia dans le chateau
de Hufnabad. Néanmoins il fût enfin pris & conduit
à Isfahan, où par les ordres d'Echeref fa tête fût fe-
parée de fon col ambitieux, & toutes fes prétenfions à
la fouveraineté réduites au néant.

SECTION

SECTION XII.

UN autre prétendant fût Mohammed Ali Refsé-giáni, connû fous le nom de Sefi Mirza.

A.D. 1729.
Nad. 42.

Dans le mois Moharrem de l'année 1142, répondant à celle de la Poule, ce perfonnage obfcur parût à Choufter en habit de derviche : les peuples, comme faifis de folie, dirent auffi-tôt qu'ils l'eûrent vû, " Cet " homme a les yeux entiérement femblables à ceux de " Sefi Mirza ; il n'y a donc nul doute que ce ne foit " lui." Dans ce tranfport infenfé ils s'affemblérent, & lui firent hommage de fidelité. A ces nouvelles le gouverneur de Choufter, extrémement affligé, fît tous ces efforts pour réduire Mohammed au devoir de l'obe-ïffance ; mais celui-ci lui aïant échapé, s'enfuit à Ha-vizé, d'où prenant le chemin de Bafra, il fe rendit à Bagdad. Les miniftres Turcs penfant qu'un prince de Perfe feroit très utile à la cour Ottomane, à leur dé-fenfe & fureté, reconnûrent fes droits fans autre exa-men, & l'envoïérent à la capitale de leur empire. Lorfque Mohammed fût proche de Conftantinople, le

Juillet 1729.

grand

A.D. 1729.
Nad. 42.

grand chamberlan vint au devant de lui, le conduifit dans un palais, & il lui fût affigné un revenû convenable à fon prétendu rang. Peu après le fultan Ahmed empereur des Turcs, aïant été dépofé, notre prétendant (au fujet duquel il s'étoit élevé plufieurs troubles) fût envoïé à la ville de Saloni (Theffalonique) qui eft à dix-huit (journées) de Conftantinople, fur les bords du Frankeftan. Il fût enfuite transferé dans l'ifle du Leimon (Lemnos) d'où enfin il fût entiérement congédié. On verra la fuite de fes avantures dans le récit

A.D. 1744. de ce qui fe paffa en l'année 1157.

SECTION

SECTION XIII.

SEID Haſſan prétendit auſſi à la couronne de Perſe. A.D. 1723. Nad. 36. Il étoit Kalander, & ſe rendit de Fera à Kandehar, où il demeura pendant quelque tems, tantôt demandant l'aumône, & tantôt commettant toute ſorte de mauvaiſes actions. Enfin, il partit pour Isfahan ſous l'habit de derviche, accompagné des Afgans. Après la mort de Sefi Mirza Keraï, Seid Haſſan s'aſſocia avec une bande de jeunes gens turbulens & débauchés, & il fit alors courir le bruit, qu'il étoit Abbas Mirza, frère du feu roi. Ainſi élevant ſes vaines idées par le déſir de la roïauté, il s'aſſit ſur le chimérique trône de ſa prétendûe domination ; mais aïant quelque tems après raſſemblé un grand nombre de la populace, & trouvant qu'il ne pouvoit réüſſir dans ſes projets, il diſparût tout à coup dans le milieu de la foule, comme une véſſie ſur la ſurface de l'eau ; & depuis on n'en entendit plus parler : car la lampe de la ſouveraineté s'éteint bien-tôt quand elle n'eſt pas allumée par la vérité.

PART I.   E   SECTION

SECTION XIV.

A.D. 1723.
Nad. 36.

OUTRE tous ces imposteurs, il en parût un autre près de Chemeil Bender, qui se disoit fils du dernier sultan, & qui prit le nom de Mohammed Mirza ; mais il fût surnommé le Cavalier aux Anes. Ce prétendant rassembla quatre ou cinq cent Arabes de Bender, & s'avança de Chemeil vers Abdalla Khan, gouverneur de Balougestan, où aïant reçû un renfort de Balougiens, il s'achemina à la tribu de Barzi, qu'il mit dans ses intérêts, & avec toutes ses forces il se rendit à Bender. Dans cette place il en vint aux mains avec Seid Ahmed Nerádeh Mirza Daoud, & le vainquit ; lorsque de son côté il tenoit aussi l'étendart de la révolte élevé : en conséquence de cette victoire, Mohammed prit possession des lieux forts de Chemeil & de Meïna : mais il fût enfin vaincû par un corps de troupes envoïé contre lui par Echeref ; alors il s'enfuit du côté de l'Indostan, & toutes les places qu'il avoit prises fûrent remises dans la possession des Afgans.

SECTION XV.

ZENIL, fils d'Ibrahim Touti, & dont la profef-
fion étoit celle de Kalander, parût auffi fur la A.D. 1723.
Nad. 36.
fcéne en Lahigian. Il continua pendant quelque tems
à quêter à la tête d'une compagnie de derviches ; mais
aïant enfin raffemblé une nombreufe focieté de gens de
fa robe au village de Lekam, il éléva fes penfées, de la
baffe cabane d'un derviche au très-haut pavillon d'un
monarque, & fe dit Ifmaïl Mirza, fils de Chah Huffein. Il engagea dans fon parti tous les réligieux de
Dechetvend & de Dilen, & déploïant les banniéres du
pouvoir, il prit poffeffion de Rankouh ; dans ce tems
Mohammed Riza Khan Abdallou étoit gouverneur du
Ghilan, & refidoit en Lahigian. Aux prémieres nouvelles de cette révolte, il s'avança avec trois mille hommes contre le Kalander, & aïant engagé l'action avec
lui dans les parties montagneufes de Dilen, il fût mis
en déroute, & obligé de retourner au lieu de fa réfidence. Le même jour le Kalander entra dans Lahigian, dont il prit poffeffion, ainfi que de Timgian.
Mohammed Riza Khan aïant levé de nouvelles forces,
revint à la charge, & l'attaqua à Rankouh. Le Ka-

E 2

lander

A.D. 1723.
Nad. 36.

lander fût vaincû, & s'enfuit à Kehdan, où ses troupes fûrent renforcées de la tribu de Chahissoun, & de quelques autres; après quoi il prit Massoulé dans le district de Rechet, & delà marcha vers Khelkhal, dont il se soumit le gouverneur; mais dans une rencontre avec un corps de Turcs près d'Ardebil il fût entiérement défait. Après ce désastre, s'étant rendû parmi ceux de la tribu de Chahissoun, il en gagna un grand nombre à son parti, & s'étant ainsi renforcé, il marcha à Mogan, où aïant donné bataille à Ali Kuli Khan, qui étoit entiérement dans les interêts des Russes, il fût éncore vaincû, & se retira à Massoulé: enfin un corps de troupes de la tribu de Chahissoun, qui s'étoit joint aux Russes, & plusieurs habitans de Massoulé, qui avoient été réduits aux plus grandes extremités par le peu d'attention du Kalander, résolûrent d'anéantir ce phantôme d'autorité. En effet, ils tombérent tous à la fois sur le malheureux Zenil, & l'assassinérent dans Massoulé.

FIN DE L'INTRODUCTION.

HISTOIRE

DE

NADER CHAH,

PREMIERE PARTIE.

LIVRE I.

Depuis la naiſſance de Nader juſqu'à la reſtoration de Chah Thahmaſp en Mechehed.

CHAPITRE I.

De la famille & de la naiſſance du grand Empéreur l'ombre du Tout puiſſant.

LES amis de la proſpérité, les nouriſſons de la fortune, les enfans de la Providence peuvent ſe paſſer des vains honneurs d'une naiſſance illuſtre, & de l'éblouïſſante pompe de la roïauté ; c'eſt des plus bas degrés qu'ils montent au faîte des dignités, & en ſortant d'un état obſcur, ils en avancent avec plus d'éclat dans le ſentier de la gloire. Le trenchant cyméterre acquiert ſon mérite de la bonté naturelle de ſa trempe, & non de la

mine

mine d'où il a été tiré. Le diamant ne doit pas fa fouveraineté-fur toutes les piérres précieufes à la roche dans laquelle il fût formé, mais à fon propre brillant : ainfi le grand Nader, cet élû du Très-haut, cet objet de ces eternelles faveurs dériva fon incomparable gloire de la grandeur innée de fon ame. Il ne dût rien à l'affiftance ni de tribu, ni de parens, ni d'étrangers, ni d'amis, ce fût à l'aide de fa propre valeur, don de l'Immortel, qu'il alluma la lampe de fa nobleffe, & devint l'origine & la fource d'une race roïale. Il éleva même fi haut fa puiffance, que le roïaume de Timur fembla caché dans le foureau de fon fabre, & que les dominations de Genghiz & des Tartares parurent fufpendûes comme des anneaux à la chaine de fa fouveraineté, ainfi que dit le poëte :

> " Sa main lance des traits, le deftin la conduit,
> " Il éleve fon fabre, & la victoire fuit.
> " Quand fur fon front paroit la colére allumée,
> " Auffi-tôt du foleil l'ardeur eft enflamée.
> " L'amour l'infpire-t-il, & fourit dans fes yeux ?
> " L'aure du point du jour le difperfe en tous lieux ;
> " Et fi la falamandre en fon feu fe retire
> " Effraïée à l'afpect de fa rédoutable ire,
> " Parcourant l'univers avec légéreté,
> " Les zéphirs de Nader annoncent la bonté.

L'hiftorien a jufqu'ici tracé d'un craïon leger le deffein du portrait de fon héros, mais, comme il étoit réfolû de décrire tout ce qui concernoit un fi célébre conquérant, il falloit auffi qu'il dit quelque chofe de fa famille & de fa naiffance.

Ce grand guérrier étoit de la tribu de Kirklou, une des plus confidérables tribus des Afchars, race de Turcmans, autrefois

établis

établis dans le Turqueftan, mais qui depuis étant tombés fous la domination des Mogols, avoient paffé en Azerbigian.

Sous le regne de Chah Ifmaïl ces Afchars vinrent habiter vers la fource de la fontaine Meïab Kiupe Kab, à vint parafanges de Mechehed du côté du nord, & dans le voifinage de Mérou; ils y campoient en été, & en hyver ils fe retiroient à Deftegerd Derégez.

Ce fût dans ce chateau (rendû fameux par un fi grand événement) que naquit le libérateur de la Perfe le vingt-huitiéme de Moharrem, l'année de l'hégire 1100, qui répond à celle du Cro- A. D. 1688,
codile. Il fut nommé comme fon aïeul Nader Kuli Beg.

Dès l'age de quinze ans il entra dans la carriére de la gloire, faifant admirer fon intrépidité aux Perfans & aux Turcs, parmi les grands & les petits, donnant mille marques de fa profpérité future, & de la haute fortne qui déja brilloient fur fon vifage. Ainfi l'aube de fa vie annonça le midi de fes belles actions, & manifefta de bonne heure les prodiges du Créateur. Il fut en général connû fous le nom de Nader Kuli Beg, qui fignifie le ferviteur du merveilleux.

CHAPITRE

CHAPITRE II.

Prémieres actions de fa Majefté l'ombre du Très-haut.

PAR les decrets de cet Etre qui eft le foutien du tiffû de la nature, le fil & la trame de la vie des fils d'Adam; qui ourdit le manteau de l'exiftance, & de la durée pour orner & couvrir le genre humain; de cet Etre eternel qui ne pût ni être engendré, ni engendrer, & qui n'a nul égal; quand Nader étoit au printems de fon âge, & que le jardin de rofes de fa vie fleuriffoit, il défira d'entrer dans le lien du mariage. A cet effet il rechercha l'honnorable alliance de Baba Alibeg Kouffé Ahmedlou, un des principaux Afchars d'Abiverd; cet heureux chef, flatté de la demande du jeune héros, lui accorda fa fille en mariage, malgré la jaloufie de plufieurs Afchars, rivaux infortunés, qui fûrent contrains d'embraffer la trifteffe au lieu d'une amante, & de dormir en la compagnie de la confufion au lieu de celle du fuccès.

A. D. 1718.
3 Fevrier.

Nader eût de ce mariage le prince Riza Kuli Mirza, qui nâquit en l'année 1131, un Dimanche vingt-cinquiéme du mois Giumadiláveli, à dix heures & demi. Cinq ans après la pouffiére de la mort voila les charmes de l'aimable & vertueufe fille de Baba Alibeg. Nader prit une autre époufe, qui fût mére de Nafralla Mirza & d'Iman Kuli Mirza, deux précieufes perles de cette belle coquille, deux brillantes étoiles de cette conftellation.

Il n'eft pas nécéffaire de raconter tous les événemens qui arrivérent depuis l'apparition de la fortunée planete, dont on entreprend

treprend ici de décrire le cours. On ne prétend pas non plus faire le détail de ce qui paſſa en Dérégez, Abiverd, Mechehed, & pluſieurs chateaux voiſins ; des batailles de Nader contre les inquiets Afchars, Turcmans, Kiurdes, Ouzbegs, & autres tribus guérriéres ; des troubles que lui fuſcitérent les envieux qui deſiroient ſa perte, & de la maniére dont ce courageux héros repouſſa leurs attaques, & remit enfin la paix dans ces contrées. La rélation circonſtanciée de la moindre partie de ces faits rendroit cette hiſtoire d'un volume énorme, & étendroit cet ouvrage bien au delà des bornes qu'on s'y eſt prefcrit. Ainſi la plume de l'hiſtorien fera paſſer légérement le courſier de la narration ſur les principales circonſtances, & réduira les événemens dans un étroit compas.

Quand la fortune eût jetté dans la confuſion le banquet de la terre d'Iran, divers cris de contention fûrent entendûs de tous côtés, & chaque ſein fût déchiré par les ongles de l'affliction. On dit un commun adieu à la joïe & à la tranquillité, pour ſe livrer à la triſteſſe & à l'éffroi.

De toute part s'élevérent des avanturiers, dont la tête ſortoit du colier de l'independance, & qui hauſſérent le col de la revolte. Dans ce nombre fût Melek Mahmoud de Siſtan, lequel (comme il a été dit ci-deſſus) arbora l'enſeigne de la rebellion en Mechehed.

Juſqu'alors Nader ne s'étoit occupé qu'à s'établir dans les poſſéſſions qu'il avoit ſur les confins d'Abiverd, de Kélat, & d'autres lieux adjacens du defert. Il reſſembloit à un faucon, qui met en pieces ſes ennemis avec les ſerres ſanguinaires du courage, & comme un lion il faiſoit rage dans ſa propre forêt ; mais quand il vit que le ciel avoit abreuvé les peuples de l'Iran du vin des trou-

<table>
<tr><td>PART I.</td><td>F</td><td>bles,</td></tr>
</table>

bles, mêlé à la lie des peines, & que le fort compagnon quérelleur avoit dans son yvresse brisé sur la tête de cette nation affligée la coupe qui contenoit ce vin fatal, il parût saisi d'une inspiration divine : il éleva le bras du pouvoir, soutenû de la prospérité ; il rassembla les Afchars, les Kiurdes, & les autres tribus qui habitoient Abiverd, Dérégez, & Kélat, & fortifiant cette der- niere place avec soin, il y planta l'étendart de l'autorité.

Ce fût ainsi que Nader, avec l'aide du Très-haut, entra dans la carriere de ses grandes actions ; & comment ce lion de valeur, qui émoussoit les griffes de tous les lions de ce tems, auroit-il pû souffrir que chaque vile hyéne se rendit absolûe ? Comment ce magnanime chef, devant lequel les plus hardis baissoient le col de la soumission, auroit-il pû se soumettre au joug d'une sujettion honteuse ?

Parmi les peuples qui se joignirent à lui, les Afchars, dont il tiroit son origine, & les Kiurdes de Dérégez & d'Abiverd, deux des plus grands districts du Khorassan fûrent les prémiers qui s'at- tacherent à ses interêts, & qui soutenus du bras de la Providence & de la main de la fortune repousserent, & détruisirent ses ennemis. Mais, peu après ces deux tribus, à l'instigation d'un malin Génie écouterent la voix de la discorde, & se séparerent du héros qu'elles avoient si bien servi.

Quelques Afchars se retirerent dans un chateau, dont les forti- fications leur parurent pouvoir resister à sa Hautesse, tandis que les autres entrerent en ligue avec Melek Mahmoud. Plusieurs d'en- tre les Kiurdes se joignirent aux habitans de Kaboùchan ; le reste forma les nœuds de l'amitié avec les Turcmans.

Cependant,

Cependant, trois cent familles de la tribu de Gélaïr, fous le commandement de Thahmafp Beg Vakil, de Mohammed Ali Beg, de
Tarkan Beg, & d'autres chefs, ne laifferent pas ébranler les fondemens de leur loïauté, mais fuivirent l'illuftre conquérant dans la
fortune adverfe, comme dans la profpére, demeurant à l'ombre de
fa tente refplendiffante comme le foleil.

Ainfi, avec peu d'amis & beaucoup d'ennemis, Nader fe ceignit du baudrier de l'intrepidité; au milieu de la troupe d'élite de
fes adhérans il fit fon oreiller de la felle de fon courfier invincible,
& élevant les banniéres de la valeur & du courage attaqua avec
fureur les tribus ennemies.

CHAPITRE III.

*Les troupes intrépides entrent dans la terre facrée de Mechebed, dans
l'intention d'y diffiper les mecontens.*

AINSI que l'innombrable armée des étoiles fe réjouït, & triomphe jufqu'au moment où paroiffent les troupes des raïons
du foleil, ainfi ces peuples inquiéts & turbulens fûrent difperfés
par la fplendeur de la gloire de Nader, ou plutôt femblables aux
chauve-fouris, qui n'agitent leurs aîles que dans les ténébres, ils
s'enfuïrent à l'éclat de la lumiere qui environnoit l'illuftre héros.

Il a été dit, que ce fût en Khoraſſan que Melek Mahmoud annonça ſes prétentions à l'indépendance, ſur quoi pluſieurs chefs de tribus conſidérant leur propre foibleſſe placerent volontairement leurs cols dans le collier de la ſoumiſſion, & ouvrirent les portes de la déſobéiſſance.

Dans ce nombre fût Kalige Khan Papalou & Imam Kuli Eirlou, l'Afchar, qui tournerent le dos à Nader en faveur de Melek. Les Afchars ne laiſſerent pas d'alleguer pluſieurs excuſes & prétextes pour ſe diſculper de cette défection, & Melek, qui craignoit extrémement l'invincible guérrier, lui envoïa un méſſager de confiance avec des offres d'amitié & ces paroles ; " Nous ne ſommes " entrés dans le Khoraſſan que pour la préſervation des fidéles ; ſi " vous voulez marcher avec nous dans le ſentier de l'unanimité, " cet accord établira la proſperité commune ſur de ſolides fonde- " mens, & arrêtera le cours des maux publics."

Nader pénétrant le deſſein de cette feinte douceur, réſolût de ſe ſervir de l'artifice contre l'artifice. Il parût donc accepter la propoſition qu'on lui faiſoit, & s'étant rendu à Mechched, il y demeura pendant quelques jours, qu'il emploïa à vaincre la froide reſerve de Melek par mille démonſtrations d'amitié, de maniére qu'ils devinrent inſéparables, tant en particulier qu'en public.

Après avoir gagné ce point, Nader découvrit ſon intention aux Afchars & aux Gélaïrs de ſon parti, leur recommandant de ſe tenir prêt à le ſeconder la prémiére fois qu'on s'exerceroit au jeu du gerid ou de la javeline. Il leur enjoignit d'obſerver alors avec attention le moment où il ſe ſaiſiroit de la bride du cheval de Melek, afin de tomber auſſi-tôt ſur les amis & ſuivans de ce chef, & les précipiter du courſier de la vie dans la pouſſiére de la mort, tandis que lui-même ſe défairoit de Melek leur maître.

Ce complot auroit été executé au milieu de l'hypodrome de Mechehed, fi le deftin, qui tient en fes mains les rênes du courfier des événemens, ne s'y fut oppofé : en effet, lorfque Nader alloit donner le fignal dont on étoit convenû, les raïons du foleil qui dardoient fur lui l'eblouïrent au point, qu'il manqua la bride du cheval de Melek. Celui-ci, yvre du vin de l'inattention & de l'ardeur, n'obferva point ce mouvement, & lorfque les jeux fûrent finis, ils retournerent paifiblement enfemble à Mechehed.

Nader aïant ainfi manqué fon coup tourna fes penfées d'un autre côté ; il fût fi bien ménager Khalige Khan & Iman Kuli Khan, qu'il fe les réconcilia ; mais un jour que Melek s'étoit éloigné de trois parafangues de la cité, il engagea ces deux chefs à une partie de chaffe, & quand ils fûrent parvenûs à Mekhanak, un des diftricts de Mechehed, il les mit à mort, regardant comme la plus haute folie de laiffer échaper une telle proïe du piége, & d'épargner des traitres, qui comme le fourreau du fabre n'avoient que les dehors de l'innocence, & cachoient dans leur fein la lame de leurs défirs fanguinaires & turbulens.

Après cette expédition, Nader retourna à Abiverd, où raffemblant toutes les tribus de ces quartiers, il fe prépara à attaquer l'ennemi à force ouverte.

CHAPITRE

CHAPITRE IV.

Commencement de la guerre entre Nader, l'ombre du Très-haut, &
Melek Mahmoud de Seiſtan.

LA mort des deux chefs frappa Melek Mahmoud d'étonnement & de terreur ; il vit bien que l'arbre de l'oppoſition ne
lui produiroit que les fruits amers de la douleur, & que le peſant
fardeau de l'indépendance, dont ſes épaules étoient chargées, ne
pourroit parvenir juſqu'à la ſtation de la proſpérité. Sa fortune
ſembloit, en imitant les triſtes notes du roſſignol, lui répeter ces
vers :

     * " Dès qu'il parût, je vis de mon deſtin le cours,
       " C'eſt lui, dis-je, qui vient obſcurcir mes beaux jours."

Cependant, malgré ce que la raiſon & la prudence lui diétoit,
Melek Mahmoud perſiſta dans le deſſein inſenſé d'être l'ennemi de
Nader. A cet effet, il écrivit aux Kiurdes de Tehemeche Rezak,
leur demandant de ſe raſſembler, & de ſe joindre à lui contre l'illuſtre héros, & les menaçant en cas de réfus de ſon inimitié. Les
Kiurdes lui répondirent, que ſa Hauteſſe Nader étoit un champion
célébre, que ſon bras s'étendoit au loin, que ſes troupes étoient
nombreuſes, ſes chateaux bien fortifiés, & qu'ainſi l'attaquer étoit
pour eûx une entrepriſe qui ſurpaſſoit leurs forces.

Melek s'appercevant par cette défaite que les Kiurdes n'étoient
pas inclinés pour lui, & trouvant que la roſe de leur réponſe avoit
 l'odeur

l'odeur de l'averfion, il fe réfolût de fe foumettre ceux qu'il ne pouvoit gagner ; mais ne jugeant pas à propos de fe hazarder par le chemin de Kélat, Techetche, & Mehoud qui étoit rempli de bois épais, & bordé de forts redoutables, il prit, malgré fon impatience, la plus longue route, & marcha avec fix mille hommes par la voïe de Rudekan pour fe rendre en Khabouchan.

Quand il fût parvenû jufques là, un méffager des Kiurdes vint le fuplier de leur part de ne point paffer outre, alleguant le grand dommage qu'il apporteroit au païs, & les défordres qu'il y fufciteroit. Melek alors arrivé au dernier période d'un aveugle obftination, loin de fe rendre à ces priéres, fît couper le nés au méffager Kiurde, & le renvoïa ainfi chez lui avec opprobre. Un tel outrage enflâma les Kiurdes de la plus violente colére ; ils prirent les armes, & prefentérent eux-mêmes bataille, mais aïant été défaits ils fe retirérent dans leurs forterefles. Melek entra donc fans oppofition dans le Khabouchan, & il forma le deffein de faccager tous les forts des Kiurdes, de tranfplanter leurs femmes & leurs enfans en Khoraffan, & de prendre pofféffion de leur territoire. Il commença par mettre le fiége devant Zeïd Aflou, lorfque Nader s'avançant avec force & dignité comme une mer irritée, où comme le tonnerre qui gronde en s'approchant, vint au fecours des Kiurdes Ce héros rencontra d'abord à deux parafanges de Khabouchan un parti des foldats de Melek, qui efcortoient les ammunitions & l'artillerie qu'on avoit fait venir de Mechehed. Auffi-tôt il tomba fur eûx, en tua plufieurs, & mît les autres en fuite.

Melek ignoroit cette perte, & préffant le fiége, émouffoit la pointe de l'épée de fes adverfaires, quand Nader, à la tête de fes jeunes & vaillans champions, s'étant jetté fur lui, & aïant rompû les rangs les plus épais de fon armée, l'obligea de fe retirer dans les
retranche-

retranchemens de fon camp, & délivra le chateau du détroit du danger.

L'illuſtre vainqueur fît enſuite fortir de la place les femmes & les enfans des Kiurdes, & les aïant amenés avec lui, il campa proche des murs, du côté du defert.   Cette même nuit les Kiurdes que la crainte avoit difperfés, comblés d'une joïe inexprimable à la nouvelle d'un fecours fi inattendû, fortirent des cavernes où ils s'étoient cachés, & fe rendirent à l'augufte armée, où ils renouvellérent leurs offres de fervice à fa Hauteffe.

Le lendemain, quand le roi du midi, le foleil, flambeau du monde, fortoit de fon palais de l'orient, & brandiffoit le fabre de fes raïons, Melek Mahmoud éleva l'étendart du courage, & pofa les fondemens de la bataille, mais il fût déçû dans fon audacieux efpoir.

Comme les Afchars & les Kiurdes n'étoient pas accoutumés aux armes à feu, & ne combattoient qu'avec des lances & des fabres, Nader ne trouva pas prudent de les laiffer venir à un engagement contre l'artillerie de Melek ; il renvoïa donc les Kiurdes à Achetebad, & tourna les rénes de fes intentions du côté d'Abiverd, tandis que Mahmoud auffi content d'avoir échapé à un tel danger, que s'il avoit réçû une nouvelle vie, fe mît en marche pour le Khoraffan.

CHAPITRE

CHAPITRE V.

*Neiké Kalá & les autres chateaux du païs d'Abiverd font pris par
un bras puiffant & victorieux.*

TOUS les chateaux d'Abiverd qui étoient en la poffeffion
des turbulens Afchars étoient alors dans les interêts de
Mahmoud, & commencérent à fe déclarer ouvertement contre
Nader. Dans le nombre de ces confederés étoit une tribu qui
habitoit Neiké Kalá, à deux parafanges d'Abiverd. Quoique le froid exceffif de l'hyver fût fuffifant pour diminuer les
forces des foldats, cependant Nader échauffé par fon courage ne
fût pas détourné de fon deffein par la rigueur de la faifon. Il conduifit fes braves foldats contre Neiké Kalá, & commença par détourner le cours d'une riviére pour en fapper les fondemens;
mais ce projet ne lui aïant pas reûffi, il éléva fes batteries contre
les murailles du fort, & les rendit le but de fes boulets furieux.
La garnifon fe faififfant de la corde de la foumiffion demanda
grace & l'obtint, fa Hauteffe la fît paffer à Abiverd, & le fort
fût rafé.

Après la réduction de Neiké Kalá, Nader marcha contre le
chateau de Bagvadé, réfidence de la tribu Kenderloue, & tint ce
fort étroitement affiégé pendant trois mois. Il le fît entourer de
mines, auxquelles il faifoit travailler avec une extrême diligence,
lorfqu'enfin la garnifon, s'appercevant du préffant danger, fe prépara à faire couler un canal dans ces mines, auxquelles les mi-

neurs mîrent incontinent le feu; les foldats qui s'y trouvoient
renfermés, fûrent envoïés avec des cœurs brûlans, & des entrailles
confumées dans le féjour de la mort, & une partie des murs tomba.
Néantmoins la garnifon tint ferme, & rempliffant la bréche de
bois & de piérres ferma le paffage à l'ennemi.

Cette attaque aïant ainfi manqué, Nader fît éléver autour du
chateau une chauffée large de trois cubites & haute de neuf, fur laquelle aïant fait remonter une riviére, la chûte en fût fi violente
qu'en deux heures de tems les fondemens des murailles commencérent de s'affoiblir, & que le fort devint au milieu de ce torrent
femblable à une veffie d'eau, & verifia cette fentence, " & fes de-
" meures étoient défolées." La garnifon voïant que fon heureufe
étoile s'abimoit dans le figne aquatique fe répandit hors du chateau, comme des larmes que les yeux ont long-tems renfermées,
& tourna la face de la répentance du côté du Seigneur du fiécle.
Quatre de leurs chefs qui avoient étés les principaux promoteurs
de ces défordres fûrent immolés par le glaive du chatiment, &
Bazet conciérge du chateau, homme mal-faifant, fût condamné
à avoir la tête caffée d'un coup de moufquet, felon la fentence,
" Une étoile flamboïante l'atteignit." Le refte des habitans fût
transféré dans d'autres chateaux, & fa Hauteffe ramena fes victorieux étendars à Abiverd.

A peine Nader avoit gouté quelques momens de repos dans
cette ville chérie, qu'il fût obligé de s'armer de nouveau d'une réfolution intrepide. Kera Khan, chef du chateau de Zaghehend
avoit raffemblé une compagnie des Turcmans, & pour établir fon
indépendance avoit allumé le feu de la fédition. Lorfque Nader
étoit occupé du fiége du Bagvadé, il avoit envoïé un détachement
commandé par Thahmafpe Beg Vakil Gélaïr, & par Tcherag Beg

Afchar,

Afchar, pour éteindre cet embrafement. Il leur avoit ordonné de prendre poffeffion d'une tour qui fe trouvoit à la tête d'un canal, duquel Zaghehend recevoit fes eaux, & d'empêcher qu'il n'y fuivjt fon cours. Mais Kera Khan aïant attaqué fes troupes les défit honteufement, en tuant un grand nombre, & faifant Techerag Beg prifonnier. A ces défagréables nouvelles que Nader reçût à Abiverd, il aiguifa, ainfi qu'un aigle, fes ferres dégoutantes de fang pour fe faifir des corbeaux de Zaghehend. Sur le foir du jour qui fuivit la prife de Bagvadé, il étendit fes aîles, & volant avec fes héros d'élite au deffus des montagnes, il s'arrêta à Tehardé, où il raffembla fon armée qu'il avoit congédiée, & vint pofter fes batteries vis-à-vis du fort qu'il vouloit punir. Il envoïa d'abord quelque infanterie pour reconnoître les environs de Zaghehend, & venir lui rendre compte des mouvemens de l'ennemi; mais ce détachement n'aïant pû le rejoindre ce jour là, il fe retira vers le foir à Tehardé.

Cette même nuit un parti de Tartares de Merou arriva pour fecourir Kara Khan, celui-ci fortant du chateau plaça fes troupes en embufcade, & rentra fecrettement dans la place. Le détachement Perfan aïant pris cette fortie pour une fuite, & ne s'étant pas apperçû de ce qui s'étoit paffé enfuite, fît favoir à fa Hauteffe que les ennemis fe retiroient.

Sur ce faux avis, Nader, dès le matin monta fur fon courfier noir comme la nuit, mais quand il fût à deux parafanges de Tehardé & tout proche de Zaghehend, Kera Khan en fortit à la tête de fes Turcmans, & tomba fur lui, tandis que les Tartares fortant auffi de leur embufcade l'envelopérent, & tous enfemble, donnant de l'éperon à leurs chevaux, & le fabre levé l'attaquérent de tous côtés. Mais le héros s'appuïant fur le bras de la Providence, &

G 2

fur

fur la promeffe de ce verfet facré, " S'il y en a cent d'entre vous,
" ils en vaincront mille," ne fit nulle attention ni au petit nombre
de fes propres foldats, ni aux nombreufes forces de l'ennemi, &
tenant ferme avec fes Afchars, il eut bien-tôt difperfé les Tartares,
comme le vent éparpille les longs cheveux des jeunes adolefcens,
& forcé les Turcmans à prendre la fuite. Le glorieux vainqueur
étant retourné à Téhardé, avec fes hardis combattans ; les Tartares lui envoïérent quelques uns d'entre eux en une pofture fupli-
ante, & en obtinrent l'échange de tous leurs prifonniers contre le
feul Teherag Beg ; après quoi ils reprirent à la faveur de la nuit, le
chemin de Mérou, ne remportant que l'abatement & la douleur
de leur téméraire expédition.

Le lendemain, quand le Sultan des cieux déploïoit les enfeignes
de fes raïons victorieux, Nader avança les fiennes contre Zaghehend, mais Kara Khan voïant fa fortune détruite, & le jour de
fes intentions obfcurci, fortit du chateau, & demanda grace fous
condition d'obéiffance & de fervice. Nader le traita avec clémence,
& envoia fa garnifon de Turcmans à Abiverd. Enfuite il marcha
contre Chehed Niffa, languiffant fans ceffe pour la prife d'un chateau, comme il l'auroit pû faire pour les embraffemens d'un aimable
maîtreffe.

Les Turcmans d'Aliaili, de Yemereli, de Teeca & de Yémout,
à l'inftigation de Saïd Sultan, feigneur du Deroun, s'étoient écartés
du fentier de l'obéiffance, ainfi Nader fe détermina à les faire tous
rentrer dans le devoir, tandis que Mohammed Huffein Beg, fils de
Sam Beg Vakil, un des plus conftans amis de la famille de Nader,
feroit envoïé de Khabouchan à la tête d'un parti de Kiurdes contre
Mechehed.

Saïd

Saïd allarmé de tous ces projets, & se sentant incapable de soutenir l'étendart de l'opposition, se rendit avec toutes ses troupes à Bagbad, qui est à trois parasanges de Nissa, & de là aïant atteint la cour semblable aux cieux, il protesta de son repentir, & renouvella ses promesses de service. Alors Nader s'étant mis en marche pour retourner à Abiverd, il congédia Mohammed Hussein Beg.

Maintenant Kara Khan, que les serres de l'infamie avoient saisi s'abouchant avec les mal-intentionés, complota de nuire sous main à sa Hautesse, mais cette trahison aïant été decouverte par un homme loïal & intégre, tous les conspirateurs fûrent frappés de l'épée du chatiment, & guéris de leur ambition désordonnée.

CHAPITRE VI.

Riza Kuli Khau est nommé par la cour impériale pour commander en chef dans le Khorassan. Ses mauvais succés.

PENDANT que le Khorassan étoit ainsi agité, Riza Kuli Khan en fût fait commandant par l'empereur. Lorsqu'il étoit en marche pour se rendre dans ce païs, il entendit de toutes parts la nouvelle de la puissance sans cesse croissante de Nader, dont toutes les oreilles étoient frappées. Il reçût en même tems avis que sa Hautesse avoit formé le dessein de se rendre en Khabouchan pour s'unir étroitement aux Kiurdes, & marcher avec

eux

eûx pour réduire Melek ; furquoi ce général prit lui-même la route de Khabouchan.

Quand Nader vit que fon projet étoit ainfi découvert & traverfé, il fe contenta de fes guerriers compagnons, & fe mît en marche avec eûx contre Mechehed. Il fît faire halte à fon courfier léger à une parafange de cette cité, dans une ftation nommée Mir Koheriz. Auffi-tôt Mélek fe rangea en ordre de bataille pour s'oppofer au conquérant, & le feu du combat fût allumé. Les héros qui compofoient les troupes de Nader ménagérent fi bien leur fabre tranchant, qu'ils tuérent plufieurs officiers à Melek, & le forcérent lui-même à fe retirer pour défendre la ville avec les aîles de fon courage caffées par les faucons de leurs armes redoutables.

L'intrépide vainqueur fît pendant tout ce jour roder fes fiers courfiers autour des murailles de la cité, & alla enfuite pofer fon camp devant Hagiterab, chateau du diftrict de Tous, à trois parafanges de l'orient de Mechehed, & de ce lieu empêchant que Melek ne tirat des fecours du païs, il le tenoit comme bloqué dans fes murs. Pendant deux ou trois jours il y eût plufieurs efcarmouches aux environs du chateau, dans lefquelles les foldats de Mahmoud fûrent ordinairement défaits par les fabres & les lances de leurs ennemis, altérés de fang.

Mélek connoiffant la valeur de Nader, & jugeant qu'il ne gagneroit rien d'en venir à un engagement avec lui, ne fortit point de la ville, & fe contenta de s'y maintenir, tandis que les païs d'alentour fe déclaroient pour l'illuftre héros, dont les troupes fûrent bien-tôt affés nombreufes pour entourer la cité.

Dans

Dans ces entrefaites, Riza Kuli Khan arriva en Khabouchan où Chah Virdi Beg Cheikhanlou, & quelques autres de fes adherens lui perfuadérent, que fi Nader oppréffoit Mélek, & étendoit ainfi la gloire de fon nom, fon propre pouvoir cefferoit, & fon autorité fe trouveroit anéantie. Sur ces infinuations, le général dépêcha Kazem Beg, un de fes proches parens, à Nader, lui faifant remontrer, qu'il n'étoit pas prudent d'en venir aux mains avec Mélek, & le priant de ne point paffer outre contre lui. Sa Hauteffe acquiefça aux défirs du général, & aïant fait retirer fes troupes, fût l'attendre à Hegiterab, où il fît dreffer fes tentes fortunées. Riza Kuli aïant alors raffemblé tous les Kiurdes de Khabouchan, marcha contre Mechehed.

Quand Mélek apprit que le fil des affaires étoit entre les mains de cet officier, dont il connoiffoit à fond la capacité, ainfi que le fort & le foible de fon armée, il regarda fon approche comme un préfage de conquête, & avec des yeux étincellant d'ardeur il vint à fa rencontre, après avoir laiffé une partie de fon artillerie dans Mechehed, & s'avança hardiment jufqu'à Genabad.

Le général de fon côté, aïant envoïé fon bagage à Hagiterab, paffa contre l'attente de Mahmoud par Deméré, & vint droit à Mechehed. Il campa dans les jardins de Khagé Rabi, à une parafange de la cité, d'où il envoïa auffi-tôt notifier fon approche, fommant les habitans de fe foumettre à fon autorité, & de lui ouvrir leurs portes, ce qu'ils firent dès le matin, tombant en même tems fur les partifans de Mélek, dont ils fe faifirent dans les places publiques, & qu'ils chargérent de chaines, tandis que quelques uns de leurs chefs fûrent députés pour aller apprendre au général cette révolution.

Cependant,

Cependant, Mélek étant arrivé à Genabad, & trouvant que Riza Kuli Khan avoit paffé par Deméré, & envoïé fon bagage à Hagiterab, ne perdit point de tems, & marcha contre ce chateau. La même nuit, qui étoit celle de l'arrivée du général à Khagé Rabi, cette facheufe nouvelle aïant été apportée dans ce camp, Riza Kuli, fans attendre quels feroient fes fuccès en Mechehed, fe mit à la tête de toutes fes forces pour marcher fur les pas de Mélek, & s'oppofer à fon entreprife fur Hagiterab.

Les deux armées en vinrent aux mains, & celle du général attaqua Melek de toutes côtés ; mais comme celui-ci avoit bordé la fienne d'artillerie, Riza Kuli fût obligé de fe retirer fans aucun fuccès, & s'étant rendû à Tous, il y pancha fa tête fur l'oreiller de l'oifiveté, & fe repofa fur la couche de la négligence ; fon armée fuivit fon exemple, & tomba dans l'inaction de la paréffe.

On a vû ci-deffus, que la ville de Mechehed avoit envoïé des députés au général. Mais comme il avoit quitté fon camp pendant la nuit, ils n'y arrivérent qu'après qu'il en fût parti, & fe hatérent de le joindre pour lui apprendre que cette place s'étoit foumife ; alors Riza Kuli pour s'en affurer la poffeffion détacha un corps de troupes confidérables, fous le commandement d'Habil Khan, gouverneur d'Afraïan, & de Kazem Beg.

Comme Mélek, en quittant Mechehed, avoit mis fa famille & fon férail fous la garde de Mahadi chef de fa maifon, ce fidéle ferviteur, qui fe trouvoit alors dans la citadelle, fe retira avec fa charge dans une tour prochaine, où il fe prépara à fe défendre. En même tems, aïant fait favoir fa fituation à Melek, celui-ci accourût à fon fecours avec fon artillerie, & étant entré par la porte que la tour de Mahadi commandoit, les Kizzelebaches effraïés lui

livrérent

livrérent honteufement leur pofte. Mélek étant ainfi rentré en poffeffion de Mechehed commença par montrer fon reffentiment aux citoïens qui l'avoit trahi & abandonné.

Nader n'avoit point attendû le fuccès de tous ces événemens, & au lieu de demeurer à Hagiterab jufqu'à l'arrivée du général, ainfi qu'il l'avoit d'abord refolû, il s'étoit retiré à Abiverd. Son éfprit claivoïant avoit d'abord prevû que Riza Kuli ne garderoit pas long-tems fon autorité; que bien-tôt le bouton de fes entreprifes feroit éclos dans le jardin de la difgrace; que l'arbre de fa faveur ne porteroit que les fruits amers du repentir, & que le bofquet de fes affaires ne feroit jamais reverdi par le printems.

En effet, Riza Kuli après être retourné en Khabouchan marcha de nouveau contre Mechehed, & aïant été défait une feconde fois en bataille rangée par Mélek, fe vit dépouillé de fon autorité, & incapable d'arborer déformais l'étendart du pouvoir.

CHAPITRE VII.

Mohammed Khan est envoïé pour commander en Khorassan. Mélek agit en souverain; guerre entre lui & Nader.

DANS ce tems les forces de l'empereur étoient en Azer-bigian. Aussi-tôt que les ministres de la cour apprirent ce qui s'étoit passé en Khorassan, ils rappellérent Riza Kuli Khan, & mirent à sa place Mohammed Khan, Turcman de nation; mais, avant que ce nouveau général fût arrivé dans la province, Mélek n'y voïant plus d'ennemis qui pûssent s'opposer à lui, ré-solut de s'emparer de Nichapour, & chargea son neveu Mélek Ishák de cette expédition. La tribu de Beïat, qui étoit en pos-session de cette ville, ne voïant en tout le Khorassan que Nader qui pût les secourir lui fîrent savoir leur situation, & lui deman-dérent son assistance.

Nader leur fît une réponse favorable suivant cette sentence, " Combien de cités n'avons nous pas détruites ? & nos forces ont " atteint même Beïat." Ensuite il leva une armée, composée des Afchars, & des Kiurdes, de Kélat, de Dérégez, & d'Abiverd, & comptant sur l'appui de la Providence, il se mît en marche pour secourir Nichapour. Les Kiurdes de Khabouchan se joig-nirent à l'auguste armée, laquelle à son arrivée battit les troupes de Mélek Ishák, & lui tua plusieurs soldats, tandis que lui-même se tenoit à couvert dans un chateau bien fortifié.

2

Mahmoud

Mahmoud étant averti de l'extremité où son neveu étoit réduit, envoïa pour traiter de la paix Mela Mohammed de Ghilan, un des plus hommes de bien de son tems.

Sa Hautesse, dont le cœur noble & généreux étoit toûjours enclin pour le foible & le malheureux, confentoit à délivrer Ishák de l'étroit blocus où il le tenoit remfermé, & à montrer fa bienfaifance à Mélek Mahmoud, lorfque les Kiurdes fe reffouvenant des injures paffées murmurérent hautement, & formérent le deffein de piller les poffeffions d'Ishák. Néanmoins, ces féditieux, perfuadés que Nader ne permettroit pas une telle violence, fe contraignirent pendant quelques jours, mais enfin, brûlant du défir du pillage, ils franchirent toutes bornes, & rallumérent le feu de la contention.

Auffi-tôt que Mahmoud reçût avis de cet obftacle à fon pacifique deffein, il fe hâta de s'avancer vers Nichapour, & vint camper à Kedemgali. Alors Nader déploïa les enfeignes du combat, fe mettant à la tête de fes Afchars & de fes Kiurdes. A la vûe d'un fi terrible adverfaire Mahmoud chancela dans fa réfolution, & pour éviter le combat il entoura fes troupes de fon artillerie. Par cette précaution, il n'y eût que des efcarmouches, dans lefquelles fi les lances, & les fabres redoutables de fa Hauteffe ébranlérent encore de plus en plus l'ennemi, elles ne le découragérent pas entiérement, puifqu'à fon tour il tua quelques foldats à Nader & bleffa Ibrahim fon frére.

Comme les Kiurdes étoient toûjours portés par les courfiers éffrenés de la revolte qui boivent le vin de la diffenfion, la confufion fe mît parmi eûx, & fe débandant ils retournérent chacun chez foi. A la nouvelle de cette défection, Mélek mît le fiége

H 2

devant la ville de Nichapour, que ſes habitans ainſi abandonnés, rendirent, & il en laiſſa le gouvernement à Fathali Khan, qu'il lui convenoit d'attacher à ſes intêrets. A ſon retour à Mechehed il arbora la ſouveraineté & donna des ſuprêmes mandats : ſa folie alla juſqu'à lui faire prendre le diadéme, & ordonner qu'on battit la monnoïe en ſon nom, faiſant faire une couronne ſur le modéle de celle qu'avoient porté les anciens rois de la race de Caïan, dont il prétendoit deſcendre. Mais au milieu de tout cet orguëil une ſecrette voix lui répétoit ces vers du poëte Hafiz.

> * " Quoiqu'un viſage brille, il n'eſt pas toûjours beau :
> " Tel qui fait un miroir n'eſt pas un Alexandre.
> " D'un Turban de côté le mérite nouveau,
> " A l'art de gouverner doit-il faire prétendre ?"

Lorſque Mahmoud étoit ainſi au faîte de ſa fauſſe gloire, Boukamiga, ville entre Mechehed & Abiverd, ſe ſouſtraiſit à ſa domination : auſſi-tôt il envoïa ſon neveu Iſhák pour la réduire ; les habitans de leurs côtés dépêchérent vers Nader, mais avant que le ſecour qu'ils en attendoient pût arriver, déſeſpérant de leur ſalut, ils ouvrirent leurs portes à Iſhák.

Cependant, Nader s'avançoit par la route de Radecan vers les plaines de Mechehed, & Mahmoud venant à ſa rencontre comptoit après l'avoir repouſſé de continuer ſa marche juſqu'en Khabouchan. Les deux armées en vinrent aux mains à Echeterpeï proche de Mechehed, & le deſtin voulût que Nader perdit deux cent de ſes ſoldats, tant tués que bleſſés, & faits captifs ; le reſte de ſes troupes aïant pris la fuite, il fût forcé de ſe retirer à Kélat, ſuivi ſeulement de deux des ſiens. Alors, rien n'arrêta Mahmoud dans ſon deſſein de piller le Khabouchan.

Les

Les envieux & les mal intentionés parmi les Afchars embraf-
férent cette opportunité pour perfuader les Turcmans de fecoüer
le joug de l'obéïffance, & de fe joindre à eûx afin de profiter de
l'échec qu'avoit reçû fa Hauteffe, & s'emparer d'Abiverd. Mais
Nader accourût de Kélat à Abiverd avec les troupes qu'il pût raffembler, battit les mécontens, & en jetta plufieurs dans la caverne
de la mort. De là fa Hauteffe marcha contre Mélek, conduifant
le courfier de fon courage du côté de Khabouchan, lorfqu'aïant
appris près de Meïab que Mélek avoit pillé & difperfé les Kiurdes,
& qu'il revenoit chargé de leur dépouilles, elle retourna à Abiverd.

Les affaires étoient dans cette fituation quand le nouveau général Mohammed Khan arriva dans la province. Fathali Khan,
établi par Mélek gouverneur de Nichapour, fe rendit auffi-tôt à
Mechehed pour concerter avec lui des moïens de s'oppofer au
commandant impérial. Le refultat de leur conférence fût,
que Mélek fe rendroit inceffamment à Nichapour, & que Fathali
Khan iroit à la rencontre de Mohammed ; mais par les décrets
du ciel, Fathali aïant été battû fût fait prifonnier, & eût la tête
tranchée par le glaive de la juftice.

Ce revers obligea Mélek de revenir en hâte à Mechehed après
avoir établi fon neveu dans le gouvernement de Nichapour. Néanmoins il les rappella bien-tôt pour pourfuivre les deffeins de fon
animofité contre Nader, & en attendant fon arrivée il pofta fes
troupes dans un jardin proche de Mechehed.

Il arriva que Nader par l'infpiration divine déploïoit alors les
banniéres du pouvoir fur le chemin de cette cité facrée, & étoit
déjà parvenû à Genabad. Pir Mohammed, qui commandoit

pour

pour Mélek dans ces quartiers, s'étant avancé pour fermer le paſſage à ſa Hauteſſe, fût défait, & obligé de prendre la fuite, & les
auguſtes troupes continuérent leur marche vers Mechehed.

A deux paraſanges de cette cité, dans un lieu nommé Couchea
Mahadi, Nader apprit l'intention qu'avoit Mélek de le combattre,
& regardant la rencontre impréméditée de ſes propres mouvemens avec ceux de ſon ennemi, comme une faveur de la Providence, il paſſa juſqu'à Couh Seukin à une paraſange en avant.
Par la même bonté de cet être qui favoriſoit toûjours le conquerant fortuné, Mélek Iſhák, qui ſur l'ordre de ſon oncle avoit quitté
Nichapour, arriva ce jour même à la ſtation de Torco, qui n'eſt
qu'à deux paraſanges de Mechehed, & ſur le midi s'avança vers
Babakedred. Mahmoud de ſon côté aïant quitté ſon camp vint
ſe ranger en ordre de bataille dans la plaine du combat.

Alors Nader rempli d'une généreuſe ardeur ſe mit à la tête de
ſes braves guerriers, & on en vint aux mains de toutes parts.

Les cimeterres embraſant le monde étincellérent juſqu'au déclin
du ſultan du jour ; enfin l'armée de ſa Hauteſſe remporta une
victoire complete, Mélek & Iſhák perdirent preſque toutes leurs
troupes, ainſi que leur artilleric & ammunitions, trop heureux
de pouvoir, par une fuite précipitée, ſe mettre en ſureté dans un
chateau voiſin, qu'ils fortifiérent. Sa Hauteſſe, après avoir examiné les priſonniers, mit en liberté ceux de Mechehed, & aïant
envoïé à Kélat ceux qui étoient attachés à Mahmoud, elle ſe prépara à les ſuivre dans cette place.

Mélek Mahmoud ſe feroit difficilement rélevé de cette défaite
ſans l'avis des perfides Afchars, qui lui conſeillérent d'envoïer vers

les

les Kiurdes de Khabouchan, & vers les Turcmans de Deroun &
de Niſſa, pour les inviter d'entrer à ſon ſervice, & de s'oppoſer à
Nader ; ce que tous acceptérent, joignant Mélek, & rompant
ainſi le lien de leur attachement à ſa Hauteſſe.

Quand Nader apprit cette nouvelle, il réſolut de chatier les in-
fidéles Turcmans, & au matin, lorſque le ſoleil comme un vaillant guerrier s'élançoit dans la plaine du firmament, il quitta
Abiverd, & aïant fait vingt-cinq paraſanges en un jour, il tomba
le lendemain ſur les Turcmans de Bagbad, les maſſacrant & les
tuant ſans merci.   Enſuite il fit raſſembler le peuple de Niſſa, &
ſe l'étant réconcilié, il reprit ſa marche vers Mechehed par la
route de Meïab & Kiopekab.   Arrivé aux environs de la cité, il
diviſa ſes intrépides ſoldats en deux corps, dont il plaça un en
embuſcade, tandis qu'à la tête de cinq cent cavaliers plus légers
que l'air du matin, il ſe rendit devant un fort nommé Behar.

Mélek ſortit alors de Mechehed, & s'avança pour donner bataille, mais Nader, eſpérant de le faire tomber dans ſon embuſcade,
ſe retira auſſi-tôt, & faiſant retourner les pieds d'éclairs de ſon
cheval, il prit ſa courſe vers Beſkou.   Comme il l'avoit prévû,
Mélek prit cette retraite feinte pour une fuite, & le pourſuivit
chaudement juſqu'à ce que Nader jugeant à propos de faire face
à l'ennemi, un combat très acharné s'enſuivit ; toute fois, comme
l'hyver étoit d'une rigueur extréme, que la neige, & les pluïes
étoient tombé en abondance, & que les armées ne paroiſſoient
que comme des gouttes d'eau ſur les collines, on ceſſa des deux côtés
de ſe battre ; Mélek retournant à Mechehed, & Nader à Abiverd.

Bien-tôt après, les troubles de Mérou attirérent Nader dans ce
quartier, & voici comment ils arrivérent.   Autrefois les Kagiars
étoient

étoient une tribu confidérable, & établie dépuis long-tems dans l'interieur de la ville de Mérou, dont les Tartares & les Arabes occupoient les dehors.   La diffenfion s'étant mife parmi les Kagiars, chaque parti demanda du fecours aux Tartares pour fubjuguer le parti contraire.   Les Tartares n'eûrent garde de fe refufer à leur folie ; ils en profitérent pour s'élever fur les ruines de ceux qu'ils n'affiftoient que pour les perdre ; enfin, ils leverent le mafque, & fe joignant à la tribu d'Yémout, laquelle avoit quitté le Kharèzme pour venir fe fixer à Karakoum, ils fe mîrent à piller & à faccager de tous côtés.

Les Kagiars, trop tard reûnis, ne pouvant fe défendre à force ouverte, prirent en trahifon quelques uns des chefs de la tribu d'Yémout, & les mîrent à mort : fur cela les Tartares s'éloignérent d'environ douze parafanges, & s'arrêtérent à Cal, où étoit la fource qui arrofoient les champs Merouviens : là, aidés des Turcmans de ce voifinage, ils détournérent le cours de l'eau & empêchérent ainfi que les Merouviens ne femaffent, ou ne recueïlliffent les fruits de leurs femailles.   Mélek, inftruit de ces defordres, nomma un des Tartares pour gouverneur de ce diftrict, lequel, affifté par les Turcmans & par les mécontens de Merougiak, étendit le bras du pouvoir, & continua pendant trois ans les rapines & le pillage.   Les habitans de Merou, manquant d'eau & de bled, & fe voïant fi près de leur deftruction, fe faifirent du pan de la robe de bien-faifance de Nader, & l'aïant informé de leur mal-heureufe fituation, implorérent fon affiftance.   L'excellent cœur de fa Hauteffe fût emû de compaffion ; les étendars victorieux fûrent déploïés fur le chemin qui conduit à la riviére Tajan, & le bras invincible s'arma pour délivrer les Mérouviens des mains barbares de leurs lâches oppreffeurs.

C H A-

CHAPITRE VIII.

DES AFFAIRES DE SERKHES.

LES troupes auguftes aïant atteint la riviére Tajan la trou-vérent fi débordée, qu'elles fûrent obligées de s'arrêter, ne pouvant en aucune maniére la traverfer. D'un autre côté le païs retentiffoit de la mauvaife volonté que portoit à Nader la tribu de Serkhés, qu'on prétendoit fe préparer à s'oppofer à fon paffage. Ainfi cette aigle conquérante, dont le grand cœur auroit été outré d'abandonner fa proïe, quitta fecrettement les bords du Tajan pour aller ravager cette tribu commandée par Mougioud Kuli Khan, Sultan Giagataï. A peine notre in-trepide héros s'étoit mis en marche que la nuit furvint accom-pagnée d'une fi violente pluïe que fa noire nuance en fût pref-que changée en couleur d'eau, & que la courfier du firmament parût arrêté par l'épaiffeur du limon qu'une fi longue inondation avoit formé.

Malgré ces obftacles, l'armée fe répandit de tous côtés comme un torrent roulant au hazard fes vagues impetueufes ; les chevaux ne pouvoient ni avancer, ni être retenûs dans cette bourbe gliffante ; les cavaliers aïant perdû la voïe fûrent obligés de demeurer fur leurs felles jufqu'au point du jour, où ils s'apperçûrent qu'ils étoient aux pieds des murs de Serkhés.

Quand Mougioud Kuli Khan vit la calamité qui alloit fondre fur lui, il ne trouva d'autre reffource que dans la foumiffion, &

ouvrant les portes de la repentance, il envoïa fon propre pére à Nader avec un préfent & offre de fervir fous lui : les autres chefs, fuivirent fon exemple. Le feul Mohabali Khan, Sultan Giagataï, tenoit ferme dans le chateau, où Nader, qui n'avoit pas fon artillerie, ne pouvoit l'attaquer : mais les habitans de Serkhés s'étant faifis de lui & de fes adherens, les conduifirent à fa Hauteffe, qui maîtreffe abfolûe de ce diftrict, en tranfplanta trois milles familles à Kélat & dans les environs d'Abiverd, où bien-tôt elle alla étendre l'ombre de fa grandeur fur la tête de fes compatriotes.

CHAPITRE IX.

Siège du chateau de Kourgan. Réduction des Tartares. Autres événemens de ces tems.

LE chateau de Kourgan n'avoit point encore été attaqué quoiqu'il fût dans le nombre de ceux qui appartenoient aux inquiets Afchars ; Achour Beg Papalou, qui en étoit feigneur, avoit l'avantage d'être allié à la famille de Nader. Cet homme imprudent n'en avoit pas moins laiffé germer les femences de l'oppofition dans fon cœur, & en agiffoit comme fi fes anciennes liaifons avec notre héros n'euffent jamais exifté. Il étoit appuïé par Giafer Kuli Beg Chadlou, un des chefs de Khabouchan, & laffa enfin la patience de fa Hauteffe, qui avançant fes victorieufes banniéres contre Kourgan, fit élever autour de ce chateau de hautes tours & de puiffantes batteries.

Giafer

Giafer Kuli s'apperçût bien-tôt de fa propre foibleffe, recon-nût fes fautes, & en reçût un généreux pardon du conquérant, qui le laiffa fe retirer avec fes troupes ; mais loin de fuivre l'ex-emple de fon confédéré, Achour Beg perfifta dans fon obftination, & foutint le fiége.

Les circonftances les plus favorables concouroient alors en fa-veur de Nader. La mauvaife adminiftration fous le regne de la famille roïale de Sefi avoit depuis long-tems caufé bien des def-ordres : le Khoraffan, ainfi que les autres provinces, s'en étoit ref-fenti, & fes frontiéres avoit été continuellement infeftées par les Ouzbegs de Kharezme & par les Turcmans. Dans les prémiéres années de la vie de Nader, Chirgazi, prince de Kharezme, envoïoit fréquemment fes Ouzbegs pour faire ces ravageantes excurfions jufqu'à ce qu'enfin ils fûrent totalement vaincûs & chaffés. Alors Chirgazi, forcé de ceffer fes hoftilités, tourna fes vûes fur un pro-jet de commerce ; & envoïa de toutes parts de nombreufes cara-vanes chargées de fes marchandifes. Mélek, toûjours ardent & avide pour le gain, aïant appris que quelques marchands Kharez-miens étoient arrivés en Khoraffan, fit inviter leur caravanes par les habitans de Tchetché, diftrict qui étoit dans fes interêts, là, leur aïant fait chercher quérelle fur de certains droits, il les fit tous mettre à mort, & faifir leurs effets. Cette affaire arriva dans les tems que la renommée du pouvoir de Nader rendoit la vie au Khoraffan affligé, & que fon fabre alteré de fang faifoit trembler tous les cœurs. Chirgazi, inftruit des merveilles qu'opéroit ce bras tout-puiffant, crût qu'il ne pouvoit mieux s'adreffer pour la vengeance du tort qu'il avoit reçû. Il envoïa donc une ambaf-fade à fa Hauteffe, lui offrant fes fervices, & la fupliant de lui faire reftituer fes effets. Nader aïant trouvé que l'amitié de ce prince lui feroit avantageufe, reçût fon ambaffadeur avec bonté,

I 2

lui

lui fit rendre les marchandifes qu'il demandoit, & figna un traité
d'alliance avec fon maître. Chirgazi de fon côté, en reconnoiſſance
d'un ſi noble procedé, envoïa cinq cent de ſes gardes choiſis,
nommés Altoun Geloù, pour ſe joindre aux foldats de Nader.
Ces troupes arrivérent devant les murailles de Kourgan, & fûrent
comblées d'honneurs par l'intrepide héros.   Dans le même tems
les Kagiars ne pouvant plus tenir dans Merou ſe rendirent au camp,
& y baiférent les pieds de fa Hauteſſe, ſe mettant fous les aîles de
fa puiſſante protection.

D'un autre côté Chah Thamaſp, qui ſe trouvoit alors en Mazenderan, envoïa Huſn Ali Beg, un de ſes miniſtres, pour s'informer
de l'état réel de cette armée conquérante, qui s'élévoit comme le
foleil de l'horiſon du Khoraſſan, & qui de jour en jour répandoit
de nouveau raïons fur le monde, enflamant les oreilles de tous
les hommes du rapport de fa gloire.   Ce fût auſſi pendant le
ſiége de Kourgan que ce miniſtre frotta ſes yeux avec le collyre
du marche-pied de fa Hauteſſe, & étendit la main du déſir vers
le boſquet de fon auguſte fervice afin d'y cueillir les roſes de la proſperité.   Nader fit la plus honorable reception à cet envoïé, ainſi
qu'aux troupes roïales qui l'accompagnoient; il voulut même les
reconduire une partie de leur route dans le Khoraſſan.

Comme les Tartares de Deroun avoient de nouveau élevé leurs
têtes fortant du collier de la revolte, fa Hauteſſe ſe détermina à
les châtier fans retardement.   A cet effet, elle laiſſa Zoheireddoulé Ibrahim Khan avec des forces fuffiſantes pour continuer le
ſiége de Kourgan, & marcha avec les cinq cent Ouzbegs de
Kharezme, & un détachement de ſes propres foldats contre le
fort de Khourmend, demeure des Turcmans; elle en forma le
ſiége après avoir ravagé les païs d'alentour.   Ce fût en vain que la
                                                        garniſon

garnifon éffaïa de réfifter; toutes les fois qu'elle faifoit une fortie
chacun de fes foldats devenant le but des moufquets des troupes
de Nader tomboit fous leurs coups; de maniére que dans peu la
forterefle fût prife d'affaut. Les habitans de Khourmend aïant
imploré la clemence de Nader, il leur pardonna, & élevant le
drapeau de la conquête, il retourna victorieux à Kourgan. A fon
arrivée, Achour Beg, jugeant que toute réfiftance étoit vaine,
rendit la place, & fe foumit. Alors fa Hautefle aïant recompenfé
la valeur des gardes de Chirgazi par des préfens en chevaux & en
robes de prix, elle les renvoïa honorablement à leur prince.
Enfuite elle fongea à répondre à la confiance des Kagiars, en
puniffant les Tartares leurs ennemis; & aïant pris la route de
Tchetché, Houzkhan & Abbafabad, elle éclaira les plaines de
Mérou de fes raïonnantes banniéres. Le généreux conquérant
envoïa d'abord un meffage rempli de bonté aux Tartares, mais
ceux-ci aïant perfifté dans leur défobéïffance, il s'avança contre
eûx, & après plufieurs engagemens les défit, & tranfplanta ceux
d'entre eûx qui échapérent à fon cimeterre vengeur. Après cette
victoire, Nader s'empara de Mérou, & de tous les tréfors qui appartenoient à la tribu d'Yémout; partageant ces richeffes entre
fes vaillans guerriers; il pardonna enfuite à la-dite tribu, la ré-
tablit dans la ville, la reconcilia avec les Kagiars, & les comblant
également de fes faveurs, il enrola plufieurs d'entre eûx dans fon
fervice. Quant aux Arabes, il en fit paffer les familles à Abiverd, & reprit le chemin du Khoraffan, après avoir mandé l'heureufe nouvelle de fon retour aux habitans de Mechehed.

CHAPITRE

CHAPITRE X.

Sa Majefté Chah Thahmafp s'avance vers le Khabouchan pour rencontrer Mélek Mahmoud. Nader joint l'armée imperiale. Evénemens de ces tems heureux.

QUAND les troupes invincibles fe mîrent en marche pour foumettre Mérou, Mélek délivré des ferres tenaces de fon redoutable adverfaire commença à refpirer, comme dit le poëte :

* " Le foleil de fes feux a-t-il caché l'éclat ?
" Que la chauve-fouris dans l'air plane & s'ébat."

Il faifit cette opportunité, & paffa de Mechehed à Giouin, & à Esfaraïn dans l'efpoir de rencontrer Chah Thahmafp, de le vaincre, de le fubjuguer, & de brifer le lien de fon empire. Alors le bruit de la valeur de Nader retentiffoit dans tout le Khoraffan ; alors le jardin de rofes de cette région, peu auparavant fi près d'être entiérement deffeché, fe trouvoit rendû à fa prémiére fraicheur par l'eau claire du brillant fabre de fon héros ; alors Abiverd étoit illuminé par fes enfeignes refplendiffantes.

Chah Thahmafp aïant appris en Chahroud la marche de Mélek vers Giouin, prit la route de Giageren & Esfaraïn avec fon armée commandée par Fathali Khan Kagiar, comptant d'être affifté par l'illuftre guerrier, l'ornement du trône de la dignité, auquel il renvoïa Hufn Ali Khan avec une feconde invitation de le joindre. Cependant Mélek avoit pris Giouin, & fe hâtoit de

faire

faire le fiége des autres châteaux aux environs lorfqu'il apprit la marche de Nader, auffi-tôt quittant toutes fes entreprifes il retourna précipitamment à Mechehed. Sa Hauteffe n'étoit pas loin de cette ville quand Hufn Ali Khan atteignit fon armée; à fa priére elle tourna du côté du Khabouchan, pour fe rendre auprès de l'empereur; mais aïant confidéré avec fa prudence ordinaire qu'après les violentes querelles qu'elle avoit eû avec les Kiurdes, ils pourroient à fon arrivée fe mutiner, & donner de facheufes impréffions à Chah Thahmafp, elle étoit fur le point de rebrouffer chemin, quand le grand ordonnateur de toute chofes fit naître des événemens qui détruifirent les juftes craintes du héros, que fans ceffe il protegeoit, comme il eft dit, " Cent mille enfans fûrent mis à " mort, tandis que la lumiére du jour fût confervée à Moïfe."

En conféquence de ces décrets éternels il arriva l'affaire fuivante. Lorfque Chah Thahmafp étoit en Khoraffan, Fathali Khan fon général conduifit plufieurs tribus voifines à fa cour, & entre autres une tribu de Kiurdes; mais peu après voïant que l'empereur, ainfi foutenû, fe croïoit en droit de fe livrer à des caprices infenfés, il fit le projet de femer la divifion autour de lui afin de s'emparer entiérement de la conduite des affaires. Dans ce deffein, il ordonna à Negef Ali Beg Chadlou, chef des Kiurdes de Tehemeche Kezak, de fe mettre en marche avec fa tribu pour Mechehed, & d'y occuper Mélek par divers petits engagemens jufqu'à ce que le refte des troupes roïales pûffent joindre. Un ordre fi déraifonnable indigna Negef, il refufa de s'y foumettre, furquoi l'empereur, à l'inftigation de Fathali Khan, lui fît trancher la tête. Les Kiurdes furieux de la mort de leur chef fe mutinérent, & aïant rompû les murs du chateau dont on avoit fermé les portes, ils s'enfuirent à Beiam-peté, qui eft à une parafange de Khabouchan, où s'étant affemblés, ils firent foulever les autres
Kiurdes,

Kiurdes, & les troupes d'Afterabad. Après le prémier mouvement de colére, ces peuples aïant refléchi qu'ils étoient fans armes,
virent qu'ils n'avoient de reffource qu'en la protection de Nader, ils
oubliérent donc leurs anciennes querelles avec lui, & lui aïant porté
leurs plaintes fur le traitement cruel qu'on leur avoit fait, ils entrérent à fon fervice. Ce fût dans la ftation de Meïab fur la route de
Khabouchan, que le héros, avec l'afpect de Neriman, reçût le ferment de fidelité des Kiurdes, & accepta pour époufe la fille de
Sam Beg nouveau chef de Tehemeche Kezak, comme un gage de
l'attachement qu'ils lui voüoient. Ainfi felon cette fentence,
" Les hommes projettent, mais Dieu difpofe de tout," les chofes
tournérent d'une maniére contraire aux intentions de Fathali Khan,
& aux foupçons de Nader. Sa Hauteffe n'oublia rien pour appaifer les Kiurdes, & pour prévenir de nouveau malheurs; elle
envoïa quelques Afchars à Mohammed Huffein Beg, fils de Sam
Beg, le priant de demeurer en paix jufqu'à l'arrivée des troupes
toûjours auguftes. Du même lieu elle renvoïa Hufn Ali Khan à
l'empereur & à fon général avec ce méffage, " Quoiqu'il ait été
" très imprudent de créer des animofités parmi les troupes dans
" le tems qu'on devoit les flatter, & les exciter à combattre
" l'ennemi, néanmoins, puifque la Providence l'ordonne, je me
" rendrai à l'armée, & j'y menerai les Kiurdes qui ont caufé le
" defordre, & qui font à préfent appaifés."

Le jour d'après, quand le fouverain des aftres éclairoit par fa
radieufe préfence la falle du banquet des cieux, fa Hauteffe arriva
avec fes troupes à Khabouchan, & dans fa prémiére entrevûe avec
Chah Thahmafp, elle fît une telle apologie fur les offences des
Kiurdes, qu'elle éteignit tout reffentiment des deux côtés. A la
priere de Nader le gouvernement de Khabouchan fût donné à Mohammed Huffein Beg, & le vingt-deux de Moharrem de l'année
1138,

1138, les enseignes subjugant le monde quittérent Khabouchan, pour s'avancer vers Mechehed. 7 Septem-
bre 1725.

Nader envoïa d'abord un méssage à Mélek pour l'exhorter à la soumission, mais ce rebelle saisi par les serres de l'obstination, & devoüé par le sort à sa chute, persista dans sa revolte, & ferma les portes de la ville.

Le second de Sefer, l'armée arriva dans les dehors de Meche-hed, & défiant par la montagne Seukin, vis-à-vis la citadelle, vint camper dans la demeure sacrée de Khagé Rabi. Mélek inquieta leur passage par le canon de ses batteries, & fit retentir dans leurs oreilles le son de la désobéissance. Nader avec ses vaillans guerriers combattit les rebelles jusqu'au soir, & se retira, comme le soleil couchant, dans sa tente. Le matin d'après, Mahmoud previt l'éclipse de l'étoile de sa prosperité par la splendeur des raïons de la gloire de Nader, qui brilloient autour de la ville comme le naissant luminaire des cieux. Chaque jour sa Hautesse avec ses Afchars & ses troupes choisies en venoit aux mains avec l'ennemi qui faisoit des frequentes sorties. 17 Septem-
bre.

CHAPITRE XI.

MORT DE FATHALI KHAN KAGIAR.

LORSQUE l'empéreur étoit en Beftan, on lui apporta la nouvelle de l'approche de Mahmoud, & celle des troubles d'Afterabad. La faifon étoit alors très rigoureufe, & l'armée en foufroit beaucoup.

Dans ces conjonctures Fathali, qui en quelques occafions avoit rendû de grands fervices à l'état, aïant reçû quelques dégoûts de la part des miniftres, & voïant la foibleffe de Chah Thahmafp, demanda la permiffion de fe retirer à Afterabad fous pretexte d'y lever des troupes, promettant de rejoindre l'armée à l'entrée du foleil dans le figne du Scorpion. Les miniftres fûrent furpris d'un deffein fi à contre-tems, & le defapprouvérent comme étant prejudiciable au bien de l'état; mais ils diffimulérent, & attendirent une occafion favorable pour perdre Fathali Khan. Comme il ne leur étoit pas poffible d'executer leurs mauvaifes intentions à l'infçû de Nader, fans lequel on n'ofoit decider la moindre affaire, ce fût en fa préfence qu'ils portérent leurs plaintes à l'empéreur contre le général. Sa Hauteffe fit obferver qu'il feroit injufte de condamner Fathali à la mort, ajoutant que la prifon étoit un chatiment fuf-fifant pour fa faute, & offrant à fa Majefté d'envoïer le coupable à Kélat pendant le fiége de Mechehed, après lequel on lui rendroit fa liberté. L'empéreur parut confentir à cette propofition, & le quatorze de Sefer, de cette même année Fathali fût arrêté, & con-finé dans le camp de Nader. Chah Thahmafp perfuadé que fa

Hauteffe

29 Septem-bre.

Hauteſſe ne conſentiroit pas à la mort de celui dont elle avoit pro-
tegé la vie & pris en ſa garde, choiſit le tems où notre héros aſſiſtoit
au conſeil d'état pour faire immoler le malheureux général. Par ſon
ordre un officier, qui nourriſſoit dans ſon cœur le feu de la haïne
contre Fathali, & un Kagiar nommé Mahadi, qui avoit à vanger
la mort d'un de ſes amis ſe rendirent au camp de Nader, dont
les gardes ne leur firent aucune oppoſition, croïant qu'ils venoient
de la part de leur maître.   Ainſi ſes emiſſaires, après avoir tué
Fathali, apportérent ſa tête ſanglante aux pieds de l'empéreur.

Alors ſa Hauteſſe prit les rênes de l'empire; elle nomma Ķel-
beli Beg, fils de Baba Ali Beg, commandant des gardes, & Chahvirdi
Beg Cheikhlou commandant des mouſquetaires, lui donnant auſſi
le gouvernement de Sebzour.

CHAPITRE XII.

PRISE DE MECHEHED.

APRÈS la mort de Fathali Khan, Nader ſupporté par la
Providence ſe ceignit du baudrier de la reſolution, & continua le ſiége de Mechehed.   Chaque jour il formoit une nouvelle attaque, & chaque jour il battoit l'ennemi.   Mélek de ſon
côté, ardent à ſaiſir les occaſions favorables, aïant appris la mort
du général, fit une ſortie dans le deſſein d'attaquer le camp imperial avec ſa redoutable artillerie; mais Nader quittant en hâte

Khagé Rabi vint s'oppoſer à ſa marche. Les deux armées ſe rencontrérent à une demie paraſange de la ville ; celles des rebelles fût miſe en deroute ; pluſieurs des officiers qui la commandoient fûrent jettés ſur la terre de la deſtruction, & entre autres Ibrahim Khan, maître de l'artillerie.

Mélek s'étant ainſi honteuſement retiré dans la ville s'y tint renfermé, & ne hazarda plus de paroître dans la plaine du combat. De jour en jour il ſe trouvoit plongé plus avant dans le précipice de la confuſion, & du decouragement, & pendant deux mois que durà le ſiége, il perdit preſque tous ſes aſſociés, qui allarmés de ſa ſituation deſeſpérée l'abandonnoient l'un après l'autre. Enfin Pir Mohammed, un des principaux miniſtres de ce rebelle, voïant que la fortune de ſon maître étoit ſemblable à une image peinté ſur l'eau où aux vagues de la mer, reſolut de ſonger à ſes propres interêts en s'attachant à ceux de Nader. A cet effet, il envoïa ſecrettement à ſa Hauteſſe, lui faiſant dire que ſi elle vouloit lui promettre ſureté & protection, il s'engageoit à faire main baſſe ſur les gardes qui ſe trouvoient à la porte de la ville du côté de Miroli Amivié ; & à ouvrir cette porte cette nuit même à ſes ſoldats, auxquelles il donneroit un ſignal pour entrer.

29 Novem-
bre 1725. Suivant ces meſures la ſeiziéme nuit de Rabiuſſani, en l'année 1138, quand le voile de l'obſcurité couvroit la face des cieux, & que la lune conduiſoit les troupes des étoiles pour aſſiéger la ville du firmament, Nader quitta Khagé Rabi, & à la tête de douze mille hommes d'infanterie s'approcha de la ſus-dite porte, où il ſe mît en embuſcade en attendant le ſignal dont on étoit convenûs. Pir Mohammed fût fidéle à ſa promeſſe, il tua les gardes, il jetta leurs têtes par deſſus les murailles, & ouvrit la porte. Sa Hauteſſe, accompagnée de ſes lions de guérre & de ſon heureuſe fortune, entra dans la ville, & s'emparant de tous les quartiers par où elle paſſoit, elle penetra juſqu'à la place ſacrée, & aux quatre

jardins,

jardins, où Tehehar Beg. Les foldats qui gardoient les Tours aïant pris l'épouvante abandonnérent leurs portes, & fe retirérent dans le chateau. Le lendemain Mélek fît un effort pour recouvrer la ville, & attaqua deux de fes quartiers, mais Nader avec fes intrepides héros s'engagea le fabre levé avec les ennemis, & en dépouilla plufieurs des Feuilles du palmier de leur vie; il força le refte à fuïr vers le chateau. Enfuite fa Hauteffe vifita la maifon facrée, & baifa le plancher gardé par les anges, & puis retourna à fon camp. Le lendemain elle attaqua le chateau, & comme Mélek ne vit nul éfpoir de falut, il demanda merci, de quittant toutes les marques de fa prétendûë roïauté, & fe remettant lui même entre les mains de fon vainqueur.

Nader fît mettre à mort un nommé Mahadi, qui avoit toûjours foufflé le feu de la rebellion dans l'âme de Mélek; mais il traita avec bonté & générofité les autres chefs des troupes rebelles. Quant à Mélek, il fe revêtit de l'habit de la pauvreté, fuivant cette fentence, " Laiffe le monde à ceux qui font du monde," & changeant fa cour roïale en la demeure de Derviche fe retira dans la cellule de la maifon facrée. Pir Mohammed, pour recompenfe du fervice qu'il avoit rendû, fût fait gouverneur de Giam, & bût le vin de la coupe de fes défirs, aïant été decoré du tître de ful-tan.

CHAPITRE

CHAPITRE XIII.

Les troupes de Nader marchent vers Khabouchan. Affaires de ces tems.

QUAND les clefs de Mechehed fûrent au pouvoir du héros, l'ornement du trône, il se determina à resider pendant quelques tems dans cette ville. Il envoïa une compagnie de ses Afchars d'Abiverd pour garder les frontiéres, & fit venir à Mechehed le reste de ses troupes, son serail, & le prince Riza Kuli Mirza.

Sa Hautesse dès le commencement de la guérre avoit resolû que si elle prenoit Mechehed, elle feroit dorer la Tourete de la Mosquée sacrée ; elle donna donc ses ordres aux plus habiles ouvriers qu'on pût rassembler pour executer ce magnifique dessein, & pour batir une autre Tourete vis-à-vis celle-ci qui s'éleva au dessus des constellations, & devint un pillier du firmament.

Après avoir reglé les affaires du Khorassan, Nader se mît en marche pour Khabouchan, afin d'y enfiler les perles des bonnes intentions qu'il avoit eûes, étant en Beampeté ; mais comme quelques uns des chefs de l'Irak & de l'Azarbigian jaloux de son pouvoir ne cessoient par leurs malicieuses insinuations d'irriter Chah Thahmasp contre lui, selon cette sentence, " Il ne dit pas " un mot qui ne soit observé par le délateur attentif," cet empereur le rappella avant qu'il pût executer ses hauts projets. Un tel ordre n'eût pas l'effet que les ennemis de Nader en avoient

attendû,

attendû, à peine un foible ouvrier auroit pû se resoudre à se desister
d'une entreprise mechanique après de si heureux commencement,
combien plus un tel héros devoit-il être eloigné de renoncer au
fruit de ses glorieux travaux. Nader prit donc le parti de régler
les affaires avec son sabre tout-puissant, & se rapprochant de
Khabouchan, il fit dresser ses glorieuses tentes à trois parasanges
de cette ville. Dans le même tems Chahvirdi Khan, gouverneur de
Sebzour, s'avançoit vers Khabouchan. Mohammed Khan qui y
commandoit envoïa à Nader une lettre que l'empereur lui avoit
écrit, par laquelle il lui faisoit savoir qu'au soleil couchant il
monteroit à cheval, & que suivi d'un seul de ses officiers il se
rendroit dans la place. Quand au matin Nader sût que Chah
Thahmasp avoit executé cette resolution, il quitta sa station, &
vint camper à Youssefabad à l'ouest de Khabouchan, empechant
ainsi qu'on n'entra, ou sortit de la place de ce côté. Un parti
Kiurdes s'étant avancé pour troubler sa marche, & aïant allumé le feu du combat, ils fûrent défaits, & mis en fuite.

Néanmoins, Chah Thahmasp, toûjours en proïe aux pernici-
euses instigations de ses ministres, auxquels sa foiblesse d'ésprit
étoit parfaitement connûë, envoïa des lettres circulaires dans
toutes les provinces de son empire, & particuliérement aux gouverneurs de Craïli, de Mazenderan, & d'Asterabad, dans lesquelles il accusoit Nader de trahison, & demandoit du secours
contre lui. Il écrivit aussi à Mélek Mahmoud, à Ishak, & à
quelques uns des principaux officiers de l'armée de Nader, exhortant les uns à s'opposer à sa Hautesse, & les autres à quitter son
service. Mélek Mahmoud tint d'abord secret le mandat de l'empereur, mais considérant ensuite que Nader en auroit bien-tôt
connoissance, il le lui communiqua. Bien qu'une telle conduite
de Chah Thahmasp enflâma de colére le cœur de sa Hautesse,
elle

elle diſſimula, & prétendit ignorer ce qu'on tramoit contre elle.
Peu après quelques troupes étant venûes renforcer la garniſon, &
aïant été jointes par un autre corps, ils firent tous enſemble une
ſortie, & attaquérent Nader & ſes Afchars. L'action fût ſanglante, la pouſſiére s'éleva juſqu'au firmament, mais Nader fût
vainqueur ; la pluſpart de ſes ennemis périrent dans le champ de
bataille ; d'autres fûrent mis dans les chaines de la captivité ; le
reſte chercha ſon ſalut dans une fuite precipitée ; un boulet atteignit, & tua Giafer Kuli Beg Chadlou.   Le lendemain la tribu de
Karagiourlou, fameuſe par ſa bravoure, s'avança vers la ville pour
aſſiſter Chah Thahmaſp, mais Nader lui coupant le chemin
tomba ſur eûx, en fit un grand carnage, & le nombre des
priſonniers fût très conſidérable.   Comme il étoit impoſſible
de s'aſſurer de tant d'ennemis au milieu d'un déſert, & en même
tems pour jetter l'épouvante parmi ceux qui ſeroient tentés d'imiter
une telle témérité, on creuſa une large foſſe, dans laquelle on jetta
tous ſes priſonniers, mais ils en fûrent bien-tôt retirés, ſa Hauteſſe
trouvant que l'humanité ſe revoltoit contre un genre de mort ſi
affreux, & aïmant mieux leur rendre leur liberté.   Cependant,
la ſaiſon devenoit de jour en jour plus rigoureuſe, & les aſſiegés
en ſouffroit extremement.   Mais en vain ils firent propoſer un
accommodement à Nader, ce conquerant juſtemment irrité ne
leur repondit qu'avec la pointe de ſon cimeterre.   Ces malheureux voïant que ſa Hauteſſe refuſoit d'accepter leurs offres, lui
promirent enfin, ſi elle vouloit lever le ſiége de la ſuivre à Mechehed, d'y conduire Chah Thahmaſp avec eûx, afin qu'il retracta
les ordres donnés dans ſes lettres, & que tout fût reglé ſelon le
bon plaiſir de Nader.   Quoique les troupes de l'invincible héros
dans leur extrême attachement pour lui euſſent regardé la neige
qui couvroit la terre comme une couche d'Hermine, comme quantité de beſtiaux, & pluſieurs chevaux avoient péri par le froid, &

comme

comme fa Hauteſſe étoit portée à la merci & à la clémence, elle accorda leur demande, & de retour à Mechehed envöïa des chevaux de l'écurie roïale pour amener Chah Thahmaſp. Les miniſtres de cet empereur defefperérent alors de trouver de nouveaux moïens de nuire à Nader & d'autres reſſources pour ſe conſerver le pouvoir ſous le nom de leur maître ; & la nouvelle d'un nouveau revers vint augmenter leur découragement. Mohammed Ali Khan aïant été mandé par Chah Thahmaſp avoit quitté le Mazenderan, mais s'étant arrêté en Giagerem, diſtrict de Craïli, il y avoit été attaqué par Rahim Khan, alors armé contre Cherfeddin, un des chefs d'Aſterabad. Cette attaque imprévûë avoit forcé Mohammed à la fuite, & il avoit abbandonné à Rahim les tréſors de l'empereur, qu'il eſcortoit. Cette perte força Chah Thahmaſp à ne plus différer de quitter Khabouchan ; il ſe rendit à Mechehed vers la fin de l'année ; & auſſi-tôt ſa Hauteſſe dépecha vers Rahim Khan, & ſe faiſant rendre les richeſſes de l'empéreur les depoſa dans le tréſor roïal.

La nuit de l'arrivée de Chah Thahmaſp, Nader, dont l'ame délivrée de l'embarras du corps, reçût dans la région du ſommeil des raïons de la divinité, ſongea qu'il voïoit une groſſe poule d'eau qu'on nomme Kou, & qu'aïant pris un fuſil pour tirer cet oiſeau il l'avoit bleſſé, & emporté. Qu'après, étant dans ſa tente, il avoit vû vis-à-vis de lui une fontaine avec un large baſſin rempli d'eau dans lequel étoit un poiſſon blanc auſſi gros qu'un agneau, & qui avoit quatre cornes très fortes ; qu'aïant ordonné aux gens de ſa ſuite de prendre ce poiſſon, ils n'avoient pû y parvenir, mais qu'aïant lui-même etendû la main il l'avoit ſaiſi. Le matin ſa Hauteſſe aïant raconté ſon ſonge à ſes amis, un d'entre eux lui repeta auſſi-tôt ces paroles connûes, " Si tu ſonge des oiſeaux ou des " poiſſons, tu ne mourra pas ſans être parvenû à l'empire." En

PART I. L effet

effet ce fonge montra fur le miroir de la vifion la face de la vérité ; car, comme le Kôu eft la plus grande poule d'eau, ainfi l'empire de ce conquérant fût la plus grande domination du monde; le poiffon avec quatre cornes reprefenta les quatre roïaumes qui dépendirent de Nader, la Perfe, l'Inde, le Turkeftan, & Kharezme, lefquels fûrent tous quatre en fa poffeffion.

CHAPITRE XIV.

ÉVÉNEMENS DE L'ANNEE 1139.

A. D. 1726.
Nad. 39.

LE vingt-fiziéme de Regeb, le fultan des luminaires celeftes fe tranfporta dans la ville du Bélier. Les boutons à demi éclos des rofes, femblables à des beaux adolefcens, & revêtûs du manteau printannier s'ébatoient dans les réduits des jardins, & fur les bords des ruiffeaux. La tulipe nouvelle époufe de la riante faifon, & les arbuftes odoriférans s'épanouïffoient & fleuriffoient à l'envi dans les demeures des bofquets. Les mains adroites de la nature peignoient les joües des rofes fauvages & le jafmin, des couleurs les plus éclatantes. Le roffignol amoureux de la rofe aiguifoit l'épée de fa langue pour vaincre fes rivaux. La colombe éprife du cyprès gémiffoit tendrement fur les branches de cet arbre chéri, dont les feüilles fembloient s'acerer comme des poig-ards pour fervir de garde à fes plaifirs.

En

A. D. 1726.
Nad. 39.

.. En ce tems, les Kiurdes qui n'avoient pas plus de ftabilité que les ondes, ou que les nuances du printems, refuférent d'obéïr aux ordres qu'on leur donna ; ils firent même foulever les habitans de Kélat & de Dérégez, à la tête defquels fe mit un nommé Sheker ; tandis que les Tartares de Merou, excités par Mélek, fonnoient la trompette de la revolte.

Zoheireddoulé Ibrahim Khan fût envoïé pour châtier les mécontens de Déregez, qui couvrant leur face du manteau de l'infamie en vinrent aux mains avec lui, & forcérent plufieurs de fes foldats à boire la potion amére de la mort. Le gouverneur de Déroun, les Turcmans d'Yemereli, & d'Alieili, Mohammed Huffein Khan, Zafranlou, & Chahvirdi Khan joignirent la chaine de cette féditieufe confédération, & aïant à force ouverte affifté les Kiurdes tinrent Ibrahim Khan affiégé dans Dérégez.

Sur ces mauvaifes nouvelles Nader s'avança avec l'empéreur contre Dérégez. Dans fa marche il reçût avis qu'un corps de Kiurdes avec leurs familles s'étoient mis en route pour Khabouchan. Auffi-tôt fa Hauteffe laiffant Chah Thahmafp dans un chateau nommé Deftegerd, fitué entre Mechehed & Khabouchan, vint fondre fur ces Kiurdes, & s'empara de tous leurs effets ; elle faccagea auffi les environs de Khabouchan, & mêla ainfi l'amertume à la douceur dont ils avoient rempli la coupe de leur éfpoir. De là tournant vers Dérégez, Nader y châtia la tribu coupable ; & en tua plufieurs avec le fabre de la juftice. Ceux qui échapérent à ce fabre redoutable prirent la fuite dans l'intention de fe retirer auprès des chefs de Khabouchan ; un parti fût détaché pour les pourfuivre ; ils fûrent atteints par les courfiers aux pieds tempêtueux, & l'édifice de l'exiftence de cette tribu perfide fût confumé.

A. D. 1726.
Nad. 39.

fumé. Soliman Cheikhanlou, commandant des rebelles, étant
tombé au pouvoir de Nader eût les yeux arrachés par fes ordres,
afin que ceffant de voir il fervit d'exemple à ceux qui voïoient.
Sa Hauteffe aïant enfuite affiégé Khabouchan, & le chef de cette
ville aïant de nouveau promis obéïffance & foumiffion, les victorieufes banniéres reprirent le chemin de Mechehed. Ibrahim
Khan fût envoïé à Merou pour y reduire les Tartares, qui manquant d'eau rendirent la place, & fe foumirent; tandis que les
Kiurdes, rompant encore leur promeffe, obligérent Nader de
marcher une troifiéme fois contre eûx. Toutes ces commotions
étoient agréables à Chah Thahmafp, il s'en rejouiffoit au fond du
cœur, quoiqu'extérieufement il montra beaucoup d'égard pour
Nader, qui à fon arrivée devant Khabouchan trouva fes ennemis
plus que jamais unis contre lui. Un d'entre eûx nommé Biremali
Khan, voïant qu'ils n'arriveroient jamais au but de leur haine,
propofa aux Kiurdes de fe rendre au camp de Nader fous pretexte d'un accommodement, mais en effet pour y faifir une occafion favorable de remporter quelque avantage fur l'illuftre conquérant. Les Kiurdes affés enclins à une telle perfidie, n'oférent
pourtant pas la tenter, non qu'ils fe defiaffent de ceux qui la leur
confeilloient, mais ils craignirent d'être accablés par le pouvoir
de Nader dès le moment de leur arrivée, & mis hors d'état non
feulement de fuivre ce projet, mais encore tous les autres qu'ils
méditoient. Biremali Khan voïant qu'il ne pouvoit rien gagner
de ce côté, fe tourna de celui de l'empereur, auquel il perfuada de
fe retirer à Nichapour. Chah Thahmafp, dont le penchant tendoit
toûjours à l'erreur, qui voïoit fes propres deffeins détruits, & fa
fortune chancellante, fuivit avidement le pernicieux confeil qu'on
lui donnoit, & aïant pris congé de Nader fe retira en effet à
Nichapour. Sa Hauteffe n'en perfifta pas moins dans la volonté

de

de punir les Kiurdes, & tint leur ville étroitement afliégée.
Ceux-ci, allarmés de la fituation où ils fe voïoient, implorérent
l'affiftance des guerriéres tribus de Chadlou, & de Karagiourlou,
lefquelles auffi-tôt épéronnant le courfier de la témérité accoururent
à leurs fecours. Dans cet intervalle, les habitans de la place
firent une fortie; mais Nader, dont les pas étoient conftamment
fuivis par la victoire & par la profperité, les mit en fuite. Alors
tombant fur les tribus qui venoient aux fecours des afliegés, il les
attaqua avec une force capable d'ébranler les planetes, & en aïant
pouffé plufieurs dans la caverne de la mort, il força le refte à fe
retirer avec precipitation. Quand les Kiurdes fe virent dans l'a-
bime de la foibleffe & de la calamité, ils fe mirent à la merci du
vainqueur, qui les traitant avec une clemence peu méritée, voulût
bien recevoir leur ferment de fidelité tant de fois violé; il fît
plus, par un excès de bonté il rendit la liberté aux prifonniers; il
prit même à fon fervice Mohammed Huffein Khan, gouverneur
de Khabouchan, ainfi que le fils de Chahvirdi Khan & d'autres
chefs Kiurdes. Enfin aïant laiffé une perfonne de confiance pour
regler les affaires du païs foumis, il prit la route de Meidan afin
de s'aboucher avec l'empereur à Nichapour, qu'il quitta peu après
pour retourner à Mechehed. Dans une hiftoire telle que celle-ci
on eft obligé de paffer fur bien des circonftances, dont le recit
deviendroit fatiguant; néanmoins on doit faire obferver que l'alliance de fa Hauteffe avec Baba Ali Beg fût en grande partie la
caufe de fon élevation, ainfi que l'autre alliance ci-deffus mentionnée. Sur ces deux puiffantes familles, dans lefquelles Nader
étoit entré par fes deux mariages, il plut au Très-haut de pofer le
fondement de la profperité de ce héros fameux, & de renforcer
la fabrique de fon pouvoir, jufqu'à ce qu'enfin les Afchars & les
Kiurdes trouvérent, malgré la grande importance de leurs tribus,

que

A.D. 1726.
Nad. 39.

que leurs forces reunies ne pouvoient tenir contre la valeur de Nader, & attachérent fermement le nœud de leur engagement à son service. Sans le concours de tous ces événemens, comment celui qui porta l'illustre guérrier au fâite des grandeurs eût-il pû arriver ?

CHAPITRE XV.

Mélek Mahmoud & Ishak font mis à mort par ordre du roi de l'univers.

LES Tartares de Merou, qui ne s'étoient soumis à Ibrahim Khan que par necessité, profitérent du tems que Nader employoit à reduire les Kiurdes pour se revolter de nouveau ; & se faisissant entiérement de la place il y arborérent l'étendart de la rebéllion au nom de Mélek Mahmoud, qui par ses lettres les excitoient sans cesse à cette conduite séditieuse. Outre ces insti-gations, Nader avoit à reprocher à Melek d'avoir mis sa vie en danger en lui cachant, pendant quelque tems, la lettre que l'empé-reur lui avoit écrit de Khabouchan. Sur toutes ces offences sa Hautesse considérant le danger qu'il y auroit à laisser un rebelle si dangereux dans le pouvoir de nuire, elle ordonna la mort de Mélek Mahmoud & d'Ishak à Mohammed Khan Tehallé, dont Mahmoud avoit fait perir le frére par l'épée de l'injustice. Mé-lek Mohammed Ali ne survequit pas long-tems à Mahmoud son
frére,

frére, il fût envoïé à Nichapour, & remis entre les mains de Birmali Khan Beïat, lequel vangea fur lui le fang de Fathali Khan fon frére ; ainfi fûrent juftifiés ces vers :

> Toute tête ne peut porter une couronne,
> Celui qu'à la grandeur Dieu n'a pas exalté,
> Etend en vain fon bras pour envahir le trône,
> Il n'atteint que malheur & que calamité.

Après ces executions Nader remit les enfans & le refte de la famille de Mahmoud entre les mains d'Afadalla Khan dernier gouverneur de Seiftan, qui dépuis peu étoit entré à fon fervice, & le renvoïa dans fon païs.

CHAPITRE XVI.

Les troupes auguftes fe mettent en marche pour Kaïn afin de châtier Huffein Khan. Defcription de la bataille de Sencan.

QUAND les étendars victorieux étoient dans la citée facrée, Huffein Soltan, un des principaux chefs de Seiftan, imitant fon parent Mélek, fe mît à la tête de quelques mécontens, chaffa le gouverneur que Nader avoit établi dans fes diftricts, & tint tête au détachement qui fût envoïé contre lui.

Sa Hauteffe, qui avoit alors refolû de punir les Afgans de Sencan, fe mît en marche le dix-feptiéme de Zoulhëggé à la tête de huit

milles

A.D. 1726.
Nad. 39.

milles guerriers indomptés; elle étoit accompagnée de l'empéreur, & soutenûë par le bras tout-puissant de la Providence éternelle. Aux prémiers rapports de son approche la baze du pouvoir des rebelles fût ébranlée. Mélek Kelbali fils de Mahmoud, & Mélek Latfali son neveu, avec quelques autres chefs de Seistan, s'enfuirent vers Isfahan, & joignirent Echeref le Galgien, se ceignant eûx-mêmes du baudrier de la soumission envers lui. Hussein Soltan se renferma dans son chateau, mais à l'arrivée des troupes victorieuses, il se repentit de sa témérité, confessa sa foiblesse en demandant grace, & il fût écouté favorablement. Cette affaire étant ainsi terminée, les troupes augustes prirent la route de Sencan, & s'arrêtérent trois jours à Asfendin. Le quatriéme jour Nader aïant quitté cette ville, & aïant mis son armée en ordre de bataille, il la fit marcher vers Mamjanabad. Entre cette place & Zirécouh les chemins étoient si remplis de sable, qu'on fût obligé d'y mettre bas les canons par la difficulté qu'on trouvoit de les trainer; mais il le fûrent enfin au secours d'un parti d'hommes robustes montés sur des chameaux. Nader conduisoit ce détachement, monté sur son chameau comme le soleil sur le trône du firmament, & donnant l'exemple d'un courage infatigable. Les troupes fûrent un jour d'été tout entier dans ce desert sabloneux, où à grand peine on pouvoit trouver de

9 Septembre.

l'eau. Le second de Sefer l'armée campa devant le chateau de Behadin, dans lequel étoit une tribu d'Afgans, qui aïant fait mine de se rendre & de ne disputer que sur les articles de la capitulation, retinrent les invincibles troupes pendant plusieurs jours en ce lieu. Sa Hautesse lassée enfin de ces delais resolut de forcer le chateau, alors les Afgans voïant leur destruction inevitable vinrent se soumettre, promettant d'envoïer leur chef au fort de Neïazabad, & d'en amener les habitans à sa Hautesse. Après cette convention le-dit commandant se rendit à ce fort; mais il manqua à

sa

fa parole, & ne revint point. Nader irrité de cette trahifon fit
paſſer au fil de l'épée tous les Afgans de Behadin, mit leurs tréfors
au pillage, & rendit leurs familles captives : les autres habitans
de cette contrée, qui s'étoient affociés avec les Afgans, fe mirent
à la merci de fa Hauteffe, & reparérent leur faute. La plufpart
des chateaux d'alentour fûrent rendûs, mais le gouverneur de
Sencan refufa obftinément de fe foumettre, & fit demander du fecours aux Afgans de Bakherz, de Couffié, & de Gourian. Sur
cette réfiftance Nader fit venir de Mechehed un renfort d'artillerie & des batteries, attendant en ce lieu l'arrivée de l'armée
entiée.

A. D. 1726.
Nad. 39.

Le quatorziéme du même mois les auguftes étendars fûrent déploïés devant le chateau qu'on bombarda auffi-tôt de tous côtés.
Dans le nombre des chofes remarquables qui arrivérent alors fût
celle-ci : Pendant qu'on faifoit joüer les batteries, Nader fe trouvant à la tête des ingenieurs auxquels il donnoit fes ordres, un
d'eûx après avoir tiré un canon d'un enorme poids, alloit le re-
charger, quand fa Hauteffe, comme avertie par une infpiration fe-
crette, fe retira à cinq ou fix pas de diftance ; dans l'inftant le
canon creva, & répandit de tous côtés les étincelles de la deftruction ; Saïd, gouverneur de Deroun, & plufieurs foldats Merouviens fûrent tués. L'effroi fe répandit fur tous ceux qui avoient
courû un fi terrible danger, mais le magnanime héros, qui avoit
jetté l'anchre de fon cœur dans la mer de la réfignation à la volonté
du Très-haut, ne pouvoit être allarmé par les vagues des malheurs,
& par les tempêtes des accidens funeftes : & celui-ci fût regardé
comme un préfage de la deftruction de fes ennemis. Vers le foir,
quand le foleil, vaillant guérrier, fe retiroit de la plaine azurée,
établiffant fon camp à l'occident ; quand la lune couronnée d'or
étendoit fon brillant drapeaux pour conduire l'armée des étoiles ;

21 Septem-
bre.

les gardes avancées des troupes invincibles entourérent le chateau fur lequel ils tinrent attachés des yeux auffi vigilants que ceux des planetes ; les meteores ardens des canons jettérent leurs feux de toutes parts. Le jour d'après l'attaque fût continuée avec la même vigueur, jufqu'à ce qu'enfin le tonnérre des batteries aïant fait trembler les fondemens de la place, ainfi que la garnifon qui la defendoit, la moitié d'une tour tomba, & les braves affiégeants donnant l'affaut s'en emparérent. Les Afgans voïant alors qu'il ne leur reftoit plus de parti à prendre que celui de fe rendre, leur commandant fe revêtit de la robe de repentance, & vint demander merci ; mais lui aïant été accordé de retourner dans le chateau, il s'y remit fur la défenfive, croïant avoir gagné affés de relache à la garnifon. Cette perfidie enflâma Nader d'une telle colére qu'il ordonna un affaut général, au moïen duquel s'étant rendû entiérement maître de la place, il mît hommes & femmes au fil de l'épée, & faccageant tous les territoires d'alentour enrichit fon armée d'un butin confidérable. Après cette conquête on reçût avis de la garnifon de Bakherz, que fept ou huit mille Afgans d'Hérat s'étoient avancés jufqu'à Teibadd pour fecourir le chateau de Sencan. Les auguftes troupes fe mirent auffi-tôt en marche pour venir à leur rencontre, & campérent en Abadkaf, à une parafange de Sencan, auprès d'un chateau très-fort. Le lendemain les Afgans fe préparérent à l'attaque, & eûrent même l'audace de s'avancer jufqu'à deux parafanges du camp Perfan, oubliant ces vers du poëte :

    * Quand contre la fouris le chat vient à combattre
        Il eft un tygre fier ;
    Il n'eft qu'une fouris quand il prétend fe battre
        Contre le tygre altier.

En

En effet, les Perfans avoient toûjours tremblé devant les Af- A.D. 1726.
gans, & ne s'étoient jamais trouvés en bataille rangée contre les Nad. 39.
peuples du Khoraffan.   Nader qui lifoit dans le cœur de fes foldats, & qui leur connoiffoit cette crainte, crût qu'il feroit imprudent d'en venir d'abord à un engagement général, il penfa
qu'en menant fucceffivement fes troupes à la charge il les raffure-
roit par degrès, & pourroit enfuite les lâcher toutes à la fois
comme autant de lions affamés pour leur proïe.   Suivant ce deffein il rangea fon armée en bataille à la diftance neceffaire pour
pouvoir fe fervir des moufquets & des flêches ; il l'entoura de
forts retrenchemens, & commanda que chacun tint ferme dans
fon pofte fans s'ébranler pour aller à l'ennemi jufqu'à ce qu'on
eût effaïé fes forces.   Enfuite, montant fon courfier aux pieds
légers du zéphire, il fe mît à la tête de cinq cent hommes, & alluma le feu du combat, tandis que fes troupes que fes ordres feuls
pouvoient retenir étoient embrafées des flammes de l'emu-
lation en voïant les Afgans fauchés comme l'herbe par les
fabres de leurs compagnons, & confidérant avec tranfports leurs
étendars rougis du fang de ces ennemis redoutés.   Cette maniére
de fe battre continua pendant quatre jours, & les Perfans fortirent victorieux de la plufpart de ces fortes d'éfcarmouches.   Enfin la cinquiéme nuit, lorfque la lune, femblable à l'illuftre guérrier, tenoit ferme dans la plaine des cieux, les Afgans imitérent
la légérété des étoiles qui voltigeoient dans le firmament, &
quittant le combat pour la fuite reprirent précipitemment la route
d'Hérat.   Sa Hauteffe ne jugea pas à propos de les pourfuivre, &
remettant à un autre tems fon expédition d'Hérat, tourna les
rênes de fon fuperbe courfier du côté de Mechehed.

M 2   CHAPITRE

CHAPITRE XVII.

Evénemens de l'année de l'Hégire 1140.

A.D. 1727.
Nad. 40.

Janvier.

LE monarque couronné d'or, le soleil, après avoir montré sa magnificence dans la maison des Poissons, passa dans celle du Belier le septiéme du mois de Chaaban. Le printems suivi des nuées ondoïantes, & armé des lances & des javelines des raïons de l'astre du jour marcha contre les troupes de l'hyver, & ecrivit sur les plaines le Diplome de l'expulsion de Deï. Le plane verdoïant étendit de nouveau ses branches dans le jardin de roses, & la fête du nouvel an fût célébrée avec pompe & splendeur.

La Providence qui dispose de tout à son gré avoit ordonné la chute de la maison de Sefevi, & écrit sa ruine avec la plume du destin, ainsi chaque jour il arrivoit quelque événement qui tendoit à ce bût. Les ministres de l'empereur joignant la folie à l'obstination, & l'endurcissement de cœur à la foiblesse de l'entendement, amenérent par leur mauvaise conduite la décadence de l'empire, & concertoient sans cesse des mesures préjudiciables au gouvernement. Le bruit de leur honte étoit répandu dans toute l'étendûë de la domination Persane, & passoit même jusqu'à l'ennemi étranger. Nader, pour arrêter le cours de ces maux, cherchoit à gagner le cœur de Chah Thahmasp en lui donnant toutes les satisfactions qu'il pouvoit desirer, & tachoit de prévenir les desseins des mal intentionés en adoucissant par de bonnes paroles leurs esprits pervers. Il essaïa sur tout de porter les ministres à quitter la conduite des affaires jusqu'au tems où les expéditions d'Hérat & d'Isfahan seroient terminées, après lesquelles il leur

pro-

promettoit de leur laiſſer reprendre les rênes du gouvernement. Ces hommes corrompûs fûrent ſourds à la voix de la raiſon ; non ſeulement ils abandonnérent la pourſuite des ennemis naturels de l'état, mais encore ils tournérent tous leurs projets contre ſa Hauteſſe qui en étoit le ſoutien.

L'empéreur avoit fait pluſieurs inſtances réïterées à Nader pour l'engager à mener ſon armée victorieuſe contre Isfahan ; mais le ſage héros lui avoit toûjours repreſenté l'imprudence qu'il y auroit à laiſſer derriére ſoi des rebelles auſſi dangereux que l'étoient les Afgans, & la neceſſité qu'il y avoit de les réduire avant que de ſonger à toute autre entrepriſe. Malgré ces juſtes remonſtrances l'empereur perſiſtoit dans ſon aveugle déſir, & croïoit que le refus de commencer par l'expédition d'Isfahan cachoit en Nader des in‑tentions dangereuſes. Enfin il fût convenû que Nader partiroit de Mechehed, & Chah Thahmaſp de Nichapour, & que ſe rencontrant à Sultnabad ils marcheroient avec leurs forces reunies contre Hé‑rat. Cet arrangement aïant été ſuivi, on s'appliqua à faire les préparations neceſſaires pour cette importante expédition, mais au moment du départ les miniſtres battirent une nouvelle marche ſur le tambour de la diſcorde; & ſortant du cercle de la convention prirent avec l'empéreur la route de Mazenderan. Ils agréerent entre eûx que Nader auroit ſeulement la conduite de l'expédition d'Hérat, & établirent Mohammed Ali Khan fils d'Aſlan Khan, commandant en chef des forces de l'Irak & de l'Azarbigian ; faiſant en même tems dire à ſa Hauteſſe de pour‑ſuivre ſa marche contre Hérat tandis qu'eûx-mêmes ſe rendroient à Sebzour. En conféquence, Nader conduiſit ſon armée par Khaf & par Bakherz, & fit pluſieurs ſtations avec ſes banniéres reſplendiſſantes, ainſi que la lune dans ſes différentes phaſes. Les miniſtres de l'empéreur emploïérent ce tems à ſemer des

bruits

A.D. 1727.
Nad. 40.

bruits facheux fur l'état des affaires dans le Khoraffan, & allar-mérent tous les peuples de ces quartiers afin d'exercer fur eûx un pouvoir injufte, qu'ils firent fur tout reffentir à ceux qui avoient des liaifons avec l'armée de Nader dans l'intention de faire naître des diffentions nouvelles. Quand fa Hauteffe vit la fituation des chofes, & s'apperçût de l'artifice des miniftres, elle rebrouffa chemin & revint à Mechehed ; mais ces hommes turbulens n'en pourfuivirent pas moins leurs projets, & tâchérent même de fe rendre feuls poffeffeurs du chateau de Mechekan, qui apparte-noit à la tribu d'Abergaïri, & qui étoit fitué entre Sebzour & Nichapour. Cette tribu étoit attachée aux interêts de Nader, ce qui rendant les miniftres plus ardens à fa deftruction, ils quit-térent Sebzour, attaquérent & prirent le chateau, & en mirent les habitans dans les chaines de la captivité. Cependant, Nader aïant appris que Mouffi Danki, un des chefs des Abdalis d'Hérat, s'étoit avancé avec un corps d'Afgans pour piller le diftrict de Beïar Kemand, fe mit en marche pour lui couper le paffage ; il avoit déjà atteint Nichapour quand il reçût avis de la prife de Mechekan. Il écrivit immediatement à l'empereur, que fi fon in-tention avoit été de réduire la tribu d'Abergaïri, il l'avoit fuffifam-ment remplie, & qu'il étoit tems de fonger à l'entreprife contre les Afgans qu'il avoit tant défirée, le fupliant de ne pas s'arrêter à Mechekan, mais d'amener fes troupes à Sebzour, afin de s'op-pofer conjointement aux progrès de Mouffi. Chah Thahmafp répondit en ces mots, " Voudriez-vous venir à Mechekan où il " n'y a point d'eau ? nous ne voulons pas aller à Sebzour où il " n'y a ni bleds ni provifions." En même tems les miniftres de la cour ne fe fouvenant plus de ce qui leur étoit arrivé à Kha-bouchan envoïérent dans toutes les parties du Khoraffan pour dé-clarer que Nader étoit dégradé de fes dignités, & n'avoit plus la conduite des affaires. Nader fentit dans la rofe de la réponfe de

l'empereur

A.D. 1727.
Nad. 40.

l'empereur l'odeur de la mauvaife volonté & de la diffimulation, & s'apperçût,

> * " Que plus de ce jardin fes pas il approchoit,
> " Plus forte fe trouvoit l'odeur qu'il refpiroit."

En conféquence il envoïa Mohammed Huffein Khan à Khabouchan pour s'affurer de cette ville dont il étoit gouverneur, & pour empêcher les Kiurdes de joindre Chah Thahmafp, & de fupporter. Chahvirdi le plus méchant des miniftres. Enfuite, fa Hauteffe s'avança vers Sebzour à la tête de fes troupes nombreufes comme les étoiles. De là elle envoïa une lettre remplie de bienveuïllance à Chah Thahmafp, lui remontrant combien il étoit peu convenable, & même indigne à un empereur de faire la guerre à fes fujets, & le priant de ne pas punir trop févérement les fautes de la tribu déjà affés mal-traitée. Quand Nader vit qu'il ne recevoit aucune réponfe fatisfaifante, il s'approcha de Mechekan, précifement lorfque les courtifans de Chah Thahmafp aiguifoient l'épée de l'injuftice, & exerceoient mille cruautés contre les habitans de ce chateau. A l'arrivée de Nader les miniftres de l'empereur firent fermer les portes du fort contre ce héros, & fe mirent en défence. Sa Hauteffe leur envoïa un méffager pour s'informer des raifons d'un tel procedé, & pour léur demander l'entrée du chateau. Elle attendit leur réponfe jufqu'au milieu du jour, lorfqu'enfin fa patience étant laffée, il fît planter fes canons contre les murs, & envoïa déclarer la guerre aux confederés. Ceux-ci firent auffi-tôt une fortie, & eommencérent l'action avec des armes à feu, mais l'empéreur confiderant les redoutables forces de l'invincible conquérant, n'attendit pas l'événement du combat; il pouffa fon cheval à travers la meflée, & s'avançant vers Nader il lui fit des excufes fur le paffé, promettant

pour

pour l'avenir de ne plus rompre ſes conventions avec lui, & de ne plus s'oppoſer à ſes deſſeins. Néanmoins cette confiance parparente n'étoit qu'une perfidie dans ce monarque, qui au milieu du tumulte remit le ſceau imperial à Mohammed Ali Khan, l'envoïant avec la dignité de vice-roi en Irak, tandis que Chahvirdi, auteur de tous ces troubles s'enfuïoit. Nader fit placer Chah Thahmaſp auprès de lui, & lui permettant de ſe repoſer ſur la couche de la tranquillité, il le traita avec le plus grand reſpect; mais il éloigna de lui les princes & les miniſtres de la cour. Cette même nuit pluſieurs des ſoldats de l'empereur prirent le chemin de Mazenderan dans le deſſein d'y exciter une ſédition; mais Nader regardant avec indifférence leurs entrepriſes, & trouvant leur vie où leur mort de peu d'importance, ne voulut point qu'on s'oppoſa à leur marche. Le lendemain il envoïa Chah Thahmaſp à Mechehed, accompagné de Tcherag Beg & de pluſieurs officiers de confiance. Dans le déſir qu'avoit Nader de s'oppoſer à Mouſſi, il conduiſit de nouveau ſes troupes ſur les pas de ce chef, mais aïant atteint Mahoulat il y apprit que ſa pourſuite étoit vaine, & que Mouſſi après avoir pillé Beïar Kemend avoit depuis deux jours pris le chemin d'Hérat. En retournant ſur ſes pas ſa Hauteſſe s'approcha du chateau de Feizabad, qui appartenoit à Mirza Mahadi gouverneur de Geliſi, mais on lui en ferma les portes en refuſant de reconnoître ſon pouvoir. Alors les braves guerriers, auxquels il ne coutoit rien de prendre des villes, montérent à l'aſſaut, prirent le fort, & firent le gouverneur priſonnier.

De là l'auguſte, & victorieuſe armée ſe remit en marche pour Mechehed, où Nader rendit à l'empereur ſon pouvoir & ſa dignité.

C H A-

CHAPITRE XVIII.

Defcription de la bataille entre Ibrahim Khan, & les Kiurdes &
Turcmans dans le lieu appellé Kermé Khan.

A U nombre des ennemis du pouvoir de Nader, & parmi ceux A.D. 1727.
qui cherchoient une occafion d'exciter des mouvemens, fe Nad. 40.
trouvoient les Turcmans de Tehké d'Yemréli & de Salour qui habitent
les diftricts entre Deroun & Aftrabad fur les frontiéres du Defert.
Ils commettoient journellement des vols & des brigandages dans
le païs de Mehein & de Deroun, jufqu'à ce qu'enfin l'aigle des banniéres victorieufes étendit fes aîles, & s'avança pour les faire rentrer dans le devoir. Les auguftes ordres fûrent donnés aux
Kiurdes de Tchemeche Rezek, & de Karagiourlou de joindre
l'armée pour faire cette expédition; mais ces peuples à l'inftigation de Mohammed Huffein Khan refuférent d'obéïr, & s'affemblérent féditieufement près de Mané & de Semel Khan dans un
endroit nommé Kermé Khan. Lorfque l'armée fût en marche
vers Mehein, Nader envoïa Ibrahim Khan & Rahim Khan avec
des forces nombreufes contre ces rebelles, & lui-même prit la
route de Kélat & Abiverd pour tomber fur les Turcmans. Du-
rant cette expédition il fe donna une bataille entre Ibrahim Khan
& les Kiurdes, dans laquelle ces derniers fûrent d'abord mis en
déroute, & plufieurs d'entre eûx tués, mais à la nuit, quand les
troupes victorieufes fe retiroient, un corps de Kiurdes les pourfuivit & renouvella le combat. L'armée d'Ibrahim incapable de
conferver le terrain fût défaite honteufement, & près de mille
d'entre eûx fûrent tués. Ibrahim fe retira avec fa troupe dans un

fort appellé Youzbachi; pour Rahim & les autres officiers il s'en-fuirent dans leurs propres habitations. Trois ou quatre jours après Ibrahim profita de la nuit pour s'echaper de la forteresse, & marcha précipitemment vers le chateau de Raz. Dans le même tems l'armée de Nader s'étoit avance jusqu'au desert de Kaptchak, & aïant massacré les Turcmans, & mis leur païs au pillage, s'en revenoit sur ses pas. Pendant que Nader étoit en marche il apprit la nouvelle de l'affaire de Kermé Khan, & comme les confins de Mané, Semel Khan, & Deroun étoient couverts de montagnes escarpées, & que la neige rendoit le chemin fort difficile pour les chevaux, il envoïa ses bagages à Mechehed par la route de Nissa & Abiverd, lui-même avec l'empereur marchant contre les Kiurdes par Gili Kermab. Un grand nombre de soldats fûrent emploïés à debarrasser les neiges, & l'armée traversa du côté de Semel Khan & Kermé Khan. Ce fût dans ce lieu qu'Ibrahim & ses troupes arrivérent au sortir de leur forteresse, & à la préfence de Nader baissant la tête de honte, ils frappérent la terre du front de l'humilité. Nader conformement à ce qu'exigeoit la justice, envoïa Ibrahim en prison à caufe de fa mauvaife conduite, & infligea la même punition à Mohammed Huffein Khan, qui s'étoit comporté féditieufement parmi les Kiurdes. Les rebelles con-tinuérent leurs hostilités pendant plufieurs jours; ils firent des forties de plufieurs différens forts, & allumoient le feu de la guerre, mais de tous leurs combats ils ne rapportoient que honte & que douleur, jufqu'à ce qu'à la fin un grand nombre d'entre eûx périt; alors fe voïant réduits à l'extremité, ils fe foumirent, & voüérent obéïffance à Nader, promettant qu'après le départ de l'armee roïale, le plus grand nombre d'entre eûx fe tranfporteroit à Mechehed. Nader fe mit en marche pour la ville facrée, & dans fa route il rendit la liberté à Mohammed Huffein, & à Ibrahim Khan.

2

Les

Les Kiurdes fuivant leurs promeffes fe tranfplantérent avec leurs A.D. 1727.
Nad. 40. familles à Mechehed, & y reçûrent des établiffemens qui les attachérent fermement au fervice de l'état.   Ce fût alors que Ra-
him Khan fût mandé devant la préfence augufte, & honnoré du
gouvernement d'Afterabad.

CHAPITRE XIX.

*Troubles d'Afterabad : fa Hauteffe s'y tranfporte.   Zou'lfikar Khan
eft mis à mort par l'épée du pouvoir.*

ON a rapporté précedamment que le même jour que Nader
attaqua les miniftres mal-intentionés qui étoient en Mechekan, Chah Thahmafp de fon autorité donna le fçeau roïal, & la
dignité de vice-roi à Mohammed Ali Khan.   Ce feigneur prit
auffi-tôt un corps des gardes de l'empéreur, & marcha à Beftam.
Il nomma fon coufin Zou'lfikar Khan gouverneur de Mazenderan,
& fe rendit enfuite à Afterabad.   Peu de jours après y trouvant
de l'oppofition, & ne voïant pas jour à reüffir dans fes intentions, il
donna le gouvernement de cette place à Alla Kuli Khan Kagiar,
& fe rendit en hâte dans le Mazenderan.   Dans le même tems
Mohammed Rahim Khan, que Nader avoit établi gouverneur
d'Afterabad, s'y tranfporta ; fur cela Alla Kuli Khan gagna Hezar-
gaib & Demgan, où s'étant joint à une troupe de Kagiars, il retourna à Afterabad, & y excita une fédition parmi le peuple.

A.D. 1727.
Nad. 40.

Les habitans de la ville & des païs voisins commencérent à se piller mutuellement, à brûler les maisons, & à se massacrer les uns les autres avec fureur. Rahim Khan incapable de résister, se retira à Craïli, & Alla Kuli Khan prit possession d'Asterabad. Ensuite Alla Kuli envoïa un messager dans le Mazenderan pour demander du sécours à Zou'lfikar Khan son allié & son ami. En conséquence Zou'lfikar vint à Asterabad, & étendit la main du desordre & de la violence de tous côtés; enfin, desirant de s'emparer lui seul du gouvernement, il mit à mort comme une victime Allà Kuli Khan, qu'il savoit déterminé de s'opposer à lui, & il commença à exciter des mouvemens dangereux dans la province. Quand ces nouvelles parvinrent aux oreilles de Nader, il se hâta de porter le remede convenable à de tels maux. Zou'lfikar Khan étant informé de son approche, conformement à la coutume des hommes vains s'avança hardiment à sa rencontre avec son artillerie, mais bien tôt après il tourna le dos, & s'enfuit en Mazenderan. L'avis de cette fuite ne fût apporté à l'armée auguste que lorsqu'elle eût atteint Bestam, surquoi Nader envoïa à Mechehed pour faire savoir que la présence de l'empereur étoit necessaire, & lui-même partit pour châtier les Turcmans d'Yémout qui s'étoient soulevés. Il éperonna son courfier agile, & dans un jour s'étant rendû de Bestam au fleuve Etrek, il fît périr un grand nombre de rebelles, & ensuite se rendit à Asterabad. Cinq ou six jours après l'empereur arriva avec ses troupes, & Nader entra dans le Mazenderan, puis laissant Chah Thahmasp à Acheref il s'avança avec son armée, semblable aux vagues de la mer : Mohammed Ali Khan entendant le bruit de son approche, implora la clémence du généreux héros, & se soumit à ses volontés. Pour Zou'lfikar Khan l'excès de son audace le porta à avancer jusques aux montagnes de Larigian, où il trouva les passages interceptés par les chefs qui commandoient en Ghilan. Sur cela il avança du côté

de

de Nader avec l'infolence d'un lion & la foibleffe d'une fouris. Dès qu'il fût près des troupes auguftes il fit feu fur elles, mais il fût pris & mené devant fa Hauteffe. Nader avoit d'abord eû l'intention de le pardonner, mais le cerveau de ce miférable étoit fi plein de vent, & fa conduite fi oppofée à tout fentiment d'obéïffance, qu'enfin le jufte conquérant délivra fon cou rebelle du poids d'une tête infenféc. Nader envoïa enfuite un corps de troupes pour s'emparer des paffages de Kher, de Tehran, & de Varamin, qui étoient occupés par les Afgans. Il en fit partir un fecond fous les ordres de Mohammed Zeman Khan pour garder la route de Semnan, & nomma Huffein Kuli commandant du Ghilan, dont les Ruffes étoient alors les maîtres, lui ordonnant de veiller de concert avec Aouzlou à la fureté des frontiéres de cette province. Maintenant, comme fa Hauteffe ne doutoit pas du fuccès de fon expédition d'Hérat, à laquelle elle étoit fermement refolue, comme elle avoit appaifé les feditions des rebelles, & arrangé à fon gré les affaires du Khoraffan & du Mazenderan, elle envoïa une ambaffade en Ruffie pour demander la reftitution du Ghilan. Elle établit Rahim Khan dans le gouvernement d'Afterabad, & lui ordonna de fe rendre avec fes troupes à Mechehed au commencement de l'année fuivante. Quand tout fût ainfi réglé Nader laiffa Chah Thahmafp dans le Mazenderan, après avoir pourvû à ce que fa cour, & fa maifon ne manquaffent d'aucune chofes, lui faifant promettre de le joindre au tems dont ils étoient convenû pour l'expédition d'Hérat. Il envoïa enfuite fon artillerie par la voïe d'Asferain & Khabouchan, & marcha lui-même par Giagerem & Nichapour.

L'empereur fe rendit auprès de Nader, au tems fixé, & Rahim joignit l'armée victorieufe à Mechehed.

FIN DU PREMIÉR LIVRE.

LIVRE II.

Depuis la guerre contre les Afgans jufqu'au détrône-
ment de Chah Thahmafp.

CHAPITRE I.

Commencement de l'année de l'Hegire 1141.

A.D. 1728.
Nad. 41.

10 Mars.

LE neuviéme du mois Chaban, lorfque le flambeau du
monde fe fût avancé dans le figne du Belier, le printems, femblable à un puiffant guerrier, fe prêpara à faire
montre des forces dont il lui devoit l'hommage. Les feuilles du
jardin de rofes fûrent d'abord rangées en ordre de bataille. Les
rofiers ainfi que des vaillans héros couvrirent les bofquets avec les
cafques de leurs boutons, de leurs fleurs à demi éclofes, & fe
firent des cottes de mailles du vif éclat de leur coloris. Des legions d'autres fleurs fûrent choifies pour fermer l'avant garde de
l'aimable armée, dont les banniéres, ornemens de la nature,
étoient déploïées fur la cime des plus hauts cyprès. Les arbres,
femblables à de courageux champions, préfentérent leurs rameaux
& leurs branches comme autant de flêches & de javelinse, tandis
que le plane, en combattant expérimenté, étendoit au loin autour
de fon trône fes feuilles accerées. La fuperbe tulipe paroiffoit
porter un bouclier rembruni ; les boccages faifoient flamboïer les
jeunes rofes dans les airs, ainfi que des épées éclatantes. Mille
branches

branches fembloient vouloir fervir d'archers en prenant la forme
de carquois & de traits ; les arbres de gens d'armes, en élevant
leurs lances ornées de franges auffi odoriférantes que le mufc.
Les nuages en repandant les gouttes de pluïe dans le fein des
fleurs reffembloient aux moufquetaires faifant pleuvoir des balles
autour d'eûx. Le tonnerre & les éclairs imitoient les canons
éclatans de tous côtés. Cette légére armée d'Avril envoïa d'abord
un détachement de zéphirs aîles pour difperfer les troupes pefantes
du noir hyver. Alors, on vit le jardin de rofes, fi long-tems le
féjour des corbeaux & autres oifeaux au chant lugubre, refonner
du gazouillement mélodieux des colombes & des roffignols, tandis
que le printems, comme un monarque abfolû, étoit fur fon trône
des jardins, & entouré de fa garde de fleurs d'élite donnoit fes
loix à l'univers.

Ce fût dans ce tems que fa très-haute Majefté entretint les
commandans & les chefs de fon armée par des fêtes fomptueufes,
& des feftins fplendides. Après plufieurs jours écoulés dans ces
réjouïffances publiques, il donna fes ordres pour les préparations
neceffaires à la marche des troupes & à la réduction de l'infolent
ennemi. Cependant il diftribua aux plus braves & aux plus vaillans de fes guerriers des riches dons en argent, en chevaux, & en
armes, & fit gouter à chacun les douceurs de fa bonté & de fa
liberalité.

C H A P I T R E

CHAPITRE II.

Des Afgans d'Hérat. Sa Hauteſſe, l'ombre du Très-haut, entre dans leurs territoires.

A. D. 1728.
Nad. 41.

Septembre
1722.

QUOIQU'on aïe fait mention des Afgans d'Hérat dans le commencement de cet ouvrage, il eſt à propos d'entrer dans un plus grand détail à leur ſujet. Dans le mois de Moharrem de l'année 1135, quand Mahmoud le Galgien étoit en poſſeſſion d'Isfahan, Mohammed Khan un Afgan, alors gouverneur d'Hérat, s'avança contre Mechehed, & tint cette ville étroitement aſſiegée pendant quatre mois, mais aïant au bout de ce tems pillé les païs voiſins, il retourna les banniéres de ſes deſſeins. A ſon arrivée à Herat les Afgans ſe ſoulevérent contre lui, & aïant amené de Chourabeg Zou'lfikar Khan, fils de Zeman Khan, il lui

A. D. 1724.

donnérent le gouvernement de leur ville. En l'année 1137, Rahman, fils d'Abdalla Khan qui avoit été tué en Hérat ſous le gouvernement de Zeman Khan, vint dans cette ville pour venger le ſang de ſon pére, & la remplit de tant de troubles & de déſolation, qu'à la fin les Afgans pour appaiſer le feu de la contention envoïérent Zou'lfikar à Bakherz, & Rahman à Ferah, & en l'année

A. D. 1725.

1138, ils fûrent chercher Allagar Khan, frére de Mohammed Khan alors à Moltan, & l'établirent dans le gouvernement d'Hérat. Abdalgani, qui étoit dans les interêts de Zou'lfikar, cacha pendant quelque tems ſon averſion pour Allagar, mais enfin écartant le voile qui couvroit ſes intentions, il ramena Zou'lfikar, & éleva l'étendart de l'oppoſition, allumant les flâmes de la diſſenſion qui embraſérent le païs pendant ſix mois. Enfin les Afgans ſe dé-

pouïllérent

pouïllérent du manteau de l'obéïffance envers tous les deux, envoïérent Zou'lfikar à Ferah, & Allagar à Merougiak, & demeurérent en poffeffion de tous les territoires voifins, fans avoir de
gouverneur. Quand donc ces peuples apprirent la nouvelle de
l'approche de Nader, ils fûrent d'abord conflernés, enfuite ils fe
préparérent à une courageufe défenfe, & à cet effet ils rappellérent
Zou'lfikar & Allagar. C'étoit le quatriéme du mois Chaval, 24 Avril.
quarante-fix jours après le jour du nouvel an, que les troupes
raffemblées avoient quitté Mechehed. L'armée augufte, après
avoir campé en Olnek Yekouti fur le manteau émaillé de l'herbe
nouvelle, avoit enfuite pour quelques jours jetté l'ancre de fa
demeure en Giam. En ce lieu on eût avis que mille Afgans étoient allés affiéger le chateau de Fermendabad. Auffi-tôt Nader,
fe mettant à la tête de quatre mille hardis champions, s'avança au
fecours de ce fort; mais à fon arrivée aïant fû que les Afgans
s'étoient retirés, il revint à Giam, & fit continuer aux brillantes
bannieres leur prémiere courfe. Aïant atteint Cariz fa Hauteffe
s'y arrêta pour faire la revûe de fes troupes & pour ranger en bataille les deux aîles & le corps de fon armée. A la nuit, lorfque
la lune & les étoiles faifoient fentinelle fur les crenaux du firmament, Nader envoïa un parti pour reconnoitre l'ennemi, & au
point du jour il s'avança, conduifant fes foldats invincibles. Ceux
qui avoient été à la découverte, revinrent rapporter qu'Allagar
Khan étoit arrivé avec fes forces à Kouffyé, furquoi Nader envoïa prémiérement inviter les Abdalis à la foumiffion, mais ces
rebelles ne rendirent de reponfe qu'à la pointe de l'épée. Le
lendemain, fa Hauteffe fit dreffer les tentes, & pendant la nuit
mit une garde & des vedettes pour la fureté du camp. Les Afgans s'étoient poftés devant Cafer Kala, & l'armée roïale s'étant
approchée à une parafange de diftance de ce fort, les força au
combat. On a dit auparavant que les Afgans avoient en bravoure

PART I.Q&

A. D. 1728.
Nad. 41.

& en valeur acquis une grande fuperiorité fur les Perfans, auxquels ils s'étoient rendus formidables. On a vû que pour ces raifons, Nader à la bataille de Sencan avoit commencé par de légéres efcarmouches, afin d'éffaïer & de raffermir le courage de fes troupes. Pour fuivre encore cette methode, il fit entourer fes fantaffins par fon artillerie & par fa moufqueterie, & envoïa un corps de cavalerie pour commencer l'engagement; mais les Afgans tombant fur l'aîle droite, l'infanterie fût obligée de leur faire tête. Bientôt l'ennemi, fans ceffe renforcé, rompit les rangs des Perfans qui commencoient à plier, quand Nader, accourant à la tête de fes foldats d'élite, tua de fa propre main, & d'un coup de fon terrible fabre, le prémier des Afgans qui fe préfenta à fa vûe, & fit reculer leur cavalerie; mais comme ce héros avoit reçû un coup de lance au pied, & que la nuit avançoit, il fit fonner la retraite.

Les Perfans campérent fur la plaine, & les Afgans proche du chateau. Cependant l'armée roïale fe trouvoit dans un extreme befoin d'eau, & bruloit d'une foif ardente, lorfqu'en creufant de tous côtés ils trouverent une fource qui leur apporta quelque foulagement. Le jour d'après, quand l'armée des étoiles quitta le noir chateau de la nuit, les Afgans fe retirérent par la voïe de Kouffyé, & allérent camper fur un des bords de la riviere Heriroud. Les Perfans les pourfuivirent, & une action affés vive s'enfuivit. Nader avoit réfolû de faire prendre le lendemain la route de Kouffyé à toute l'armée; mais quand le folcil comme un boulet enflamé fortit du canon de l'horifon, fa Hauteffe trouva que pendant la nuit les Afgans avoient placé leurs batteries vis à-vis du camp roïal, & fe préparoient à donner bataille. Alors les ennemis fe divifant en deux corps, en firent paffer un par la fource de la riviere; l'autre attaqua l'aîle droite de l'armée, & en alloit chaffer l'infanterie, quand les vaillans guerriers conduits par

3

Nader

Nader fe mirent à rugir comme des lions, & leur firent quitter prife fuivant cette fentence : " Dieu féparera les méchans d'avec " les bons ;" les flâmes du combat durérent jufqu'à midy, après quoi ce ne fût plus qu'une honteufe déroute de la part des Afgans, dont un grand nombre paffa du champ de bataille dans l'antre de la la mort. Les autres, aïant fui, raffemblérent leur familles dif- perfées dans les chateaux voifins, & reprirent la route d'Hérat. L'armée victorieufe entra dans Cafer Kala, & l'aïant faccagé s'empara de l'artillerie & des ammunitions des Afgans.

A. D. 1728.
Nad. 41.

Nader envoïa l'empéreur, ainfi que les gros canons & le bagage, à la ville de Chahedé, & avec le refte de fon artillerie marcha à Hérat par le chemin de Serpel. Quand il eût paffé Perian, qui n'eft qu'à deux parafanges d'Hérat, il reçût un meffager que lui envoioient les Afgans pour lui demander la paix ; mais ce n'étoit la de leur part qu'un artifice pour gagner du tems, car pendant les pourparlers aïant fait un détour pour prendre l'armée roïale en queue, ils tombérent fur fon arriere garde, & portérent même l'audace jufqu'à mettre bas leurs moufquets & leurs arcs, & commencérent l'action le fabre à la main. La bataille dura depuis l'aurore jufqu'au milieu du jour; plus de mille Afgans y furent tués, le refte s'enfuit avec la legéreté du vent vers Badifeba. La prudence ne permit pas à Nader de fouffrir qu'ils fuffent pourfuivis ; il fit refter toutes les troupes fur le champ de bataille; car, dès que le combat eût ceffé il s'eleva un vent fi vio- lent que le chateau en paroiffoit ébranlé. Cette tempête augmenta à un tel point, & la pouffiere devint fi épaiffe, qu'on ne pouvoit plus diftinguer les objets, & que chacun fût obligé de demeurer à la place où il fe trouvoit. Le troifieme jour, quand cette pouffiere eût un peu diminué, Allagar Khan vint fupplier Nader d'accorder la paix aux Afgans. Nader lui répondit par ces vers :

O. 2.   * " Qui.

A. D. 1728.
Nad. 41.

* " Qui reçoit tes fermens, qui compte fur ta foi,
 " Sait-il que les zéphirs font moins legers que toi ?"

Il ajouta, qu'à moins que les chefs des Abdalis ne vinffent en perfonne devant lui avec des offres de foumiffion, il n'y auroit point de paix. Alors Allagar envoïa Abdelgani, & plufieurs autres chefs, qui firent des propofitions dans le langage de l'humilité ; & Nader les aïant acceptées, tourna les rênes de fon courfier devers Mouï Zah.

Le jour d'aprés on reçût avis qu'Allagar Khan fe repentoit de fon accord, & avoit fecoué le joug de la foumiffion, parcequ'il avoit appris que Zou'lfikar Khan venoit de Ferah à fon fecours, à la tête d'un nombreufe armée. Sur cela, fa Hauteffe envoïa un détachement de mille hommes à Ferah, & fît dreffer fes tentes en Chekiban, où elles demeurérent deux jours. Cependant Zou'lfikar, à la faveur d'une nuit obfcure, paffa par Chekiban, & mît fes troupes en embufcade. Le troifieme jour Allagar, venant du côté oriental, raluma le feu de la guerre, tandis que Zou'lfikar s'elança de fon embufcade fur le camp Perfan. Nader envoïa un corps de fes héros pour repouffer Zou'lfikar, ce qu'ils fîrent avec leurs fléches & leurs lances perçantes, lui tuant un grand nombre de foldats. Sur le foir les deux armées quittérent le champ de bataille, & campérent vis-à-vis l'une de l'autre proche d'un chateau appellé Yadkar. Le lendemain, quand le foleil déploïoit fes raïons à l'orient, Nader envoïa un détachement pour amener l'empereur & le bagage au camp roïal ; une compagnie de moufquetaires de Chahedé renforça cette efcorte ; enfuite quittant Chekiban, il marcha une feconde fois contre Hérat.

Les Afgans donnérent un autre bataille à l'armée augufte, mais un fi grand nombre d'entre eûx y perirent, qu'à peine les chevaux trouvoient

voient place pour marcher & paſſer outre.   Le jour d'après, dès
que le ſoleil étendit ſes drapeaux dans les cieux, pluſieurs meſſagers
arrivérent de la part d'Allagar, avec des offres de ſoumiſſion. Nader
les renvoïa avec ces paroles, " A moins que les chefs des Afgans
" n'entrent au ſervice des Perſans, auſſi long-tems qu'un ſouffle de
" vie reſtera à nos troupes, nous ne nous deſiſterons pas de la guerre,
" & ne reſignerons pas nos intentions."   Sur ceci une bande de ces
chefs vinrent au camp, & touchérent la terre avec le front de la
ſoumiſſion; ils dirent à ſa Hauteſſe, que les Abdalis s'étoient
long-tems oppoſés aux Galgiens, ſe reſſouvenant mieux qu'eux
qu'ils étoient ſujets de la Perſe, & que dans le tems que ceux-ci
avoient pris Kandehar & Isfahan, ils avoient fait ce qu'ils avoient pû pour arrêter le cours de cette rebellion. Qu'ainſi ſi ſa
Hauteſſe deſiroit de tirer une juſte vangeance des rebelles, il
falloit qu'elle emploïat ſes troupes victorieuſes contre les Galgiens,
puiſqu'après leur réduction les Abdalis n'en ſeroient que plus
fermes dans leur attachement & leur devoir.   Nader reçût favorablement cet avis, & réſolût de le ſuivre, bien qu'il fût contre le
ſentiment de l'empereur, & de ſes miniſtres. Il congédia les Afgans,
& retourna à Chekiban, où vingt ou trente de ces chefs vinrent
lui apporter des préſens magnifiques, & fûrent honorés de ſuperbes
robes.   Pluſieurs d'entre eux furent admis au nombre des ſervi-
teurs de Nader, qui confirma par une ordonnance Allagar dans
le gouvernement d'Hérat. Quelques tribus, qui parloient la langue
Perſanne, & étoient établies dans les chateaux voiſins d'Hérat,
furent tranſplantées dans les diſtricts de Giam & de Leuker, &
dans le voiſinage de Mechehed. Allagar Khan, profitant de la
clémence du généreux conquérant, le fit ſuplier de rendre les priſonniers, dans le nombre deſquels étoient les femmes & parens
de Zou'lfikar, dont on s'étoit ſaiſi près de Ferah. Sa Hauteſſe
accorda cette demande, & enfin le quatre de Zoulheggé revint à

la

A. D. 1728.
Nad. 41.

22 Juin.

la fublime cité de Mechehed.   Cette expédition dura, exactement foixante jours ; pour s'en affurer le fuccès, Nader envoïa des veftes fplendides à Allagar Khan, n'oubliant rien pour fe l'attacher par le lien des bienfaits.

CHAPITRE III.

Echeref part d'Isfahan dans l'intention de fubjuguer le Khoraffan. Bataille de Mehmandoft.

AU jour de la fête d'Azhi ou du facrifice, après que l'armée victorieufe fut revenue à Mechehed, fa Hauteffe congedia fes troupes ; fon intention étoit de marcher pendant l'hyver contre les Turcmans du defert, de paffer le printems à Afterabad, & de là de s'avancer vers Isfahan avec les bannieres conquerantes. Mais fuivant cette fentence, " Quand Dieu veut une chofe, il en " prépare les caufes :" les deffeins de Nader furent prévenus conformement au proverbe qui dit, " Quand l'heure du deftin " eft venûe, la proïe court aux pieds du chaffeur." Les ferres de la deftinée faifirent le collier d'Echeref, & amenerent ce rebelle malgré lui en Khoraffan ; car lors qu'il eut appris que Nader étoit en marche pour Hérat, il s'imagina que ce conquerant, étant occupé à fon expedition contre les Abdalis, laifferoit les plaines du Khoraffan fans défenfe, & il s'avança avec une nombreufe armée fur les bords de cette province, où il arriva le treifieme jour de
Moharrem.

Moharrem. Les fabres des Perfans ruiffeloient encore de fang ; &
leurs courfiers, femblable au foleil & à la lune, n'avoient point goûté
de repos, lorfque ces facheufes nouvelles parvinrent aux oreilles
de Nader ; auffi-tôt il donna fes ordres pour que fes troupes fe
raffemblaffent, & pour faire venir fon artillerie de Soltan Meidani,
& d'autres villes frontieres du diftrict de Mechehed; & le dixhui-
tieme de Sefer il fe mit en marche avec l'empereur par la voïe de
Nichapour & de Sebzour.   Echeref étoit déjà arrivé à Semnan,
én avoit fubitement attaqué le chateau, l'avoit pris, & en avoit
retenû le cadi prifonnier, & enfuite avoit mis le fiege devant la
ville.   Quand Nader apprit le fituation de Semnan, il craignit
que la garnifon, découragée par le détention de fon gouverneur, ne
fe rendit, & leur envoïa un courier pour les exhorter à perfeverer
dans leur réfiftance, leur promettant un prompt fecours.   En effet,
Nader, aïant quitté le camp de Sebzour s'avança à grandes journées.
A fon approche, Echeref détacha fon généraliffime Seïdal, qui
étoit un Afgan, avec de l'artillerie ; celui ci atteignit le chateau
de Mehervechi dans le diftrict de Beftan, prefqu'en même tems
que les Perfans, qu'il en croïoit fort éloignés; auffi la terreur s'étant
emparée de lui en fe voïant fi proche du héros invincible, il tourna
le dos & s'enfuit.   Les Perfans s'avancerent vers Beftan, & campérent hors de la ville.   Seïdal, aïant cependant repris cœur, fit
cette même nuit une tentative fur le camp imperial; mais y aïant
échoué, il fe retira vers Echeref.   Le jour fuivant l'armée Perfanne
marcha vers Moumenabad Demgan, & Seïdal prit la route de
Mehmandoft, où Echeref le fuivit.   Le mardi fixieme de Rabiu'-
alveli les deux torrens de guerre, & les deux mers écumantes de
la bataille, fe trouverent en préfence fur les bords de la riviere de
Mehmandoft.   Ce jour Nader forma fes troupes en un feul corps,
qu'il fît entourer par fes moufquetaires auffi hardis que Sam
Sovar, & par fa foudroïante artillerie.   Il leur ordonna de conferver

ferver leur terrain, & de ne s'ebranler que lorfqu'ils en recevroient fon augufte commandement. Quand Nader ordonnoit à fes foldats de ne faire aucun mouvement, rien n'étoit capable de les obliger à fe mouvoir; quand il leur défendoit de faire feu, l'éclair lui-même n'eût ofé briller; & quand il leur enjoignoit un profond filence, le matin lui-même n'eût ofé refpirer. Les Afgans diviférent leur armée en trois corps, & avec leurs fabres nuds & leurs javelines en arret fondirent fur les Perfans. Lors qu'ils furent à la portée du moufquet, les Perfans firent feu, & verifierent la fentence du livre facré, " Ce jour les cieux feront obfcurcis de " fumée;" & " un cruel châtiment accablera ce peuple." Plufieurs des Afgans périrent par le feu, & de quelque côté qu'ils fe tournaffent ils fe voïoient nageant dans une mer de flâmes; après cette décharge les Perfans marchérent aux ennemis en bon ordre, & tuérent leur porte enfeigne d'un coup de canon. Quand Echeref vît l'etendart de fa fortune ainfi renverfé, il prit la fuite avec precipitation, & abandonna fon camp. Ce jour les flâmes de la bataille éclatérent depuis la troifieme heure du jour jufqu'à midi; il y perit un grand nombre d'Afgans, plufieurs de leurs chefs, & plufieurs auffi furent fait prifonniers. Les guerriers Perfans fouhaitoient de pourfuivre l'ennemi; mais comme ils manquoient encore d'expérience, fa Hauteffe les retint, & leur promit que lorfqu'il en feroit tems, il leur permetroit de fuivre en de telles occafions les mouvemens de leur courage.

CHAPITRE

CHAPITRE IV.

Précis de quelques événemens de ces mêmes tems.

APRÈS la défaite des Afgans, lorsque Echeref confideroit triftement la banniere de fes intentions renverfée, l'armée victorieufe de l'univers fe mit en marche pour Damgan. Ce fût dans ce tems là que Nader, de qui l'ame lumineufe contemploit avec une égale attention les interêts paffés et futurs du roïaume, envoïa un ambaffadeur fidele en Turquie, pour demander la reftitution de l'Azarbigian ; après quoi il refolut de conduire fon armée à Isfahan en pourfuivant Echeref. Dans cette marche, à la ftation d'Ahvan, fa Hauteffe eût une converfation avec l'empereur ; mais comme la verité eft amére, fes paroles déplurent à Chah Thahmafp, qui retira fes gardes de l'armée, & fe retira en colere à Todrovaz. Nader envoïa après lui Mohammed Ali & Seïdali Khan, afin de tacher de l'appäifer, conformément au livre facré, " Parle lui avec douceur," & lui même s'arrêta deux jours à Semnan pour attendre l'événement. A la fin, l'empereur, étouffant tout reffentiment, revint au camp, où il fe rendit d'abord dans la tente de fa Hauteffe, à laquelle il fit fes excufes, netoïant le miroir de fon ame de la pouffiére de la colere. Après cela, Nader envoïa ordre à Huffein Kuli Khan & à Agourlou Khan, qui défendoient les frontieres du Ghilan, de marcher à Saoükhbelag, entre Kazvin & Teheran. Pendant ce même tems fa Hauteffe & l'empereur pourfuivoient Echeref avec les très glorieufes troupes.

Entre les événemens étranges qui arrivérent alors fût le fuivant : Quand les Afgans de Teheran apprirent la défaite d'E-

cheref, ils rassemblérent les principaux de la ville, & les
firent mort, après quoi ils se hâtérent de gagner Isfa-
shahi. Aussi-tôt après leur fuite le peuple se jetta dans la tour
qu'ils avoient occupée, & commencérent à piller leurs effets;
mais sur la fin du jour ces inconsiderés, qui par l'excés de leur
avidité avoient perdu l'entendement, allérent avec une torche allumée dans le magazin à poudre, à laquelle une étincelle mit le
feu, & allumant les flâmes de la mort fit sauter plus de quatre-
vingt d'entre eux, qui fûrent brûlés comme des teignes dans l'in-
cendie de la destruction.

CHAPITRE V.

Bataille de Serdé Khar, & seconde défaite des Afgans.

APRÈS la défaite de Mehmandost, Echeref marcha vers
Varamin, d'où il envoïa Aslan Khan à Serdé Khar,
place situee entre deux montagnes, où le chemin étoit si difficile
qu'une fourmi avoit peine à le traverser. Ce général fortifia aussi-
tôt ce passage; il y établit ses batteries, et posta ses mousquetaires
sur le sommet des montagnes, pendant qu'avec sa cavalerie il se
plaça en embuscade, oubliant combien il étoit impossible d'arrêter une flame furieuse avec des batons de bois sec, ou de briser
un rocher avec un verre fragile. Les vedettes apportérent à
Nader la nouvelle de ces dispositions de l'ennemi; et ce lion de

bataille,

A. D. 1728.
Nad. ær.

bataille, defcendant auffi-tôt de fon agile courfier, marcha à la
tête de cinq ou fix mille moufquetaires, tygres de guerre. Il
conduifit fon armée en avant, & la divifa à l'orient et à l'occident
des montagnes, qu'il entoura avec fon artillerie, après quoi ceignant fes flancs avec le baudrier de l'intrépidité, il commença l'attaque. Par fes ordres les canons lancérent leurs foudres dans la
vallée, & les moufquetaires les affaillirent des deux côtés. Quand
les Afgans fe virent réduits à cette extremité, ils abandonnérent
leur artillerie, & s'enfuirent honteufement vers Echeref, qui fe
trouvoit pour lors en Varamin, & qui éperonant auffi-tôt fon
léger cheval, pouffa du côté d'Isfahan. Dans ce même tems
Echeref avoit donné le gouvernement de Kazvin à Seïdal, qui fe
tranfportoit dans cette ville, où refidoient fon fils & fa famille, mais
il trouva le paffage occupé par les deux commandans que Nader
avoit envoïé à Saoükhbelag. Seïdal, trompé dans fon efpérance,
fe retira vers Echeref; mais fon fils, & les Afgans qui étoient
dans Kazvin, s'y fortifiérent, & tâchérent d'arrêter les progrès
des deux commandans. Echeref pourfuivit fa route vers Isfahan,
où étant arrivé il en fit maffacrer les innocens habitans, au nombre defquels fe trouvoient plus de trois mille favans & excéllens
hommes. Pendant ce tems l'empereur, à la priere de Nader,
s'arrêta à Teheran, pour y régler diverfes affaires de l'empire;
& comme il étoit impoffible de tranfporter l'artillerie par la route
de Kahroud, l'armée Perfanne marcha à Isfahan par la voïe de
Nater. A chaque ftation les coureurs des deux armées eûrent
entre eux des efcarmouches, & plufieurs prifonniers fûrent amenés
devant l'augufte préfence.

Aflan Khan l'Afgan avoit de nouveau affemblé fes forces dans
le voifinage de Cachan, & defiroit ardemment de réparer fa
derniere défaite; quelques coureurs Perfans, au nombre de

 cinquante,

cinquante, rencontrèrent les Afgans, & se jettant au milieu d'eux s'ouvrirent un passage le sabre à la main, & gagnèrent en hâte le camp de sa Hautesse. Oüi, si le foible moineau eût appris de ce conquerant l'art des combats, il eût osé attaquer le haut-volant faucon ; si le renard eût revêtû le collier de ses instructions, il eût pû engager la bataille avec le puissant lion.

CHAPITRE VI.

La plume, qui, ainsi qu'un coursier leger aux cornes des pieds d'ambre, se hâte de parcourir les plaines de la narration, decrit la bataille de Mourtchekort, et la troisiéme victoire obtenue sur les Afgans.

ECHEREF avoit déja demandé du secours aux Türcs, & leur général, résidant alors à Hamadan, lui avoit envoïé quelques Pachas avec des forces suffisantes. Il ne manqua donc pas dans les circonstances présentes de rendre cette nation complice de son entreprise ; & s'avançant avec des nombreuses troupes, & des forces presque invincibles, il campa à Mourtchekort. A deux parasanges de cette place, en Beg Miran, etoient déploiées les éclatantes bannieres du conquérant de l'univers. D'abord un corps des Kiurdes Karatchourlou, étant envoïés comme avant-coureurs de la victorieuse armée, tombérent sur la garde avancée des Afgans, & un engagement s'ensuivit. Les sabres & les

javelines,

jàvelines, ainſi que de beaux adoleſcens avec des cheveux muſ-
qués, s'avancérent pour remplir la coupe de la vie des héros du
vin de la mort, & rendirent le commencement du combat ſemblable à la fin d'un banquet ; car à la prémiére attaque la tête
des Afgans fût ſi échauffée par le vin pur qui couloit des ſabres
flamboïans, que quatre cent d'entre eux tombérent étourdis ſur
la plaine. Ceux qui fûrent fait priſonniers déclarérent que les
Pachas avoient joint Echeref, & cette nouvelle fût portée au
puiſſant guerrier. Mais Nader, réuniſſant le golfe de ſes bonnes
intentions à l'ocean de ſa reſignation à la Providence, lança dans
la mer de ſon ſein le vaiſſeau de ſon eſpérance dont le pilote
étoit la merci du Très-haut, & dont l'ancre étoit la patience &
la perſévérance. Avec ce ſupport, & celui de ſon heureuſe fortune, ce héros intrépide paſſa la nuit à la tête de ſes troupes
auſſi nombreuſes que les étoiles, & attendit impatiemment que
la lampe dorée du monde reprît ſon ſiége dans les cieux. Au
point du jour, le vingtiéme du mois de Rabiuſſani de la même
année, Nader commanda aux tambours de ſon auguſte armée de
déchirer l'air par leurs ſons guerriers, & aux banniéres de percer
le firmament avec leurs cimes ondoïantes. Il s'avança enſuite
vers Echeref à la tête de ſes ſoldats indomptés, & entouré du
rétentiſſement martial de ſes guerriers armés, qui élevant la pouſſiére de la bataille répandoient les nuages de l'effroi & de la honte
ſur l'armée ennemie. Comme les Afgans campés dans la plaine de
Mourtchekort avoient devant eux une haute colline, notre général réſolut de ne point tomber immédiatement ſur leur camp,
mais de tourner du côté d'Iſfahan, dans l'eſpoir de leur faire
perdre ce retranchement en les attirant dans le champ de bataille. Mais quand notre armée fût au pied de la perçante colline, Echeref, qui par une triſte expérience avoit appris de ſon
illuſtre adverſaire la conduite et la valeur, les aïant aſſés éprou-
vées.

vées à la bataille de Mehmandoſt, voulut imiter la prudence de
Nader dans cette bataille. A cet effet, il ſe tint en ſureté dans
ſes retranchemens, ſe renforçant par la réunion de ſes troupes en
un ſeul corps, & plaçant de tous côtés ſes formidables batteries
comme une garde aſſurée. De là, ſon canon, ainſi qu'un dra-
gon à la gueule enflâmée, continuoit les roulemens de ſon horrible
tonnerre, & les boulets volans de toutes parts atteignoient nos
troupes. Cependant notre puiſſant guerrier, dont le conſtant
appui étoit le Très-haut, & dont la grande ame enviſageoit les
montagnes & les vallées comme étant de niveau, dont enfin
nulle place forte ou foible ne pouvoit rétarder la courſe, marcha
courageuſement à l'ennemi. Quand ce fortuné conquérant, di-
rigé par les conſeils de la ſageſſe & ſoutenu de l'aſſiſtance divine,
trouva le moment favorable, il donna le ſignal du combat. D'a-
bord les mouſquetaires, écartant de leurs cols la chaîne du délai
& de la pareſſe, & faiſant rage avec la valeur de Béharan & la
furie des tygres & des lions, s'avancérent avec l'artillerie. Les
autres troupes avec les étendarts victorieux leur ſuccedérent, &
l'action devint générale. L'indomptable infanterie prit le bruit
des armes & les rugiſſemens des pieces à feu pour la mélodie
des luths & des harpes, & regarda les rouges flâmes dont étin-
celloient les canons comme les étoffes de pourpre qui ornent la
boutique des marchands Turcs; ainſi ſe précipitant comme des
crocodiles dans la mer furieuſe du combat, ils en rapportérent la
magnifique perle de la victoire. Nader ne donna pas le tems à
cette premiére ardeur de ſe refroidir; & ſécondant ſes braves
guerriers de ſon heureuſe fortune, ils s'emparérent du canon des
Afgans, & éteignirent ces feux qui s'élevoient juſqu'aux conſtel-
lations. D'un autre côté, la cavalerie, depuis long-tems pré-
parée pour le ſignal de l'attaque, fit, aux ordres de ſa Hauteſſe,
un

un mouvement général, & les deux armées furent engagées de
toutes parts.

     " O quelle mer de fang la colline & la plaine

     " Apparurent aux yeux dans ce jour de fureur !

     " La terre, de la nuit devenant le domaine,

     " Ne reçût plus des cieux qu'une affreufe lueur.

     " Les chevaux henniffant, & foulant la pouffiére,

     " En élevôient en l'air des nuages autour d'eux ;

     " La lune & le foleil en vain de leur lumiére

     " S'efforçoient de percer ces tourbillons affreux."

Dans la chaleur du combat la lueur des ciméterres, & les éclairs
des lances, éblouïffoient la plaine, & la main du fort frappoit la furface de la terre. Un corps d'Afgans s'étant avancé avec leur général, le Tout-puiffant protégea notre guerrier qu'ils vouloient
enveloper, & foutint fes forces ; enfin la plufpart des ennemis
fûrent dépouillés du manteau de leur exiftence, & le refte aïant
fui dans la rétraite de la honte & de la confufion, le feul vrai
héros du monde gagna une victoire complette. Quand Echeref
vit fa fortune ruinée, & le jour de fa profperité obfcurci, il laiffa
fon artillerie, & toutes les marques de fa roïauté, & fe retira
avec un cœur navré & un efprit abbatû à Isfahan. Le feu de la
bataille flamba dépuis la feconde heure du jour jufqu'à midi :
plufieurs Afgans & Turcs fûrent fait prifonniers par la main de
la victoire. Les Turcs fûrent traités avec bonté, & mis en liberté ; il leur fût ordonné de retourner dans leurs quartiers, fuivant
cette fentence de l'Alcoran, " Et ils retourneront dans le fein de
" leur famille rempli de joie."

    Le même jour, pendant que le conquérant étoit échauffé de l'ar-
deur du combat, du bruit des armes, & qu'il brandiffoit fon épée

dégoutante

dégoutante de fang, une troupe de miférables, dont l'ame vile def-
honnoroit l'efpéce humaine, allechés par l'efpoir du gain, abandonnérent leurs armes, & chargérent les courfiers de leurs efpérances du
poids des richeffes futures. Ils voulurent fans doute obferver la ma-
xime qui dit, "Ne laiffez pas le conquérant dans une repletion de
biens;" ainfi quittant toute autre penfée, ils ne fongérent qu'à acqué-
rir des tréfors, fources de toute calamité quand l'injuftice s'en empare. Ils pillérent donc les tentes, dépouillérent les prifonniers, &
emportérent une innombrable quantité de manteaux fomptueux,
de couches de tapis d'écarlate, d'étoffes & de meubles précieux,
defquels ils couvrirent les collines & les plaines. Quand le puiffant vengeur apprit une fi vile action, fes yeux étincellérent du
feu de la colere, & il arracha aux coupables leur butin mal acquis.

CHAPITRE VII.

*Isfahan recouvré ; arrivée de l'augufte armée dans la ville femblable
au Paradis.*

ECHEREF, aïant fui de Mourtchekort, arriva vers le foir à
Isfahan avec fa fortune délabrée, où aïant raffemblé les
Afgans il fe retira avec eûx à Chiraz.

Les

Les Perſans qui ſe trouvoient dans les environs d'Isfahan fûrent informés ſur le matin de cette nouvelle fuite ; auſſi-tôt ils ſe jettérent dans la ville, & firent ſortir de la demeure de la vie tous les Afgans qui n'avoient pas eû le tems de s'échaper. Dans l'après midi les principaux d'Isfahan envoïérent avis de ce qui s'étoit paſſé à ſa Hauteſſe. A cette nouvelle, qui arriva au camp victorieux le vingt-troiſiéme de Rabiuſſani, Nader envoïa un détachement pour garder le tréſor qui ſe trouvoit dans cette ville, & dirigea de ce côté ſes banniéres triomphantes. Quand le terrain d'Isfahan fût honnoré de l'approche du conquérant, & que ſes murs fûrent éclairés par les enſeignes du ſoleil, les habitans faiſirent tous les Afgans qui étoient reſtés ; avec le tranchant de leurs ſabres ils les envoïérent dans le roïaume de la mort ; & ſemblérent revivre en vengeant ainſi le maſſacre de leurs compatriotes, ſuivant cette ſentence, " La represaille vous donnera une nouvelle vie."

Au bout de trois jours, quand les tréſors des Afgans eûrent été mis en lieu de ſureté, Nader, aïant fait la revûe de ſon armée, diſtribua à ſes ſoldats des quantités immenſes d'or, d'argent, & de meubles précieux ; enſuite il envoïa un courier à l'empereur qui étoit en Teheran, & joignit à l'agréable nouvelle de la réduction d'Isfahan la priére de ſe rendre au plutôt dans cette ville :

> * " A cet heureux récit la banniére de joïe,
> " Par l'ordre du ſultan, dans les airs ſe déploïe."

Comme la ſeule intention de Nader dans cette expédition avoit été de reprendre Isfahan, entrepriſe dans laquelle il avoit ſi glorieuſement reûſſi ; & comme la province de Khoraſſan, & ſes frontiéres, étoient le ſéjour ordinaire des troupes de ſa Hauteſſe, elle ſe détermina d'y retourner, après avoir retabli l'empereur ſur l'ancien ſiége de la roïauté. En conſéquence de cette réſolu-

PART I. Q tion,

A. D. 1728.
Nad. 41.

16 Novembre.

tion, Nader, après avoir réglé les affaires de la cité, fit camper fon armée dans les environs. Dans le même tems Chah Thahmafp s'avançoit en diligence ; il arriva à Isfahan le huitiéme de Giumadi'laveli, & fit halte dans le camp de Nader, témoignant beaucoup de joïe de le revoir ; mais comme il favoit que lorfque fa Hauteffe retournéroit dans le Khoraffan, fon autorité à lui même tombéroit bientôt, & fe trouvéroit réduite à l'état où elle étoit précédemment, il fit tous fes efforts pour la détourner de fa réfolution. Non content de fes inftances, Chah Thahmafp affembla le lendemain tous les chefs de l'armée, & renouvella fes follicitations. Ces chefs firent réponfe, que fa Hauteffe, par l'affiftance divine, avoit repouffé les rebelles, avoit remis les affaires dans leur prémier état, & rétabli fa Majefté fur le trône ; que par conféquent il n'étoit pas jufte de s'oppofer à fes intentions ; qu'une telle oppofition étoit contraire à la dignité d'un empereur, & donneroit lieu à plufieurs propos facheux ; qu'il valoit mieux que fa Majefté congédiat les Khoraffaniens, & choifit des officiers dans fa propre cour, afin qu'en cas de foibleffe dans fon gouvernement le reproche ne tombât pas fur fa Hauteffe. L'affemblée continua jufqu'au foir, lorfqu'à la fin Chah Thahmafp, enragé de ces difcours, arracha fon diadéme, & le jetta par terre. A la vûe d'un tel defefpoir Nader fût touché ; & confidérant en même tems, que felon fa propre promeffe il devoit finir le grand ouvrage de recouvrer l'empire, il s'adreffa à l'empereur en ces termes : " Puifque mon intention déplait fi fort à votre Majefté, " je tacherai de me conformer à fa volonté ; nous avons déclaré " précédemment, que nous voulions la remettre en poffeffion de " fon trône ; ce qu'aïant exécuté par l'affiftance divine, nous voulons à préfent chaffer tous fes ennemis dans la demeure de la " mort, après quoi nous rétournerons en Khoraffan." Pendant le féjour de l'armée devant Isfahan, il arriva la nouvelle que l'ambaffadeur,

baffadeur, envoïé de Demgan en Turquie, étoit mort à Tauris, & Riza-Kuli-Khan fût envoïé à fa place ; l'on nomma auffi des gouverneurs pour Havizé, pour Couh Keilouïé, pour Bakhtriari, & fes dépendances.

Nous avons dit ci-deffus que Huffein Kuli Khan & Agourlou Khan avoient été envoïés avec des troupes à Saöukhbelag, & Kazvin, le fils de Seïdal, les tint en fufpens pour attendre le fuccés de l'expédition d'Isfahan ; & cependant profitant d'une nuit ob-fcure, & de la négligence de fes gardes, il s'enfuit à Sultania, qui étoit pour-lors au pouvoir des Turcs. Sur cela, Nader nom-ma Riza Kuli Khan gouverneur de Kazvin, & envoïa Huffein Kuli du côté de Teheran & de Gulpaïkhan, afin de veiller fur les mouvemens des Turcs dans ces quartiers, & en donner intelli-gence. L'augufte armée féjourna dans cette agréable contrée qua-rante jours, qui fûrent emploïés en réjouïffances & en plaifirs.

CHAPITRE VIII.

L'armée marche à Chiraz. Bataille de Zerkan, & defaite totale des Afgans. Recouvrement de cette délicieufe région.

QUAND Nader eût entiérement réglé les affaires de l'em-pire à Isfahan, il apprît qu'Echeref & fes Afgans (fuivant la fentence facrée) " Un mauvais Génie prit poffeffion d'eûx, &

Q 2

" leur

A. D. 1728.
Nad. 41.M

" leur fit oublier Dieu, "avoient oublié la valeur des victorieuses troupes, & fixé leur demeure à Chiraz, où ils avoient assemblé les Arabes de Houlé, & autres tribus du côté de Fars. Aussi-tôt sa Hautesse résolut d'aller attaquer ces rebelles; il fit déploier les étendarts qui perçoient les nuës, & partit au son des instrumens guerriers semblables à la trompette de la resurrection.

C'étoit vers le milieu de l'hyver que l'armée se mit en marche par la voïe d'Aberkouh, & du sépulcre de Naderi Soliman. Le froid étoit si rigoureux, que si la plume entreprenoit de le décrire, elle trembleroit comme le roseau agité par le vent; & que si les levres s'ouvroient pour en parler, les mots seroient glacés avant que d'en sortir. Quand les troupes impériales eûrent atteint Zerkan, qui n'est qu'à cinq parasanges de Chiraz, Echeref s'avança avec toutes ses forces. Les deux armées aiant été rangées en bataille, les Afgans avec le comble de la témérité commencérent l'attaque, & tombérent sur notre infanterie, mais ils fûrent bientôt repoussés par les mousquetaires aux mains agiles. Ils tournérent leur furie sur notre aîle droite, & le bruit de leur feu atteignit l'azuré firmament. Alors Nader, à la tête d'une troupe choisie accourut en ce lieu, rompit les rangs de l'ennemi, & en jetta un grand nombre dans la poussiére de la mort. Echeref & les Afgans qui pûrent fuir se retirérent à Chiraz. Les vaillantes troupes les poursuivirent deux parasanges, & par leur sang répandu rendirent les plaines de la couleur des tulipes, & bordérent les déserts d'un fleuve de sang aussi abondant que l'Oxus.

Le jour d'après, quand le matin lumineux donnoit aux nuages sa couleur safranée, deux des principaux chefs des Afgans, nommés Miasedik & Mellazafran, vinrent avec Seïdal de la part d'Echeref pour demander merci, & baisérent le plancher roïal, touchant

la

la terre avec le front du repentir. Nader leur dit, que s'ils vouloient rendre fains & faufs les paréns du feu Chah Huffein, ainfi que
les autres prifonniers Perfans des deux fexes, enfuite fe difperfer
comme fideles fujets dans les diverfes parties de l'empire, & enroler leurs chefs dans le fervice roïal, on leur accorderoit leur pardon, & on oublieroit leur revolte.

A. D. 1728.
Nad. 41.

Le lendemain, quand les roulantes fpheres portoient le poids
doré du foleil, ces députés revinrent au camp victorieux, amenant
avec eux les enfans & le férail du dernier fultan, ces perles in-
tactes de la famille impériale; & ils s'en retournérent pour aller
prendre Echeref lui même, qui confentoit de fe confier en la clémence du vainqueur. Mais Seïdal aïant appris que fon fils &
fa famille avoient trouvé le moïen de s'échaper, & s'étoient retirés
à Kazvin, fit changer de fentiment à Echeref, & l'engagea à fuir
du côté de Kandehar.

Dans un deffein fi foudain Echeref n'eût pas le tems d'emme-
ner avec lui Ifmaïl & Ibrahim, deux de fes coufins, fils de Mahmoud, trois autres de fes parens, & treize femmes de fon férail;
mais ne voulant pas que des perfonnes qui lui appartenoient de fi
près tombâffent au pouvoir de fon ennemi, il ordonna à un miférable de les mettre à mort. Cet infame avoit à peine commencé fon œuvre fanguinaire, & n'avoit encore tué que deux
femmes d'Echeref & la mere de Mahmoud, quand l'armée conquérante entra dans la ville.

Les deux chefs Miafedik & Mellazafran, n'aïant pû joindre
Echeref, fûrent rencontrés par les coureurs de l'armée Perfanne,
qui aïant jugé de la fuite des Afgans par la pouffiére qui s'élevoit
fous leur pas, venoit en donner avis. Ils ramenérent ces deux

chefs

chefs avec eûx ; mais Nader les mît en liberté, comme s'étant rendûs dévant fa préfence volontairement, trouvant inhumain de faire captifs tout autres que des legitimes prifonniers de guerre. Enfuite fa Hauteffe à la tête de fes troupes fe mît à la pourfuite d'Echeref, & parvint tout d'une courfe jufqu'au pont de Feffa, à trois parafanges de Chiraz. Les chevaux des Perfans étant hors d'haleine d'une marche fi rapide, & la nuit étant furvenûe, Nader fit faire halte à une demi parafange du pont, pour attendre fon arriére garde, qui n'avoit pas joint encore.

Cinq cent Afchars & Kiurdes de l'avant garde, qui étoient à une demi parafange du corps d'armée, atteignirent l'arriére garde des Afgans. Echeref étoit déjà fur l'autre bord de la riviére, & Pir Mohammed, un Afgan qui étoit revêtû des prémieres dignités, gardoit la tête du pont quand les Afchars & les Kiurdes vinrent tomber fur lui & fur ceux dont il favorifoit le paffage. Auffi-tôt le defordre & la confufion fe mirent parmi les Afgans, qui courant en foule & en tumulte pour éviter l'ennemi, trouvérent un double danger, plufieurs d'entre eûx aïant été pouffés dans la riviére & noïés. Deux mille de leurs enfans & femmes s'égarérent dans les ténébres de la nuit, ce qui vérifia ces paroles, " Ce jour un homme fuïra de fes freres, de fa mere, de fon pere, " de fes amis, & de fes enfans." Pir Mohammed fût tué, & dans le grand nombre d'Afgans qui fûrent fait prifonniers fe retrouvérent Miafedik & Mellazafran.

Quoique ces troupes de l'avant garde eûffent fait leur devoir en attaquant ainfi l'ennemi, elles étoient néanmoins griévement coupables en ce qu'elles n'avoient point donné intelligence de cette affaire à fa Hauteffe, qui cependant arriva comme un torrent avant qu'elle fût finie. L'irrité Nader ordonna d'abord qu'on

arracha

arracha les yeux au commandant des Kiurdes, & qu'on coupa les oreilles à celui des Afchars, pour châtiment de leur criminelle omiffion; enfuite il envoïa en quête des femmes & des enfans qui s'étoient égarés, & puis fe mit fur les traces des fuïards; mais après une marche de huit ou neuf parafanges, voïant qu'il ne pouvoit pas les atteindre, il revint à Chiraz. De là il envoïa fes ordres tout puiffans à toutes les frontiéres de l'empire, afin que les peuples en fermaffent de tous côtés la fortie aux Afgans. Il fit conduire les enfans & les femmes de Mahmoud & d'Echeref à Mechehed par la route de Kerman. Il envoïa à Isfahan Miafedik, Mellazafran, & les autres prifonniers Afgans, ainfi que le férail de Chah Huffein.

Sa Hauteffe donna dans cette occafion une preuve furprénante de fa fagacité & de fon difcernement, en ordonnant aux gardes, auxquels il confioit les prifonniers, d'avoir l'œil fur Mellazafran, s'ils vouloient le tranfporter en vie à Isfahan. En effet, felon ce que fa Hauteffe avoit prévû, lorfque ces prifonniers paffoient fur le pont de la riviére Lechiré, Mellazafran fe précipita dans l'eau, où il éteignit le feu de fa vie rebelle. Les autres prifonniers, à leur arrivée à Isfahan, fûrent par l'ordre de l'empéreur exécutés dans la grande place, & leurs noms effacés du livre du monde.

Dans le tems que Nader étoit dans le païs de Chiraz, il arriva une chofe très remarquable. Un jour qu'il paffoit dévant le tombeau du miftique poéte Khagé Chemfeddin Mohammed Hafiz Chirazi, un de ceux qui étoient en fon compagnie prit un recüeil des poémes de cet auteur, & l'ouvrant au hazard trouva l'ode fuivante, qui préfageoit à notre héros fa conquête du monde.

* " Les

  * " Les beaux adolefcens te doivent leur hommage;
    " Car tu fers de couronne aux charmes de cet âge.
    " D'un regard de tes yeux le Turqueftan s'émut,
    " A tes cheveux la Chine & l'Inde doit tribut.
    " Le fucre de Méfra porte à ta bouche envie,
    " Elle donne à Khedher la fontaine de vie."

Cependant Nader envoïa Alimerdan Khan à l'empereur de
l'Inde pour lui faire part de recouvrement d'Isfahan; & comme
l'union avoit toûjours fubfifté entre les Indiens & les Perfans, &
que leur pacte d'amitié n'avoit jamais été violé, malgré l'exemple
que les invafions des Turcs & de Ruffes avoient pû donner, Nader fit reprefenter à cette cour combien les rapines & les commotions des Afgans intéreffoient également les deux empires. Il
anonçoit en même tems le deffein d'affiéger Kandehar, & demandoit qu'on empecha les Afgans de s'échaper à fa jufte vengeance
par la voïe de Cabul.

La préfence du glorieux conquérant rendit la ville de Chiraz
auffi belle que les peintures de la galerie de la Chine jufqu'à
l'entrée du foleil dans les fignes printanniers. Il régla les affaires
de ce païs, affoiblit les ennemis de l'empire, & applanit les voïes
pour le recouvrement des autres parties du Farfiftan. Nader avoit
réfolû d'aller en Khoraffan; mais comme par la route de Kerman
il fe trouvoit un grand & ftérile défert à traverfer, lequel ne pouvoit fournir affés de fourage pour fon armée; comme d'un autre
côté il n'avoit pas envie de furcharger de nouveau les habitans
d'Isfahan par le paffage de fes troupes, il fufpendit fon deffein.

D'autres motifs fe joignirent à ces difficultés pour l'engager à
tourner ailleurs la banniére de fes intentions. Les Turcs n'avoient
point

point fait de réponse à sa demande de restituer l'Azarbigian, & il ne lui restoit qu'à emploïer la force de son bras tout puissant pour ravoir ce païs. Il partit donc de Chiraz le dix huitiéme de Chaaban, afin de recouvrer la province d'Irak ; il marcha vers Nehavend & Hamadan par la plaine d'Arjan & Kazéroun, & à la fin du mois il fit dresser les glorieuses tentes à la station de Bachet dans le district de Chouleftan.

A.D. 1729.
Nad. 42.
28 Fevrier.

CHAPITRE IX.

Événemens de l'année d'heureux préfage, 1142.

LE vingt neuviéme du glorieux mois de Chaaban, le monarque entouré des planetes, l'astre des astres, changea sa demeure des poissons en celle du belier, où il éleva ses raïonnans étendarts. Ce souverain de l'univers fit publier une ordonnance écrite par la plume des narcisses, & dans les caractères des arbustes fleuris, donnant la principauté de la terre au printems, qui d'abord fit les cyprés ses porte-enseignes, & les boutons des roses les gardiens de sa plume & de son diadème. Ensuite ce conquérant aimable conduisit son armée contre les Turcs du mois de Deï qui avoient pris possession des jardins, & il délivra les berceaux des janissaires de Bahman. A l'approche des légions printanniéres, l'armée de l'hyver s'enfuit à la hâte des bancs de roses, où elle avoit commencé à susciter des commotions. Les audacieux escadrons de

A.D. 1729.
Nad. 42.
10 Mars.

la froide faifon, allarmés du fon harmonieux du nouvel an, fe précipitérent enfin dans l'abîme de la deftruction. Le Khoraffan du jardin de rofes fût orné par le mois Férourdin de toutes fortes d'arbuftes ; & par le commandement du printems fultan abfolû, les tribus des tulipes & des hyacinthes fûrent tranfplantées aux bordures des plaines, & fur la furface des verdoïantes allées. De grandes préparations fûrent faites fous les berceaux pour le banquet de joïe & d'allégreffe; le vierge bouton de rofe demeura dans la chambre du pavillon ; le haut cyprés fût marié à l'éclatante fleurs du lys des vallées ; les bancs des jardins, comme nouveaux époufés, fûrent charmés du fon de ce verfet du livre facré, " Je planterai en eûx des herbes auffi belles que va-
" riées."

La fête du Neurouz fût célébrée avec magnificence ; les chefs de l'armée fûrent honnorés de fuperbes robes, & parés comme des boutons de rofe des plus brillans ornemens. Les banniéres fortunées flottérent dans les airs pendant plufieurs jours dans cet agréable lieu, & delà s'avancérent vers Behbehan. En Ramhormoz les gouverneurs d'Havizé & de Couhkeilouïé, plufieurs autres chefs, & quelques Arabes, eûrent l'honneur de baifer l'étrier du conquérant.

Dans ce même tems Hufnali Beg vint de la part de l'empereur avec le pouvoir de Gem ; il préfenta à Nader, en récompenfe de fa victoire, un diadéme enrichi de pierreries, & diftribua aux chefs de l'armée victorieufe trois cent robes d'honneur. Il fit auffi favoir à l'illuftre héros, que fa Majefté avoit placé dans fon propre férail l'augufte famille qu'Echeref avoit envoïée de Chiraz à Zerkan, & que s'étant fouvenue de la promeffe d'honnorer Riza Kuli Mirza de fon alliance, elle défiroit qu'on l'envoïa accompagné

A.D. 1729.
Nad. 42.

pagné de Mirza Abou'l Caffem Cachi, pour époufer une des filles du feu Chah Huffein. Hufn Ali étoit de plus chargé de dire à Nader, que, comme il défiroit de s'établir avec fes troupes victorieufes en Khoraffan, il vouloit lui céder cette province, afin qu'un conquérant tel que lui fervît de barriére entre l'empire & fes ennemis. Aprés cela l'armée fortunée quitta Ramhormoz, & continuant fa marche éclaira Dajefoul, & vint à Choufter, dont le gouvernement fût par fa Hauteffe affigné à Abou'lfath Khan.

Comme le tems avoit prefque entiérement démoli la digue de la riviére Choufter, élevée jadis par le roi Chapour Zoulactaf, Nader, dont les réfolutions étoient auffi fermes que le rampart de Sacander, la fit réparer à fes propres dépens. Enfuite fa Hauteffe, pour punir les Arabes, qui fouvent avoient fait des excurfions fur les Perfans, tranfplanta plufieurs de leurs chefs en Khoraffan, congédiant le gouverneur d'Havizé avec honneur.

Quand l'armée étoit en Dajefoul, Mohammed Khan le Balougien, qu'Echeref avoit envoïé en Turquie, aïant à fon retour appris la ruïne des Afgans, fe rendit au camp victorieux, & expofa devant l'éclairé Nader toutes les lettres d'Ahmed empereur des Turcs à Echeref; pour cet important fervice il fût comblé de bontés, & eût un gouvernement.

Comme la riviére de Dezfoul étoit très rapide, Nader ordonna qu'on la couvrît de plufieurs flottes de rofeaux, lefquels, à l'aide d'habiles nageurs & d'hommes expérimentés, fervirent à paffer les troupes, comme les étoiles parcourent le bleu firmament. En chemin faifant, Nader châtia les diverfes tribus qui avoient commis des defordres, & affigna à chaque diftrict des commandans capables de les contenir. Il continua fa marche par Khorrema-

R 2

bad,

bad, & arriva à Berougerd, où Huſſein Kuli Khan, commandant
de Kulpaïkan & de Ferahan, le joignit avec cinq ou ſix mille
hommes, & fût envoïé avec des forces complettes contre Kermanchahan.

En cette ſtation Huſnali Khan & Mirza Abou'lcaſſem revinrent
au camp fortuné, & apportérent l'inſtrument par lequel l'empereur réſignoit le Khoraſſan à Nader ; dans cette ceſſion étoient
compriſes toutes les provinces depuis Kandehar juſqu'à Pel Kiupri,
limites du Khoraſſan ; ainſi que Mazenderan, Yezd, Kerman, &
Seiſtan.   Nonobſtant une ſouveraineté ſi étendûe, ſa Hauteſſe refuſa de porter la plume & le diadéme, & d'accepter le titre de
ſultan ; mais en faveur des illuſtres champions de Khoraſſan, dont
les ſabres avoient ſoutenû ſon pouvoir, elle conſentit que la monnoie
en cette province fût marquée au coin du " ſeigneur de la pro-
" vince d'Erteza Ali Ebn Mouſſi, a qui ſoient louanges & ſalu-
" tations !"

<hr>

CHAPITRE X.

*Commencement de la guerre contre les Turcs.   Victoire de Nehavend,
remportée par le généreux Héros.*

RIZA Kuli Khan, ambaſſadeur en Turquie, écrivit à ſa
Hauteſſe lorſqu'elle étoit en Bérougerd, qu'il ne pouvoit obtenir aucune réponſe ſatisfaiſante de la cour Ottomane, & que

                          même

A.D. 1729.
Nad. 42.

même les Turcs étoient actuellement à piller les districts de Ne-havend. Aussi-tôt Nader, s'appuiant sur l'aide du Très-haut, quitta cette station, & à la tête de ses vaillantes troupes fit dix parasanges dans la premiére nuit.

Dès que les Turcmans de l'armée du jour, conduits par le Kho-raffanien général de la lumiére, eûrent mis en déroute les legions de la nuit ; dès que le brillant étendart de l'étoile du matin fût déploïé ; les Turcs, sortant de l'assoupissement de la négligence, virent leur mauvais destin siégeant à leur oreiller, & l'armée de la calamité prête à les accabler.

Ofman Pacha, le général des Turcs à Nehavend, aïant toûjours eû des succès contre les Persans, deçû alors par un vain souvenir, s'avança vers la plaine du combat ; mais après que les flâmes de la bataille eûrent éclaté pendant quelque tems, il fût mis en déroute, & s'enfuit du côté d'Hamadan. Plus de mille Turcs, ainsi que plusieurs Pachas & chefs des janissaires, fûrent tués, & un plus grand nombre encore faits prisonniers. Les soldats victorieux se saisirent des trésors & de la dépouille des ennemis, & délivrérent entiérement ces territoires de leur préfence.

CHAPITRE

CHAPITRE XI.

Conquête d'Hamadan & de Kermanchahan, par la protection divine.

A. D. 1729.
Nad. 42.

APRÈS que Nader eût recouvré Nehavend, il apprit que Timour Pacha, gouverneur de Van, & le Pacha de Senendege, à la tête de trente mille hommes, s'avançoient vers Melaïr pour lui donner bataille. Sa Hautesse, qui prenoit toûjours de telles nouvelles comme des preuves de la faveur du Très-haut, eût bientôt conduit son armée dans la grande plaine de Melaïr, où selon sa coutume il forma son armée en trois corps, reservant celui du centre pour être éclairé des raïons de son auguste présence. Les Turcs firent une semblable division de leurs forces, & s'étant avancés dans la plaine de la bataille, le feu du combat fût bientôt allumé. Un ruisseau serpentoit entre les deux armées, & les balles voloient rapidement des deux côtés. A la fin, par les ordres de Nader, l'aîle droite des Persans, passant le ruisseau, se jetta le cymeterre à la main sur l'aîle gauche des ennemis. Ils fûrent aux prises pendant une heure; les cheveux des jeunes héros dégoutoient de sang, & le rosier de leur faces portoient les rouges boutons de leurs blessures. Ils étoient des deux parts acharnés comme des lions, jusqu'à ce qu'enfin le porte-étendart des Turcs étant tué, cet étendart fût renversé justement auprès du cheval de Nader, ce qui remplit les Turcs d'un tel découragement qu'ils perdirent le terrain, & à la fin se hâtérent de gagner la montagne pour refuge.

Les

Les lions du Khoraſſan, montés ſur des courſiers aîlés comme la tempête, & régardant les rocs eſcarpés comme des tapis de ſoïe de la Chine, pourſuivirent les ennemis dans leur fuite juſqu'auprès d'Hamadan ; & ceux-ci, dont les chevaux étoient au contraire gras & tardifs, fûrent ſouvent atteins, tués, ou fait priſonniers : pluſieurs Pachas furent dans le nombre des captifs, & un immenſe butin demeura à la diſcretion des vainqueurs. Après cette victoire le conquérant fît faire halte en Touiſercan, où les priſonniers & les dépouilles lui aïant été préſentés, il récompenſa libéralement ſes ſoldats.

Le jour ſuivant, lorſque l'armée alloit ſe remettre en marche, on reçût avis qu'Abderrahman Pacha, gouverneur d'Hamadan, avoit quitté cette ville, & emmené avec lui toutes ſes forces. Sur cela Nader, étant entré ſans obſtacle dans Hamadan, s'empara de l'artillerie & des munitions des Turcs, & mit en liberté plus de dix mille priſonniers que les Turcs avoient fait en Irak & en Azerbigian, & leur permit de ſe retirer dans leur païs. Cependant Abderrahman, éperonné par la fraïeur, étoit dans une nuit arrivé à Senendege, qui eſt à vingt paraſanges d'Hamadan ; de là il ſe rendît avec la même hâte vers Ahmed Pacha, gouverneur de Bagdad, lorſque les Kiurdes d'Ardilan, s'oppoſant à ſon paſſage, mirent ſes troupes en déroute, & aiant fait cinq cent de ſes ſoldats priſonniers, les envoïérent, ainſi que les têtes de ceux qui avoient été tués, à Hamadan. Alors le reſte des Turcs, quittant Senendege, délivrérent entiérement la contrée des maux qu'ils y cauſoient.

Après que l'invincible armée eût ſéjourné cinq jours à Hamadan, Nader réçût la facheuſe nouvelle de la défaite d'Huſſein Kûli Khan par Huſn Pacha, gouverneur de Kermanchahân, qui avoit

perdû

A. D. 1729.
Nad. 42.

perdu la bataille donnée à deux parafanges de cette ville. Auffi-
tôt fa Hauteffe s'avança vers ces quartiers; mais à fon approche
le Pacha s'étant retiré en abandonnant fon artillerie & fes ammunitions, & Huffein Kuli aïant pris poffeffion de la ville, l'infatigable héros, fe détournant à Affadabad, prit un autre route, aïant
réfolu de finir les affaires de l'Azarbigian. En même tems Nader
envoia les ordres à Kermanchahan, pour en détruire le vieux
château, & en bâtir un autre à fa place; il voulut auffi qu'on
choifit, entre les jeunes gens de Zenkéré & de Kulker, ceux qui
étoient les plus capables de porter les armes, & qu'on en formât une
compagnie pour le fervice de l'armée.

Avant tous ces événemens fa Hauteffe avoit commandé au
gouverneur de Bakhtriari de tranfporter deux cent familles de
Bakhtriaris dans le voifinage d'Isfahan; mais quand ils virent
l'armée éloignée, & qu'ils confiderérent la force de leur fituation,
ils refuférent d'obéir à ces ordres. Sur cette défobéiffance Nader
fit défarmer tous les Bakhtriaris de fon armée, & mit plufieurs de
leurs chefs dans les chaines; il commit la garde de ces prifonniers
à Pir Mohammed foltan gouverneur de Giam, avec ordre de châtier
fevérement les Bakhtriaris défobéiffans; & d'en tranfporter quatre
cent familles, au lieu de deux cent, aux territoires fufdits.

Comme les Dergefiens avoient joint les Afgans, & difperfé,
ainfi qu'eûx, les étincelles de la rapine & du défordre, un détachement fût envoïé pour les faire rentrer dans le devoir, &
pour les punir comme ils méritoient.

Lorfque l'armée quitta le Khoraffan les Turcmans de Kerkelan
la fuivirent; mais fa Hauteffe aïant été obligée de les foumettre
à des fardeaux qu'ils n'avoient pas accoutumé de porter, ils fe
retirérent

retirérent en grand nombre dans le defert.   Quoique l'abfence ou
la préfence de cette tribu fût de peu de conféquence pour une
ármée fi confidérable, toutefois comme il ne faut négliger aucune
partie pour préferver l'ordre dans le tout, Nader fongea à châtier
cette défection.   A cet effet il envoïa un parti contre ces Turcmans, dont il donna le commandement à Toufan Kagiar (felon
ces mots du livre facré) " Nous envoïames un déluge fur eûx."
Toufan donc, répondant à fon nom, fût un vrai déluge qui les
fubmergea dans l'eau amére du châtiment.   D'un autre côté Baker Khan eût ordre de raffembler trois ou quatre mille hommes
dans les environs d'Aftrabad, afin que fi les Turcmans ou les Afgans d'Hérat fe revoltoient de nouveau, il pût, fous la conduite de
Zohiereddoulé Ibrahim Khan, les réduire & les foumettre. Après
tous ces arrangemens, l'armée demeura encore un mois dans la
même ftation, pour régler les autres affaires de ces contrées.

CHAPITRE XII.

*Les augustes troupes marchent contre Tauris.   On apprend la mort
d'Echeref, arrivée par la protection du Très-haut.*

APRÈS que l'illuftre guerrier fe fût repofé des fatigues qu'il
avoit foutenû pour fe rendre maître d'Hamadan & de Ker-
manchahán, il conçût un vif defir de prendre Tauris. Rempli de
ce deffein, il effaïa d'en découvrir le fuccés en confultant les poémes

du divin Hafiz, & à l'ouverture du livre le fort lui préfenta une ode qui non feulement répondoit à la préfente fituation des affaires, mais dont la derniére ftrophe (que voici) étoit frappante :

" O Hafiz ! toi que Fars, toi qu'Irak admirérent,
" Quand de tes vers touchans les fons mélodieux
" T'armérent d'un pouvoir divin, victorieux,
" Et ces fameux païs à la fois fubjuguérent ;
" *Hâte toi, viens cueiller les lauriers glorieux*
" *Qu'à Bagdad, qu'à Tauris, les cieux te refervérent.*"

Sur l'augure favorable de ces deux derniers vers les bannieres victorieufes furent déployées dans la nouvelle lune du mois Moharrem. L'armée s'avança d'Hamadan auffi loin que Senendege, dans l'intention de s'emparer d'Azerbigian. Ce fut en ce lieu qu'un nommé Mellazafran arriva chargé de la part d'Huffein, frere de Mahmoud, pour fuplier le conquérant de rendre la liberté aux femmes & aux enfans de Mahmoud qui avoient été faits prifonniers dans Chiraz. Ce député apportoit en même tems la nouvelle de la mort d'Echeref, dont il fit la rélation fuivante :

" Cet homme infortuné, s'étant enfui de Chiraz, prit fa courfe
" du côté de Lar. La garnifon de la citadelle, qui avoit ordre
" de fermer les paffages aux fuiards, aïant été faifie de ter-
" reur, avoit quitté fes poftes, & avoit laiffé les chemins libres.
" Ils s'avançoient donc par Berr, par Nermachi, & par Seiftan
" vers Kandehar ; quand quelques troupes du chateau de Lar,
" s'étant enfin raffurées, fe détachérent pour les arrêter dans leur
" courfe, mais elles furent repouffées. Echeref cependant, étant
" obligé d'éviter le Kandehar à caufe de la mort de Mahmoud,
" dont il craignoit qu'on ne tirat vengeance, fe détourna avec
" quelques

A. D. 1729.
Nad. 42.

" quelques uns des fiens, & paffa fur les bords de la riviére Hie-
" mend, par le chemin de Méïahé, pour fe rendre en Balougef-
" tan. Huffein, aïant eû avis de cette marche, partit en diligence
" de Kandehar, & avec un corps de troupes s'avança vers le vil-
" lage de Leki dans le diftrict de Kermfir. De là il envoïa fon
" fils Ibrahim, à la tête d'un détachement, pour tracer les pas
" du fugitif. Le jeune homme, n'aïant point pris de relâche,
" arriva dans l'obfcurité de la nuit à Montzerd, qui eft proche
" de Chourabek, & où précifement Echeref s'étoit pofté. Ce
" malheureux, fe voïant atteint, donna des éperons au cour-
" fier de la fuite, & fe retira feul avec la plus grande préci-
" pitation. Ibrahim vola fur fes pas, & l'atteignit d'affés prés
" pour en recevoir un coup de poignard dans le côté, mais
" aïant avec une égale promptitude tiré fur lui, il fe délivra par
" la mort de fon ennemi de fon propre danger. Auffi-tôt quel-
" ques unes des femmes du dernier fultan, qu'Echeref n'avoit
" point rendûes avec les autres, & qu'il avoit trainées après lui en
" captivité, fûrent conduites à Kandehar."

Tel fût le récit de Mellazafran. Il reçût pour réponfe à la
requête d'Huffein, que dès que les princeffes auroient pris la
route de la cour, les femmes de Mahmoud feroient auffi mifes
en liberté. Parmi les événemens de cette année on doit compter
le fuivant. Lorfque les étendarts auguftes étoient fixés à Chiraz,
environ mille Afgans de Deglezin avoient fui du côté de Lar ;
on fit alors proclamer la promeffe d'une entiére fureté pour eûx
s'ils fe rendoient à la cour impériale. Sur ceci les Afgans, prenant pour pretexte la néceffité de lever un préfent pour le conquérant magnanime, pafférent le Lar à Ravé & à Mezeh d'Iffahan, extorquant tout l'argent qu'ils pouvoient en chemin, &
oppreffant les pauvres habitans des lieux qu'ils traverfoient, de la

S 2

maniére

maniére la plus violente. Ils parvinrent ainsi au quartier des Baktriaris, où Pir Mohammed-Sultan, gouverneur de Djam, ne s'opposa point à leur marche, parce qu'ils étoient munis de l'ordonnance roiale, & ensuite ils s'établirent tous dans les châteaux du Dergezin. A ces nouvelles Nader se hâta de joindre à un détachement qu'il avoit déjà envoié pour soumettre les rebelles de ce district, un renfort suffisant pour chasser les révoltés de leurs retranchemens.

CHAPITRE XIII.

Conquête de Demdem, Merghé, & Tauris, à l'aide de l'Etre Suprême.

CE fût dans ce même tems que Nader reçut intelligence que Timur-Pacha, gouverneur de Mecri, & plusieurs autres Pachas, avoient rassemblé des forces considérables dans le château de Mejandebad, entre Demdem & Merghé, & les emploioient à piller les districts adjacens. Aussi-tôt sa Hautesse, laissant son bagage dans la station où elle étoit alors, se mit en marche à la tête de ses vaillantes troupes, & après une journée de vingt deux parasanges arriva sur les bords de la riviére Kizlouzun, où Timur Pacha étoit campé avec son armée. A l'arrivée des Persans les Turcs se mirent en ordre de bataille, & s'avançant hardiment déploiérent leurs enseignes couleur de rose; mais quand ils virent

les

les troupes victorieuses se jetter sur eûx, & qu'ils fûrent aveuglés
par la poussiére qu'élevoit dans l'air les pieds agiles des chevaux
de leurs ennemis, ils reculérent, & sans en venir à un engagement, tournérent les rênes de la fuite du côté de Merghé. Les
Persans les poursuivirent trois parasanges, en tuérent un nombre
confidérable, en firent plusieurs prisonniers, & se saifirent de leur
artillerie et munitions de guerre ; & par cette victoire recouvrérent
les territoires de Demdem, de Saoukhbelag, de Mecri, de Merghé,
& de Dehkharikan.

Le jour suivant le bagage joignit l'armée ; & Nader, aïant fait
la revûe des prisonniers, & examiné le butin, recompensa très libéralement ses braves soldats.   Les auguftes tentes fûrent dreffées
pendant deux jours sur la plaine de Merghé, où l'on apprit qu'un
armée de Turcs, fous le commandement de Timur Pacha, s'ap-
prochoit de Merghé, & n'en étoit plus qu'à quatre parasanges.
Alors fa Hauteffe, s'étant avancé à la rencontre des ennemis, ceux-
ci, au premier éclat des brillans étendarts, prirent encore la fuite.
Nader continua fa marche ; & quand il fût à une parasange en
avant, il apperçût deux nuages de poussiére du côté de Tauris,
qui lui parûrent être causés par la fuite des Turcs.   Sur cela il
laiffa fon artillerie & fes moufquetaires, & fe mit avec fes autres
troupes à la pourfuite des fuïards.   Bientôt il vît que ces tourbillons de poussiére s'élevoient fous les pas de deux armées.   Auffi-
tôt il envoïa un détachement contre un de ces deux corps ennemis,
& à la tête de fa cavalerie vint au devant de l'autre.   La premiére des deux armées étoit celle de Muftafa Pacha, gouverneur
de Tauris, où fe trouvoient le commandant des janiffaires, Timur
Pacha, & plusieurs autres officiers & soldats qui pendant la nuit
avoit quitté la ville.   La feconde étoit de trente mille Turcs de
ceux qui avoient déja fui devant l'illuftre vainqueur.   Les héros
Perfans,

Perfans, qui avoient joint celui de ces corps qui étoit le plus proche, montés fur leurs courfiers prompts comme les éclairs, firent voler la mort de tous côtés par les coups de leurs cimeterres dégoutans de fang. Les champions au cœur de lion, qui étoient fous l'ombre des banniéres de Nader, eûrent bientôt atteint les autres troupes, qui d'abord faifies d'effroi abandonnérent leurs femmes & les prifonniers de l'Azerbigian, & fuirent du côté du mont Mergian, à deux parafanges de Tauris. Les guerriers victorieux les pourfuivirent, & les entourérent avec leurs fabres & leurs lances, & fe jettant au milieu d'eux rendirent le pied du mont Mergian de la couleur des rubis, par le fang qui découloit de leurs tranchantes lames brillantes comme des diamans. Outre le nombre infini de Turcs qui fûrent tués dans cette journée, les Perfans firent trois mille prifonniers, & des femmes belles comme des Houris tombérent entre leurs mains. Plufieurs de ces prifonniers, frappant les boules de leurs têtes avec le mail de leurs propres armes, les jettérent dans la plaine de la mort.

Sur le foir, quand le foleil remettoit l'éclatant cimeterre de fes raïons dans le fourreau de l'occident, & fe retiroit du champ de bataille du firmament, Nader avec fes courfiers aux têtes étoilées, & fes troupes conquérantes, fit halte auprés d'un village nommé Soheilan. Il fit raffembler tous les prifonniers, & les mettant fous la garde de quelques troupes de confiance, il ordonna qu'ils fûffent reconduits à leurs habitations refpectives, défendant très févérement qu'on ofât étendre une main hardie fur la robe de chafteté des belles captives.

Le jour fuivant, qui étoit le vingt feptiéme de Moharrem, la pleine lune des banniéres Perfanes éclaira la ville de Tauris. La nuit d'auparavant un détachement, que Ruftem Pacha, gouver-

neur

neur d'Hechetroud, envoïoit pour donner avis d'un secours qu'il amenoit, étoit entré dans Tauris. Les soldats de Nader, ne pouvant distinguer ces nouveaux venûs des habitans qui n'avoient point encore eû le tems de quitter l'habillement Turc, les laisférent sortir sans obstacle, & ils se hâtérent d'aller informer le Pacha de ce qui venoit d'arriver. A ce récit Rustem mit le pied dans l'étrier de la fuite ; mais il fût rencontré par un parti Persan, & aïant été fait prisonnier, ainsi que ceux que le suivoient, il fût conduit devant la présence de Nader. Sa Hautesse non seulement donna la vie à Rustem & aux autres Pachas, mais elle les traita avec beaucoup de générosité, elle emploïa les autres prisonniers à réparer l'artillerie & les batteries ; & aïant envoïé les canons & les mortiers pris sur les Turcs dans le Khorassan, elle dépêcha un messager à Ibrahim Pacha, grand visir de la Porte, avec des paroles d'amitié & de paix.

Peu après on reçût la nouvelle de la déposition du Sultan Ahmed, de l'exaltation au trône de son frére Mahmoud, & du meurtre du grand visir. Cette révolution se fit de la maniére suivante : Quand Hamadan & Tauris fûrent pris sur les Persans par Mustapha & Abderrahman Pachas, les revenus des terres de ces deux païs fûrent accordés aux troupes, mais à la requisition de leurs chefs l'empereur consentit qu'ils fûssent vendûs aux janissaires, qui en donnérent une somme immense. Après le recouvrement d'Isfahan, lorsque l'ambassadeur de Nader étoit à la Porte, Sultan Ahmed & son visir Ibrahim Pacha, étonnés des exploits de la victorieuse armée de sa Hautesse, consentirent, pour avoir la paix, de rendre les territoires qui appartenoient aux Persans. Les janissaires aïant appris cette résolution, se déterminérent de défendre les armes à la main des biens qu'ils avoient si chérement achetés, & desquels ils étoient en possession ; mais ils commencérent par une remon-

trance

trance au grand vifir, dont voici la teneur : " Vous nous avez vendû
" ces territoires, & enfuite vous voulez les rendre aux Perfans.
" Quand même ces païs appartiendroient à la couronne, nous ne
" confentirions pas à une telle reftitution ; comment pourrions
" nous nous y accorder, lorfque nous les avons achetés du plus
" pur de notre or ? Si par la loi il ne nous eft pas permis de ré-
" pandre le fang & de faifir les biens des hérétiques Perfans,
" pourquoi éveillâtes vous les commotions endormies, & fufcitâtes
" vous des guerres à la Perfe ? Et s'il eft permis, pourquoi vou-
" lez vous leur rendre leurs terres ?" Par ces reprefentations les
janiffaires empéchérent la reftitution qu'ils craignoient ; mais
quand on fût à la Porte l'expulfion des Afgans, la marche de Nader en Azerbigian, la prife de Nehavend & celle d'Hamadan,
l'empereur & fon vifir fe trouvérent fort embaraffés ; ils craignoient
le pouvoir de fa Hauteffe, & ils ne vouloient point méc_conten-
ter les janiffaires ; enfin ils fe retirérent à Efkodar pour dé-
libérer fur une affaire fi difficile. Cependant, un homme dont le
nom étoit Paderné, & dont l'occupation étoit de frotter & de
faigner ceux qui venoient aux bains publics, aiguifant la lancette
de l'audace contre la pierre de la rebellion, raffembla dans Conftantinople une foule de mécontens ; l'empereur aïant auffi-tôt ac-
couru, ne pût appaifer la fédition qu'en livrant à la mort fon excellent vifir, qui de plus étoit fon parent, & cette multitude
furieufe l'enferma dans un mortier auquel ils mirent le feu.

> De la fortune ainfi tel eft le caractére,
> Toûjours dans fes bienfaits ou fes rigueurs, légére ;
> On la voit élever pour mieux anéantir,
> Aimer avec foibleffe, avec fureur haïr.

Mais

Mais ce grand sacrifice ne fût pas suffisant pour éteindre les flâmes de la revolte dans cette populace irritée & sans frein; ils déposérent le Sultan Ahmed, & placérent le diadéme sur la tête de son frére Mahmoud.

Pour en revenir à notre histoire, l'armée victorieuse demeura cinq jours à Tauris, qui avoit été si long-tems foulée aux pieds par les Turcs ennemis. Nader avoit resolû de marcher contre Peugekhan & Erivan; les aîles d'aigle de ses étendarts étoient déploïées pour prendre leur vol, quand un courier de Riza Kuli Mirza arriva au camp invincible, pour donner avis à sa Hautesse que les Afgans d'Hérat s'avançoient contre le Khorassan. A cette nouvelle Nader fit changer de route à son armée, & remit à un autre tems l'expédition qu'il méditoit.

CHAPITRE XIV.

Les Afgans entrent dans le Khorassan. Défaite d'Ibrahim Khan.

ON a vû ailleurs les événemens rélatifs aux Afgans d'Hérat, & comment après leur réduction sa Hautesse leur avoit laissé Allagar Khan pour gouverneur. Lorsque la victorieuse armée étoit occupée en Irak & en Azerbigian, Hussein le Galgien, qui résidoit à Kandehar, allarmé de la puissance de Nader, & considérant qu'après les expéditions qu'il avoit entreprises il vien-

A.D. 1729.
Nad. 42.

droit l'attaquer comme complice des rebellions de son pere & de ses fréres, tacha d'exciter les Abdalis à la revolte, & de leur persuader de faire une excursion en Khorassan. Allagar, qui apprenoit tous les jours les victoires continuelles de l'invincible héros, ne se laissa point séduire, & ne voulût pas se départir de l'obeïssance qu'il lui avoit vouée. Les Abdalis, irrités de sa fermeté, l'abandonnérent, & se mirent sous la conduite de Zou'lfikar Khan, qui aussi-tôt quitta Ferah, & accourut dans le païs d'Hérat. Allagar à la téte des soldats qui lui étoient restés fidéles s'opposa à son rival, & ces deux factions embrasérent cette contrée pendant trois mois du feu de la contention. Enfin Zou'lfikar l'emporta; & aïant forcé Allagar de se retirer avec sa famille & ses adhérans dans le chateau de Merougiak, il entra dans la ville d'Hérat le troisiéme du mois Chaval. Sous ce nouveau gouverneur les Afgans déploïérent entiérement l'étendart de la revolte, & se mirent en marche contre le Khorassan. Allagar, accompagné de Serkhes & d'autres chefs, se hâta de prévenir les rebelles, & aïant laissé à Merougiak ses femmes & ses enfans, il se rendit à Mechehed, où il fût reçû avec honneur par Zoheireddoulé Ibrahim Khan.

12 Avril.

La merveilleuse sagacité de sa Hautesse lui avoit fait prévoir cette nouvelle perfidie des Afgans, & aïant aussi pensé que d'abord ils entreprendroient de ravager le Khorassan, elle y avoit envoïé d'Hamadan un corps de troupes, dès qu'elle eût recouvré Isfahan. Par un effet de cette même prévoïance le sage conquérant avoit ordonné à Baker Khan de rassembler trois ou quatre mille hommes dans les environs d'Astrabad, afin de soutenir Ibrahim Khan s'il étoit attaqué; enfin elle avoit ordonné à celui-ci de remplir Mechehed de provisions, & de tenir ferme dans cette ville, sans donner bataille aux ennemis qui pourroient en approcher.

Toutes

Toutes ces précautions n'avoient point empeché que Zou'lfikar, à la téte de huit mille Afgans, ne fe fût établi à Khagé Rabi, & que delà il ne défolât tous les lieux d'alentour.   Ibrahim fe tint clos dans les murailles de Mechehed pendant dix ou quinze jours, & envoïa à Senendege pour faire favoir à fa Hauteffe fa fituation. Nader lui fit reïterer fes ordres de ne point hazarder une bataille, mais de ne penfer qu'à la confervation de la ville; l'affurant qu'après qu'il auroit fubjugué les Turcs, il viendroit avec toute fon armée éteindre jufqu'à la moindre étincelle de cette rebellion. Cependant Baker Khan étoit accourû avec fes troupes à la pré- miére nouvelle de l'invafion des Afgans, & arriva devant Meche- hed.   Ibrahim, excité par ce renfort, & par quelques uns de fes officiers, négligeant les ordres de Nader, & réfiftant à la voix in- térieure qui lui crioit, " Arréte, O Ibrahim !" fortit de la ville, & déploïa les enfeignes du combat.   Il s'avança avec fes forces jufqu'à Couchfeukin, où les Afgans vinrent à fa rencontre.   Dans le fort de l'engagement Baker Khan aïant été bleffé, fon infan- terie tourna le dos & s'enfuit; Ibrahim avec quelque cavalerie courroit après les fugitifs pour tacher de les rallier,   quand le refte de l'armée, prenant ce mouvement pour une fuite, rompit le fil de fes rangs, & fe retira en defordre dans la ville.   Ce jour plufieurs de nos cavaliers fûrent démontés du courfier de la vie; plufieurs de nos fantaffins trouvérent leur deftruction en tombant dans des puits. Cette défaite arriva le treiziéme de Moharrem dans la plaine d'Elm- dechet. Ibrahim, couvert de honte pour une difgrace qui s'étoit at- tirée par fa défobéïffance, demeuroit dans une inactive affliction, lorfque Riza Küli Mirza, qui n'avoit alors que douze ans, envoïa un courrier à fon illuftre pere, pour lui faire favoir ce malheureux événement.   Nader, à qui l'empereur avoit entiérement cédé la province de Khoraffan, trouva que fon premier devoir étoit de la conferver, & de punir les rebelles qui vouloient l'envahir; à

A.D. 1729.
Nad. 42.

27 Juillet.

T 2   cet

A. D. 1729.
Nad. 42.

cet effet il dépecha à fon fils un courrier auffi léger que le vent, l'exhortant à continuer de tenir ferme dans la ville, lui promettant de marcher nuit & jour avec fes braves troupes, & de les faire aller à fon affiftance auffi rapidement que les courfiers du foleil & de la lune. Sa Hauteffe établit Biftoun Beg gouverneur de Tauris, & lui donna les munitions de guerre & de bouche que les Turcs avoient laiffé dans la ville, & qui valoient cent mille tomans.; elle tranfplanta une colonie d'Afchars & de Turcmans à Tauris, & ordonna fix mille hommes de troupes réglées pour la garde de la ville ;. enfin, elle choifit des gouverneurs pour chaque diftrict, & leur enjoignit d'obeïr à Chah Thahmafp, dont ils étoient devenus fujets. Le nombre des familles tranfportées en Khoraffan dans cette expédition fe monta à cinquante ou foixante mille, parmi lefquelles il y en avoit douze mille d'Afchars, & entre ceux-ci deux mille de la tribu de Kirklou qui avoit l'honneur d'être celle de fa Hauteffe. D'autres Kirklous fûrent envoïés à Meïab, l'ancienne réfidence de Nader & de cette tribu. Quarante ou cinquante mille Turcmans Kiurdes & Bactriens eûrent des établiffemens en diverfes parties du Khoraffan, & on leur affigna des diftricts pour leurs quartiers d'hyver & d'été.

CHAPITRE

CHAPITRE XV.

*L'augufte armée quitte l'Azerbigian, & fe met en marche pour le
Khoraffan.*

QUAND Nader eût tout réglé dans le païs que fa valeur
venoit de conquerir, il tourna fes banniéres du côté de Khoraffan, laiffant, pour faire plus de hâte, les bagages derriere lui.
En Kizlerzun, un meffager envoïé de Mechehed arriva au camp,
& raconta à fa Hauteffe que les Afgans étoient remplis de préfomption & d'infolence depuis la défaite d'Ibrahim, & qu'ils
avoient dit alors, " Voici le tems de tirer du fourreau le fabre
" de notre reffentiment contre cet empire ;" qu'en effet, ils n'a-
voient ceffé de piller & de ravager les villages, les champs, &
les magazins, & de répandre la défolation dans tous les environs
de Mechehed ; qu'ils avoient élevé les flâmes de la deftruction fi
haut, qu'ils en avoient prefque atteint la gerbe de bled du figne
de la Vierge, & confumé les refervoirs de la Voïe Lactée ; mais
qu'enfin, après avoir demeuré trente & un jours autour de la
ville, & faccagé tous les lieux agréables & fertiles qui l'entou-
roient, ils avoient repris le chemin d'Hérat.

Après ces facheufes nouvelles fa Hauteffe fe mit en marche, &
atteignit Kazvin le treiziéme du mois de Sefer ; elle renvoïa l'artillerie d'Irak à Chah Thahmafp, fous la conduite de Mohammed
Khan Turcman, & ne fe referva que celle du Khoraffan. En
ce lieu Nader eût avis que Mohammed Aga lui avoit été envoïé

par

A.D. 1729.
Nad. 42.

17 Aouft.

par l'empereur des Turcs fous pretexte de négocier une paix, mais en effet pour examiner la fituation de fes affaires, & fur cela il fit donner ordre à cet envoïé de fe rendre en Khoraffan. Dans ce même tems les Afgans de Dergez fe foumirent par la médiation d'Iſhak Soltan, qui pendant l'ufurpation d'Echeref avoit été gouverneur de Yezd, & ils vinrent toucher le feuïl de la cour fortunée avec le front de la repentance. Nader demeura trois jours à Kazvin ; enfuite prenant la route de Teheran il fe rendit à Eivankeif, où plufieurs Turcmans du defert & autres lieux s'étant revoltés, il envoïa le quinziéme de Rabiu'level un détachement contre une de ces tribus, & marcha lui même contre l'autre, les forçant enfin de fe foumettre, & de demander merci ; mais ils ne l'obtinrent que fous condition de païer tribut, & d'envoïer plufieurs de leurs familles dans la province facrée. Alors fa Hauteffe congédia fes troupes, leur permit d'aller fe repofer dans leurs habitations, leur ordonnant toutefois d'être de retour le vingtiéme jour après l'entrée du foleil dans le figne du Verfeau, afin de marcher contre Hérat.

Sur ces entrefaites Allagar Khan envoïa un meffager à Nader, pour le fuplier de pardonner à Ibrahim Khan fa mauvaife conduite, & le généreux héros lui repondit ainfi, " Le digne Allagar " Khan fait très bien que mon malheureux frere, pour lequel il " intercéde, fût vaincû par la volonté du ciel, & que d'ailleurs " il a donné les plus grandes marques de la honte que lui caufoit " fa défaite ; il fait auffi que le plus févére des châtimens eft ce " lui que s'inflige à foi-même une ame droite & fenfible. Votre " excellence n'eft pas moins affurée que les portes de la victoire " ne s'ouvrent que par les decrets de la Providence, qui feule or " donne des conquêtes ; elle n'ignore pas que ceux qui ont été " expofés à quelque difgrace, & qui ont commis quelque offence

" confidérable,

A.D. 1729.
Nad. 42.

" confidérable, trouvent les reproches plus tranchans que les ci-
" meterres, & les regards dédaigneux plus amers que le poifon,
" & que même dans un tel cas ils penfent que la mort eft pré-
" férable à la vie.   C'eft ainfi que quand le général aux banniéres
" dorées, le foleil, eft forcé, malgré les fabres levés de fes raïons,
" de fuir du champ de bataille du firmament, il palit en s'en-
" fonçant dans l'occident.   Pour toutes ces raifons on ne fauroit
" blamer mon frere fur fa défaite, ni lui dire, Pourquoi as-tu
" été mis en déroute par l'ennemi ? Pourquoi t'es-tu attiré cette
" difgrace ? Néanmoins, comme nous lui avons reïteré nos ordres
" d'éviter une bataille, il devoit réparer fa faute par une conduite
" plus prudente, & fe concilier notre faveur par un déportement
" plus fenfé ; tant d'ignorance & d'obftination méritent où plu-
" tôt extorquent les reproches.   Mais puifque l'interceffion de
" votre excellence a écarté la main du blame de deffus la tête
" de cet infortuné, nous efpérons que ce que nous venons de
" dire fuffira pour le rendre plus circonfpect à l'avenir."

CHAPITRE XVI.

L'armée arrive à Mechehed.   Evénemens de ce tems.

NADER aïant embelli plufieurs ftations par fa préfence, &
voïagé jour & nuit comme le foleil & la lune, arriva à Mé-
chehed avec le courage d'un lion & la force de Beharan, à la fin
du

du mois Rabiuffani, à l'heure où le foleil fortoit des portes de l'ho -
rifon, pour entrer dans la cité azurée du firmament.   Sa Hauteffe
s'arrêta en Cheharbag, lieu en beauté femblable au paradis, & ra-
nima les efprits abbatus des peuples accablés de leur derniere défaite.   Les habitans malheureux de ces lieux charmans gémif-
foient des ravages que les Afgans avoient fait parmi eûx; le fon
de leurs plaintes, & des douloureufes notes qu'ils touchoient fur
le luth de leur fein, atteignoient la voute des cieux.   Nader changea cette trifte mufique en des chants de joïe, & ordonna aux
bruïans canons de tonner la nouvelle de fon arrivée.

Trois jours après, quand l'incomparable conquérant fût remis
de la fatigue d'une marche precipitée, il paffa en revûe les tribus
qu'il avoit envoïées de Fars, d'Irak, & d'Azerbigian en Khoraffan;
& en aïant tiré un grand nombre de jeunes gens forts & refolus,
il ordonna qu'on les exerçât à monter à cheval & dans toutes les
manœuvres de la guerre, en quoi ils reüffirent fi bien, que dans
peu de jours ils fûrent femblables à Ruftem, & aux autres héros
de l'antiquité.   Allagar Khan, qui jufqu'alors avoit demeuré en
Khoraffan honoré & chéri par Nader, demanda la permiffion
d'aller à Merougiak, afin d'y concilier l'affeftion des Afgans, &
les préparer à l'expédition contre Hérat.   Sa requête lui fût accordée, & il partit comblé de magnifiques préfens.

Cependant les Turcmans rebelles, dont il a été parlé dans le
chapitre précédent, différoient d'un jour à l'autre de païer le tribut auquel ils s'étoient foumis; furquoi Nader fe mit en marche
avec quelques uns des fiens le douze de Giumadi'lakhri; mais à
fon arrivée à Khabouchan ces tribus indociles s'étant rangées à
leur devoir, il reprit le chemin de Mechehed, & avec fa clémence
ordinaire leur accorda des établiffemens en Khoraffan, leur enjoignant

joignant de se tenir prêts pour le tems où l'armée devoit se rassem- A. D. 1730.
Nad. 43.
bler.

On a dit ailleurs que Chah Thahmasp avoit fiancé la perle de
la conque roïale, la Sultane Fatima Begun, à l'illustre prince Riza
Kuli Mirza, Nader choisit ce tems de repos pour célebrer ce mariage. A cet effet il ordonna aux princes, gouverneurs, & commandans de se préparer à assister à la fête nuptiale, dans laquelle
devoit briller la plus grande magnificence. Par les soins d'habiles artistes Cheharbag fût rendû en peu de jours semblable au
huitiéme ciel ; & le Vendredi dixiéme de Regeb l'assemblée fût 8 Janvier,
1730.
tenue avec la derniére pompe. Les ornemens & les décorations
enchantoient les yeux, tandis que la douce mélodie des luths &
des harpes ravissoit les cœurs. Les chefs de l'armée fûrent honorés de robes splendides, & tous les officiers de la cour, parés
de manteaux à nuances variées, sembloient être autant de branches
couvertes de boutons colorés. Les rejouïssances durérent pendant
une semaine, & tous ceux qui les partagoient fûrent plongés dans
les plaisirs & les délices. La nuit de Vendredi dix sept les deux 15 Janvier.
heureuses planétes fûrent en conjonction, & la place entiére fût
illuminée par la présence de ces deux étoiles propices.

Après la conclusion de cette solemnité on fit une grande partie
de chasse du côté d'Abiverd & de Kélat, où se déploïérent les
aîles de la gloire de Nader. En ce lieu sa Hautesse manda son
frere Ibrahim Khan, & l'envoïa le vingtiéme de Chaaban contre 17 Janvier.
quelques Turcmans, qui de tems à autre avoient opprimés les habitans de Nissa, de Deroun, & d'Abiverd. Après trois jours de
marche Ibrahim tomba sur ces séditieuses tribus, & les aïant châ-
tiées revint à Mechehed.

PART. I.   U   Hussein

A D. 1730.
Nad. 43.

Huffein le Galgien avoit, comme il a été dit, foufflé l'efprit de revolte parmi les Afgans d'Hérat, ainfi Zou'lfikar lui envoïa demander du fecours dès qu'il apprit le retour de Nader ; ils fe flattoient follement que par la réunion de leurs forces ils s'oppoferoient aux puiffantes armes du vainqueur du monde, comme fi on pouvoit arrêter un torrent avec des foibles rofeaux, & obfcurcir les raïons du foleil en regardant fixement cet aftre. Huffein fe mit d'abord à la tête de troupes nombreufes ; mais quand il fût arrivé à Esfezaz, il s'éleva une contention entre lui & Zou'lfikar fur la reddition de quelques prifonniers. Cetté querelle s'étant échauffée, Huffein abandonna fes conféderés ; il envoïa quelques uns de fes chefs à Nader avec un humble meffage, lui offrant fes fervices, & lui demandant la liberté des parens de Mahmoud. Nader accorda cette requête, & délivra ces captifs, qui étoient au nombre de quatorze. Huffein de fon côté envoïa à l'augufte cour deux princeffes de la famille de Sefevi, que fa Hauteffe fit conduire avec une fuite convenable à Isfahan, afin qu'elles fûffent placées dans le ferail de l'empereur. Huffein ne voïant aucun avantage pour lui à refter dans ces quartiers, reprit le chemin de Kandehar ; mais bientôt païant d'ingratitudes les faveurs qu'il avoit reçuës de Nader, il envoïa deux ou trois mille Galgiens pour affifter les Afgans d'Hérat.

CHAPITRE

CHAPITRE XVII.

Commencement de l'heureuse année de l'Hégire 1143.

LE Mercredi onziéme du mois fortuné de Ramazan, le flambeau du monde, l'aftre pere de la lumiere, déploïa les enfeignes de fa gloire dans la cité du Belier. Les troupes du printems, qui pour éviter l'oppreffion de l'hyver s'étoient retirées fur les bords des bofquets & dans les reduits des berceaux, fe préfentérent en ordre de bataille. La nature, habile artifte, ouvriere experimentée, fe mit à décorer les bordures des bocages & des prés, en élevant de tous côtés des agréables pavillons de tulipes, & des tentes de mille fleurs naiffantes. Les jardins armérent leurs légions charmantes avec les fléches des feuilles du Saule, les poignards des plantes & des arbuftes, & les cimeterres du trefle, & autres herbes verdoïantes. Les fontaines fe revêtirent de la cotte de maille de leurs mouvantes ondes, & les arbres fe firent de leurs boutons de riches diademes. Le jour du nouvel an fit un excurfion dans le palais de Deï, & les efcadrons d'Ardibechet arrêtérent le pillage des troupes de la froide faifon.

La fête roïale fût célébrée par tous les héros raffemblés à la fuperbe cour, parés de robes magnifiques, dont les pans étoient remplis d'or & d'argent ainfi que leurs efpérances. Après que les réjouiffances confacrées à ces jours de plaifirs eûrent ceffé, le dimanche quinziéme de ce mois propice l'armée fe mit en marche avec le pouvoir de Feridoun & de Caicaöus, & dreffa fes tentes dans la ftation de Tork. Les fiers champions qui s'étoient fi long

A. D. 1730.
Nad. 43.
10 Mars.

14 Mars.

U 2

tems

tems abſtenus du ſang de leurs ennemis, bruloient d'en étancher leur ſoif, & aiguiſoient leurs ciméterres recourbés comme la nouvelle lune. Lorſqu'on fût parvenû à Bougecak dans le diſtrict de Giam, Nader y laiſſant ſon bagage rangea ſes troupes en trois corps, qu'il flanqua de ſes lanciers & de ſes mouſquetaires. Il marcha dans cet ordre du côté de Tom, d'où il envoïa un détachement vers Chebeche, Chekiban, & Goriam, qui pilla tous ces païs, & prit tous les chateaux qui ſe trouvérent ſur ſon paſſage.

2 Avril.

Le quatriéme de Chaval l'invincible armée campa dans un lieu nommé Nekré, à trois paraſanges d'Hérat. Après que l'on eût emploïé trois jours à examiner la ſituation de l'ennemi, on s'approcha d'Hérat, d'où Zou'lfikar aïant fait une ſortie, il y eût un engagement qui dura toute la journée. Quand à la nuit les combattans des deux partis ſe fûrent retirés, Seïdal avec quelque cavalerie & infanterie entreprit de ſurprendre les Perſans, & paſſant une riviére qui joignoit leur camp, il attaqua avec ſes armes à feu les gardes qui ſur leurs impatiens courſiers attendoient le retour de la lumiére, & n'avoient nullement prévû cette audace. Dans ce moment Nader venoit de ſe tranſporter dans une tour qui étoit ſur le bord de la même riviére, il y brilloit comme le ſigne du Lion dans le zodiaque. Une troupe d'Afgans traverſant les ondes la torche à la main, ainſi que les étoiles traverſent la Voïe Lactée, vinrent enveloper cette tour. Le courageux lion, qui auroit donné l'épouvante au Lion des cieux, ſe jetta au milieu des ennemis, quoiqu'il n'eût avec lui que huit mouſquetaires, & les éclairs qui ſortoient de ſon ſabre effaçoient toute autre clarté ; il ſoutint avec cette intrépidité héroïque un combat ſi inégal, & donna le tems à l'infanterie d'arriver à ſon ſecours, & de chaſſer pluſieurs Afgans de la ſtation de la vie.

Le

A. D. 1730.
Nad. 43.

Le lendemain on fe prépara des deux côtés à une bataille. Les Perfans s'avancérent vers Takhtfefer, & le bruit de leurs inftrumens guerriers ébranla le firmament. Les cavaliers & les fantaffins de l'armée des Afgans avoient pris leurs poftes fur le fommet & au pied d'une montagne. Bientôt fa Hauteffe commença l'attaque à la tête d'une légion d'élite; & aïant étanché le feu du combat avec le fang de l'ennemi, elle rejoignit le corps de l'armée.

Le matin fuivant l'afpect des cieux étant clair & ferain, les efcarmouches recommencérent, & après que le tonnerre de leurs armes eût rugi pendant quelque tems, que les nuées de leurs flêches fe fûrent éclatées en pluïe de fang, les combattans fe retirérent dans leurs quartiers refpectifs. Au bout de quelques jours Zou'lfikar, trouvant fes forces confidérablement affoiblies, fit jurer aux Afgans, que tant qu'ils auroient un fouffle de vie ils ne cefferoient de combattre. Le lendemain, quand le foleil, flamboïant ciméterre, eût écarté le voile des tenebres, Zou'lfikar, s'affurant fur le ferment qu'il avoit exigé, fortit de la ville à la tête d'un parti nombreux, & s'empara du château de Sakelman, qui étoit tout proche du camp des Perfans. Ses troupes, avantageufement poftées en ce lieu, faifoient des forties chaque jour, & en venoient aux mains avec les notres, jufqu'à ce qu'enfin Nader les aïant fait entourer, les nuées de l'infortune tonnérent fur elles pendant trois heures; & leurs rangs aïant été rompûs, ces paroles du livre facré fûrent verifiées, " Leurs forces reunies feront dif" perfées." Dans le même tems les Perfans du refte de l'armée tombérent fur les Afgans, & les mirent en fuite, après en avoir tué un grand nombre, & pris leur artillerie.

Il y avoit vingt deux jours que les troupes victorieufes étoient en ce lieu; elles avoient pillé tous les territoires adjacens, & compté

dans

dans le butin immenfe qu'elles firent trois cent mille moutons, felon cette fentence du livre divin, " Le Tout-puiffant vous a " promis un riche butin; prenez le, vous aurez ce que vous de- " firez, & nous avons même de plus grandes faveurs à vous faire." En effet, toutes les fois que les Afgans fortoient de la ville, ils étoient percés des dards de léurs vaillans vainqueurs; il ne fe paf- foit aucun jour que les mouvantes lances des héros ne perçaffent le firmament ainfi que les raïons du foleil, & pas une nuit que les lions de la guerre, ainfi que la conftellation de Perfée, ne tinffent des têtes de Medufe dégoutantes de fang.

Cependant Allagar Khan, aïant raffemblé un corps confiderable de fon parti, joignit l'armée invincible. D'un autre côté, Mo- hammed Soltan de Merou, qui avoit été envoïé à Ferah avec trois mille hommes, vainquit & tua Muftafa gouverneur de Giacke, s'empara de fon fort, & envoïa fa tête à l'augufte camp.

Nader s'étant enfin déterminé d'affieger Hérat de quatre côtés, envoïa le vingt fix de Chaval dix mille hommes, fous la conduite d'un habile commandant, pour garder les rétranchemens de Ne- kré; enfuite ce héros, pour éviter la rapide riviére d'Heriroud, paffant par Rendekhan & par Khibouterkan s'avança vers Pelme- lan, & campa dans un lieu nommé Dehnou. Les Afgans voïant la pouffiére qu'élevoit dans les airs l'augufte armée, fortirent de la ville, & fe mirent en ordre de bataille en Chemfabad. Auffi- tôt Nader, qui defiroit d'en venir à un engagement décifif, fe re- vetit du cafque & de la cotte de maille de la merci du Très-haut; & montant fon leger courfier fe hâta d'arriver dans la plaine du combat. Il fit commencer l'action à fon infanterie foutenue de l'artillerie, & peu après fe jettant fur les ennemis à la tête de fes lions affamés, il leur coupa le chemin de la ville, & leur ôta tout

moïen

A.D. 1730.
Nad. 43.

moïen de retraite. Les Afgans, voïans les canons embrafés, placés d'une part contre eûx, fuivant ce verfet de l'Alcoran, " Des " tourbillons de flâmes les détruifirent," & voïant de l'autre l'é- paifle forêt que formoient les lances & les javelines de leurs im- pétueux ennemis, fûrent mis en defordre, & prirent la fuite. Les foldats de Nader obtinrent pour la première fois la permiffion de pourfuivre les fuïards, en tuérent un grand nombre, & forcérent les autres de fe jetter dans la profonde riviére d'Heriroud. Dans cette journée les Afgans perdirent par le tranchant du fabre, ou dans les ondes, trois mille hommes, plufieurs de leurs comman- dans, leurs étendars, & leurs munitions de guerre. Le vainqueur, étant retourné à fon camp, partagea les armes & les chevaux de l'ennemi entre fes foldats, & livra la vie des prifonniers à l'ange de la mort. Comme les troupes de Beïat avoient été détachées des retranchemens de Nekré pour garder l'autre côté de la riviére, les malheureux fugitifs trouvérent un nouveau danger de ce côté, le paffage leur fût fermé, & la plufpart tombérent fous les coups des redoutables ciméterres.

Le jour d'après, quand le foleil, glorieux guerrier, s'avançoit avec fes raïonnantes troupes vers les ponts du grand cercle dans la riviére azurée du firmament, Nader arriva au pont de Melan, & y fit dreffer fes tentes proche du village de Nakekan. Sa Hau- teffe fit batir plufieurs fortes tours autour de fon camp, & ordonna que chaque commandant fît faire une tranchée & élevât une bat- terie dans fon quartier.

Le huitiéme de Zou'lkadé, Dilaver de Taimni, qui avoit été établi gouverneur d'Oubé & de Chafilan, arriva au camp invin- cible avec trois milles hommes de fa tribû; il fût reçû avec les plus grandes marques de bonté, & comblé d'honneurs. 5 Mai.

Lorfqu'on

A. D. 1730.
Nad. 43.

Lorſqu'on faiſoit tous ces préparatifs, ſa Hauteſſe s'étant retirée un après midi dans ſa tente, y quitta ſes armes, & ſe rendit à une maiſon de plaiſance qu'elle avoit fait batir à quelque diſtance de là ; elle s'y délaſſoit des fatigues continuelles où ſon grand cœur l'expoſoit, quand les Afgans aïant tiré un coup de canon ſur le pavillon de ce lieu charmant, le boulet tomba tout auprès de la couche roïale, & roulant quelques pas plus loin s'arrêta : de telles délivrances marquoient bien clairement les ſoins particuliers de la Providence pour la conſervation de notre héros.

Comme le camp de Nekré, où un grande nombre de troupes Perſanes étoient retranchées, ſe trouvoit à l'occident d'Hérat, & que les tentes roïales étoient plantées du côté du midi, Nader envoïa un autre détachement, avec du canon & des munitions de guerre, pour traverſer la riviére Heriroud, & ſe poſter du côté de l'orient vis à vis de la fortereſſe de Kerkhe, afin d'ôter toute iſſue aux Afgans. Le jour que ces troupes ſe mirent en marche, Nader s'avança avec ſes redoutables champions vers la ville, afin d'empêcher que l'ennemi ne leur coupât le chemin, ou ne les inquietât avant qu'elles ſe fûſſent établies dans le quartier deſigné ; mais Seïdal aïant eû l'audace de s'oppoſer à leur paſſage, & d'en venir aux mains, ſa témérité fût punie par une honteuſe défaite, & pluſieurs de ſes ſoldats fûrent faits priſonniers. Quelques jours après, Nader, trouvant que ce camp à l'orient étoit trop éloigné de la ville, reſolût de le changer de ſituation ; à cet effet, la nuit du douziéme de Zou'lheggé il ſe rendit en

8 Juin.

ce lieu avec ſes troupes choiſies ; & le lendemain, lorſque les étoiles ſe fûrent retirées, lorſque le ſoleil déploïoit ſes brillantes enſeignes, ſa Hauteſſe conduiſit le détachement deſtiné à l'attaque de ce côté à Ardukhan, qui n'étoit qu'à une paraſange de la ville. Les Afgans eûrent encore la folie de vouloir troubler les vail-

lantes

lantes troupes dans cette marche ; mais ils fûrent défaits, plufieurs de leurs capitaines tombérent dans les chaines de la captivité ; un grand nombre de leurs chameaux & de leurs troupeaux fûrent pris. Le conquérant ordonna lui-même les retranchemens du pofte d'Ardu Khan, & de là paffa au camp occidental.

Le treiziéme de Zou'lheggé trois milles hommes, qui avoient été envoïés pour piller le diftrict de Balkhé, & pour châtier quelques féditieux Ouzbegs, aïant exécuté leur commiffion, revinrent avec un nombre confidérable de prifonniers & un immenfe butin. Dans le même tems, Mohammed Moumen Beg, qui avoit été envoïé à Abdalla Khan, gouverneur de Balougeftan, pour lui ordonner de marcher contre Kandehar, revint avec la nouvelle de la mort de ce gouverneur, qui périt de la maniere fuivante. Sur l'ordre du héros auffi élevé que les Pleïades, Abdalla Khan s'étoit mis en marche pour Kandehar ; mais aïant eû une querelle avec Khodaïar Khan, gouverneur de Sind, il en étoit venû aux mains avec lui, & pendant l'action il avoit été tué d'un coup de canon. Les fils d'Abdalla, Emir Mohebbet, & Emir Iltaz, envoïérent leur coufin avec Moumen Beg, pour informer Nader de cet accident. Sur cela fa Hauteffe donna le gouvernement de Balougeftan à Emir Mohebbet, & lui envoïa ainfi qu'à fes freres de fplendides robes, & autres marques de bienveuillance.

A. D. 1730·
Nad. 43.

9 Juin.

CHAPITRE XVIII.

Siége de Ferah.

A. D 1730.
Nad. 43.

IL a été dit ailleurs, que Mohammed Sultan de Merou, aïant été envoïé pour piller les environs de Ferah, avoit pris le chateau de Giacche, & en avoit tué le gouverneur. Iman Virdi Beg, gouverneur de Kerman, étant venû joindre Mohammed avec des troupes de fa province & de celle de Seïftan, ils reçurent ordre d'affiéger Ferah. Par le commandement de fa Hauteffe, Ibrahim Khan marcha auffi contre cette ville avec quelques compagnies des frontieres du Khoraffan. Alors Imam Virdi eût ordre d'aller avec un détachement piller Kerchec & Befté dans le diftrict de Kandehar; en confequence, le chateau de Befté fût pris, & la garnifon paffée au fil de l'epée. Un corps d'Afgans, qui avoit été envoïé par Huffein, fous le commandement de Barukhan, gouverneur de Lar, dans le tems de l'ufurpation d'Echeref, devinrent la proïe des foldats au cœur de lions, qui firent un immenfe butin. La marche d'Ibrahim vers Ferah fût contremandée, & il fût envoïé pour châtier une tribu de Turcmans qui refufoient de fuivre Nader dans fon expédition, ainfi qu'il avoit été ftipulé, & qui même avoit commis des defordres dans les environs d'Esfarain. D'autres troupes fous le commandement de deux officiers expérimentés fûrent deftinées à remplacer celles d'Ibrahim, & fe mirent en route pour joindre Iman Virdi, auquel il fût enjoint d'attendre ce renfort avant que de s'approcher de la ville; mais ce commandant, négligeant l'ordre qu'il avoit reçû, alla en avant, & le huitiéme de Zou'lheggé fe retrancha en Dehnou, à une pa-

24 Juin.

rafange

A.D. 1730.
Nad. 43.

rafange de Ferah. Pendant cette marche imprudente, Alimerdan, frere de Zou'lfikar, tomba fur nos troupes ; l'action fût très
vive ; Mohammed Soltan & le commandant des moufquetaires
Kermaniens y perdirent la vie. Les Afgans continuérent à haraf-
fer Imam Virdi dans fon camp pendant deux jours ; mais au troifiéme le fecours commandé par les deux officiers ci-deffus mentionnés étant arrivé, ces infolens ennemis fûrent entiérement défaits. Le gouvernement de Kerman fût ôté à Imam Virdi, pour
avoir par fa défobeïffance caufé la mort de deux excellens commandans, & il fut privé de fon rang militaire, tandis que les victoires des deux officiers qui l'avoient fecourû leur attira des honneurs & des récompenfes.

Cependant Nader, aïant mis fous le commandement d'Ifmaïl
Khan une tribu d'Oimakis qui lui avoit offert fes fervices, & une
compagnie de Perfans, lui ordonna d'aller mettre le fiége devant Esferaz, & peu de jours après fit partir pour le renforcer
Serdar Soltan avec un parti confidérable. Ces troupes entrérent
pendant la nuit dans le chateau de Kheiberan ; mais aux premiers feux du brillant matin elles fortirent de leur embufcade, &
fe jettant fur les Afgans dès qu'ils parûrent dans la plaine du
combat, en firent plufieurs prifonniers, & leur prirent quantité de
beftiaux.

Le dimanche vingt feptiéme de Moharrem les Afgans d'Hérat
jurérent de nouveau folemnellement à Zou'lfikar de ne jamais fe
rendre, & aïant renforcé les batteries qui défendoient l'accès de
la place, ils s'avancérent pour recommencer leurs efcarmouches
avec notre avant garde. Nader, qui d'une éminence où il s'étoit
pofté obfervoit tous leurs mouvemens, les aïant vû fortir de la
ville, fe hâta d'aller à leur rencontre avec un corps de cavalerie,

X 2

&

A. D. 1730.
Nad. 43.

& envoïa ordre aux troupes du côté oriental de tomber en même tems sur eûx. Cette manœuvre mit la confusion dans les rangs des ennemis, & une déroute totale s'enfuivit ; plufieurs d'entre eûx fûrent faits prifonniers, tandis qu'un grand nombre de leurs compagnons, fe précipitant dans la riviére, y effaçoient leurs noms du livre de vie. Zou'lfikar, tombant de fon cheval, fût pendant quelques momens prêt à être fubmergé par la rapidité des vagues ; mais fon extrême agilité l'aïant fauvé, il en fût quitte pour la perte de fon courfier & de fes armes. Peu après un autre parti d'Afgans, s'étant avancé vers Kerkhe pour s'approvifioner de fel dont Hérat manquoit, fût détruit par le fabre des Perfans.

Le fiége avoit duré quatre mois, quand Seïdal, qui avoit perdû la plufpart de fes Galgiens, commença de fe rebuter, et quitta la ville dans les premiers jours de Sefer. Alors les Afgans, confidérant le déclin de leur fortune, envoïérent quelques uns de leurs chefs au camp augufte, pour fuplier Allagar Khan d'interceder pour eûx auprès de fa Hauteffe, offrant de fe foumettre, & de païer tribut. Quoique le haut-volant griffon des intentions de Nader ne fe fût repofé que fur la montagne du defir de prendre la ville, le héros généreux ne voulut pas refufer l'humble propofition des affiegés. Quand ces meffagers fûrent retournés à Hérat, un détachement deftiné contre Ferah partit du camp victorieux ; fur cela les Afgans, s'imaginant qu'on alloit à la rencontre d'un fecours qui leur venoit d'Huffein, fe dedirent de leurs offres d'obéïffance, faifant dire à Nader, qu'ils vouloient retarder la reddition de la place jufqu'à ce qu'ils fûffent à quoi s'en tenir fur le renfort qu'ils attendoient. Sa Hauteffe fût fi irritée d'un tel procedé, qu'elle réfolut de ne plus décider du fort de ces perfides qu'à la pointe de l'épée.

Cependant,

Cépendant, le lendemain, quand le foleil envahiffoit la voute
ethérée, de nouveaux députés fortirent des cinq portes d'Hérat,
& s'avançant en pofture de fuplians, renouvellérent leurs affu-
rances de foumiffion, & demandérent à fa Hauteffe Allagar Khan
pour leur gouverneur. Le clément vainqueur fe laiffa encore flé-
chir, & envoïa Allagar Khan avec de grands honneurs à Hérat.
Trois jours après, ce gouverneur, accompagné de trois cent des
chefs, vint offrir à Nader quantité de riches préfens ; l'illuftre
guerrier les reçut avec bonté ; il ordonna que Zou'lfikar & Ahmed
Khan fon frere fe retiraffent à Ferah, & aïant montré en tout fa
modération & fon équité, il congédia Allagar & fa fuite, qui reprirent le chemin de la ville avec toute forte de fujet de fatisfaction.

Le jour fuivant la garnifon du chateau de Bapikhan envoïa dire
aux Afgans d'Hérat, qu'une armée de quarante mille hommes
étoient en marche pour fecourir les Abdalis de Ferah, les exhortant en même tems de rompre la convention qu'ils avoient faite.
Sur ce faux rapport l'infolence des Afgans fût ranimée, ils envoïérent pour réponfe à la garnifon ces paroles du poëte,

* " La fortune qu'au ciel demandoient tous nos vœux,
" Nous cherche, entre chez nous, & vient nous rendre heureux.

Ils ajoutérent, qu'après que les Galgiens & les Abdalis auroient
affoibli l'armée Perfane, ils ouvriroient à leur tour la porte de
l'oppofition.

Nader, aïant eû intelligence de cet efpoir & de ce deffein,
ordonna à fes troupes d'arrofer avec le fang de l'ennemi les arbres
fi long tems fecs de leurs lances. Allagar, allarmé de cette réfolution,

tion, vint au camp avec la face de la foumiffion ; mais comme les promeffes des Afgans étoient auffi inconftantes que les nuages de l'été & que le foleil de l'hyver, Nader le renvoïa, & retint dans fon camp Abdelgani & plufieurs autres des chefs. Le fecond de Rabiu'lavel un meffager vint de la part des officiers qui avoient été envoïés à Ezferaz pour donner avis, qu'auffi-tôt que Zou'lfikar étoit arrivé en ce lieu, il s'étoit abouché avec Seidal, & avoit déterminé avec lui de tranfporter les Afgans de cette place à Ferah. Nader, voïant alors clairement les mauvaifes intentions des Afgans, envoïa Youfef avec plufieurs de fes propres officiers, pour menacer Allagar, & lui annoncer les effets de fa rédoutable colere. Les officiers firent rapport que les Afgans avoient pris la réfolution avec Allagar de tenir bon dans le chateau ; fur cela Nader fit mettre en prifon Abdelgani & les autres chefs Afgans qu'il avoit entre les mains ; mais quant à Youfef, comme il étoit revenû volontairement, il lui donna la liberté de fe retirer à Hérat.

CHAPITRE XIX.

Allagar Khan fe revolte ouvertement.

ALLAGAR, fe croïant en fureté dans les remparts d'Hérat, fe ferma tout efpoir de retour à l'amitié de Nader ; il fe mit à reparer les tours, & à fortifier les défilés, & le treizi-

7

éme

éme de Rabielevel il fit fortir de la ville deux partis, un pour attaquer le chateau blanc, & l'autre fous le commandement de
Moufzi Danki pour piller Badghis. Nader fe mit à la pourfuite
de fes troupes avec fes lions de guerre ; alors le refte des Afgans,
quittant leurs murailles, vinrent joindre leurs compagnons dans
la plaine du combat, qui dura une heure, & éclaira l'obfcure nuit
par les étoiles enflâmées des boulets. Nader paffa cette nuit fur
le champ de bataille, & le jour fuivant il fût attaqué par Allagar,
qui ne remporta de fon ingratitude & de fa témérité qu'une honteufe défaite ; fa Hauteffe foutint l'engagement jufqu'à ce qu'elle
apprit que le parti qu'il avoit d'abord pourfuivi avoit été atteint
& détruit par les flamboïans fabres d'un détachement qu'il avoit
envoïé fur leurs pas, & alors il retourna à fon camp. Allagar livra
une feconde bataille près de Keberzan, & fût encore vaincû, avec
perte de plufieurs des fiens, que les boulets atteignant les conftellations étendirent fur la pouffiére.

C'étoit ainfi que les Afgans fe foutenoient, n'aïant d'autre nour-
riture que des boulets de canons et des coups de lance, alimens
dont les Perfans ne leur étoient point avares. Il ne fe paffoit
aucun jour qu'un nombre confidérable d'entre eûx ne fûffent
tués, & leurs biens faifis. Comme la famille d'Allagar étoit encore
dans Merougiak, fa Hauteffe envoïa un corps de troupes affiéger
ce fort, qui fût pris, & tous les habitans faits prifonniers.

CHAPITRE

A. D. 1730.
Nad. 43.

5 Septem-
bre.

CHAPITRE XX.

Bataille de Kebouterkhan ; victoire remportée par l'assistance du Créateur des hommes & des génies.

A. D. 1730.
Nad. 43.
5 Octobre.

LE vingt & uniéme de Rabiussani un parti d'Afgans, avec leur audace accoutumée, firent une excursion du côté de Kebouterkhan ; heureusement il arriva qu'une troupe des faucons de Nader, chassoient leur proïe dans ce quartier, ils tombérent sur l'ennemi comme une pierre sur la mousse, & en détruisirent un grand nombre, forçant les autres à se retirer dans une forteresse proche de Keberzan, qu'aussi-tôt ils entourérent. Dès que le monarque couronné d'or, le soleil, monta le léger coursier des cieux, Nader se rendit devant la place que ses troupes tenoient bloquée, tandis qu'Allagar envoïoit du secours aux assiegés. Ce renfort d'Afgans s'étant jetté avec furie sur nos troupes, Nader ordonna aux soldats qui envelopoient le fort de s'ouvrir, pour laisser passer l'ennemi : C'est ainsi que la verge de Moïse divisa la mer, & chaque division fût semblable à une haute montagne. Quand les Afgans eûrent commencé à défiler, Nader les entoura de tous côtés ; alors ils se précipitérent vers la forteresse comme un torrent tombant du sommet d'un rocher ; mais les Persans se jettant sur eûx selon ce verset de l'Alcoran, " Les vagues les submergérent, " & ils fûrent noïés," ils en détruisirent plusieurs, qui fûrent engloutis dans l'abîme de la mort, & ils mirent dans les chaines de la captivité ceux qui échapérent à l'épée tranchante.

Après

A.D. 1730.
Nad. 43.

Après cette victoire sa Hautesse donna une grande fête aux principaux officiers de son armée. Abdelgani, & les autres chefs Afgans qui étoient prisonniers, aïant été admis à cette assemblée, brillante comme la lune, on éleva sur des lances, autour de la salle des festins, trois cent têtes des rebelles qui avoient été tués dans le combat; à cette vûe ces chefs baissèrent les yeux de honte, & n'osérent jamais les lever, nonobstant la bonté avec laquelle ils fûrent traités par le généreux conquérant.

CHAPITRE XXI.

Les Afgans prennent le chateau d'Oubé.

APRÈS cette victoire, & vers le soir du même jour, on apprit la facheuse nouvelle que les Afgans avoient pris le fort d'Oubé, & mis à mort Ismaïl Khan Estagelou, ainsi que Mirza Ibrahim gouverneur de Goriam, avec toute leur suite. L'affaire s'étoit passée de la maniére suivante: Ismaïl Khan, aïant eû avis que les Persans d'Oubé s'étoient joints aux rebelles Afgans, accourût dans cette place pour châtier une telle insolence; aussi-tôt le gouverneur d'Oubé aïant fait savoir son arrivée à ses nouveaux confédérés, deux mille hommes fûrent envoïés d'Hérat sous le commandement de trois officiers. Ces troupes se mirent en embuscade pendant la nuit dans le dehors du chateau, & quand le

PART I.   Y   soleil

A.D. 1730.
Nad. 43.

foleil ouvrit les portes de l'horifon, la garnifon ouvrit les fiennes aux Afgans, qui s'élançant dans la place y commirent les outrages ci-deffus mentionnés, triomphant de fe voir en poffeffion d'un lieu pourvû des plus abondantes provifions. Auffi-tôt Nader envoïa un détachement pour reprendre Oubé, & dans l'attaque deux des commandans ennemis fûrent tués.

Sur ces entrefaites on apprit que le Derviche Ali Khan avoit été fait prifonnier. Cet homme s'étoit affocié aux Afgans de Kandehar, & avoit refufé de fe foumettre à fa Hauteffe ; fur quoi Dilaver aïant été envoïé contre lui avec des troupes du Khoraffan, s'étoit emparé de fa forthereffe. Ce malheureux arriva à l'augufte cour chargé de chaines, & l'épée du châtiment délivra fes épaules du honteux fardeau de fa tête.

CHAPITRE XXII.

Reddition d'Hérat, & reduction des Afgans.

12 Decembre.

AU commencement du mois Regeb Allagar Khan envoïa le chef des prêtres Afgans au camp de fa Hauteffe, déclarant, que fi elle vouloit retirer fes troupes d'Oubé, & délivrer les prifonniers de fa famille, il viendroit avec une foumiffion fincere fe rendre à la cour puiffante comme les cieux. Nader accepta cette

proposition,

proposition, & accorda les deux chofes qui lui étoient demandées ; mais le perfide Afgan, aprés avoir mis à mort fa propre femme, pour l'empêcher de retomber entre les mains des Perfans, manqua honteufement à fa promeffe, & éleva plus haut qu'auparavant l'étendart de l'oppofition. Nader, irrité jufqu'au dernier point de cette perfidie, ordonna à fes foldats de tuer fans merci tous les Afgans qu'ils rencontreroient, & par cet ordre il en périt un grand nombre entre Takhtfefer & Carezgah. Dans le nombre des prifonniers fe trouva Hemzé Soltan, qui pour racheter fa vie offrit à Nader de lui ouvrir une des portes d'Hérat dont il avoit la garde ; mais cette trahifon n'eût pas lieu, car Aman, un des Afgans devoûé à Nader, aïant été envoïé à la ville au fujet de ce complot, fût tué dans une fortie qu'Allagar fit fur lui.

Cependant fa Hauteffe ordonna que de nouvelles tours fûffent bâties autour de la ville, & faifoit chaque jour ferrer le blocus de plus près, non fans plufieurs affauts de l'artillerie. Enfin les Afgans, ne voïant de reffource pour eûx que dans la foumiffion, fe rendirent au commencement de Ramazan. Il y eût une ceffation d'armes, & les cris de victoire firent retentirent la voute des cieux. Un corps de troupes fût envoïé pour faire évacuer la ville, & en occuper les portes, & tous les habitans en fortirent : Allagar, aïant été traité avec bonté, fût envoïé avec les fiens à Moltan ; & les autres Afgans fûrent tranfplantés en Khoraffan. Pir Mohammed fût fait gouverneur d'Hérat, & honoré du titre de Khan ; & le feptiéme de Ramazan il entra dans cette ville avec des forces fuffifantes pour la conferver.

A.D. 1731.
Nad. 44.

9 Fevrier
1731.

Y 2　　CHAPITRE

CHAPITRE XXIII.

Prife de Ferah à l'aide du Très-haut.

A. D. 1731.
Nad. 44.
Juillet.

IL a été dit que Zoheireddoulé Ibrahim Khan avoit été envoïé pour châtier une tribu rebelle ; après l'avoir foumife, à la fin de Moharrem il étoit revenû au camp qui défend le monde, d'où il fût détaché contre Ferah, ainfi qu'Ibrahim Khan, qui y conduifit les troupes d'Abiverd dès que les affaires du Khoraffan eûrent été réglées. Cette armée augufte fignala fon arrivée devant Ferah par la défaite d'un parti d'Afgans, dont le chef fût tué pendant l'action. Enfuite par l'ordre fuprême Ibrahim Khan fit tranfporter fes batteries dans un lieu nommé Kamar, où il emploïa fes foldats à batir des tours, & à former un blocus. Sur cela les Afgans fe déterminérent à livrer bataille, & fortirent de la ville. Les deux armées fe joignirent, & les braves champions du Khoraffan, par l'affiftance du Très-haut, demeurérent fermes dans le champ du combat. La pouffiére que les pieds des chevaux élevoient dans les airs, vérifia cette fentence, " La lune fera éclipfée." En effet Kamar, qui porte le nom de cet aftre, fût rempli de ces tourbillons épais, & le bruit des combattans donna une idée du jour du jugement. En une heure de tems mille & quatre cent têtes roulérent dans la plaine, & étoient jettées & renvoïées comme des boules par le mail des lances.

Nader, aïant appris que les habitans de Ferah attendoient un fecours d'Huffein le Galgien, ordonna à Thahmafp Beg Gelaïr

de

de s'avancer vers Ferah à la tête d'une troupe, afin d'y joindre A. D. 1731. Nad. 44.
Zoheireddoulé fi les Galgiens arrivoient ; ou pour marcher contre
les Balougiens qui s'étoient unis aux rebelles ; mais bientôt après
fa Hautefſe, aïant reçû des préſens & des aſſurances de ſoumiſſion
de la part d'Huſſein, elle rappella Thahmaſp. Quand on fût à
Ferah ces nouvelles, & qu'on y apprit en même tems qu'il n'y
avoit plus rien à attendre des Afgans d'Hérat, puiſqu'ils étoient
tombés eûx-mêmes dans le précipice de la deſtruction, on s'y
livra d'abord au découragement ; enſuite ſe flattant encore de faire
changer l'eſprit inconſtant d'Huſſein, ils envoïérent de nouveau vers
lui le preſſant de les ſecourir. Leur eſpoir ne fût point deçû ; Huſſein
fit partir Seïdal avec deux mille hommes, mais ce renfort ne fût
pas ſuffiſant pour raſſurer les habitans de Ferah, auquel Allagar
venoit de raconter la reddition d'Hérat ; la terreur s'étoit emparée
d'eûx, & pendant la nuit laiſſant Seïdal & ſes Afgans dans la ville,
ils ſe retirérent à Kandehar. Les troupes de Zoheireddoulé pourſuivirent les fuïards, en firent pluſieurs priſonniers ; & aucun
d'eûx ne leur auroit échapé, fi, trop avides de butin, elles n'a-
voient perdû un tems precieux. Enfin Ibrahim prit Ferah ; &
aprés avoir diſtribué à ſes ſoldats les dépouilles des vaincus, il revint à l'auguſte camp. Nader partit d'Hérat le dix neuviéme de   7 Mars.
Ramazan, pour viſiter ſa nouvelle conquête ; & les cornes des pieds
de ſon courſier rapide comme la tempête, donnérent au pavé de
Ferah l'odeur de l'ambre gris, & la couleur des rubis Balais. Le
héros raïonnant de gloire, après avoir diſperſé les tenebres qui
avoient fi longtems couvert cette place, & y avoir brillé comme la
lune nouvelle, retourna à ſon camp.

Sur ces entrefaites ſa Hautefſe apprit que l'empereur avoit été
défait par les Turcs, & voici comment la choſe étoit arrivée.
Lorſque Nader eût abandonné le deſſein d'attaquer Erivan, pour
                                                      marcher

marcher au fecours du Khoraffan, les miniftres de Chah Thahmafp, fe crurent affés habiles pour apprivoifer l'oifeau des forces
des Turcs, & pour obtenir tout ce qu'ils defiroient; mais notre
prudent héros, qui connoiffoit leur incapacité, qui favoit que,
bien loin d'acquerir de nouvelles provinces à leur maître, ils pourroient à peine lui conferver celles qu'il poffedoit, les exhorta à différer
l'exécution de ce deffein, pour ne point expofer la gloire de l'empire. Ces hommes vains & obftinés méprilérent un fi bon confeil, & perfuadérent à l'empereur de prendre le tems où fa Hauteffe étoit occupée au fiége d'Hérat, pour tacher de recouvrer le
refte de l'Azerbigian. Chah Thahmafp fe mit donc à la tête
d'une nombreufe armée, & marcha vers Hamadan, d'où il envoïa Veli Khan avec une lettre parfumée d'ambre gris à Sultan
Mahmoud, pour le féliciter de fon exaltation au trône. Il fe
rendit enfuite à Tauris, dont il ôta le gouvernement au fidele
Beiftun Khan l'Afchar, pour le donner à Mohammed Kuli Khan
Saadlou; enfuite, après avoir fait la revûe de fon armée, qui fe
trouva forte de quatre vingt mille hommes, il tourna fes banniéres du côté d'Erivan. Ali Pacha Hakim Ogli & Timur Pacha commandant de ces diftricts étoient alors dans Erivan, où au
bruit de la marche des Perfans, les Turcs de Peuge Khan fe retirérent. Ali Pacha s'étant avancé pour couper le chemin aux troupes
de l'empereur, celles-ci fe répandirent comme un torrent fur l'ennemi, qui ne pouvant foutenir la violence des vagues du courage
Perfan, fe retirérent dans la ville après un court engagement, &
abandonnérent leur artillerie aux vainqueurs.

Chah Thahmafp continua fa marche, & alla camper dans un
lieu nommé Kunariker. Quelques jours après les Perfans pouf-
férent les courfiers de leur préfomption & de leur orgüeil jufques
fous les murailles de la ville; mais quand les Turcs du haut de

3

leurs

leurs remparts commencérent à faire feu fur eûx, ils fe retirérent
avec précipitation dans leur camp. L'armée aïant demeuré quatre vingt jours devant Erivan, les provifions commencérent à man-
quer, ce qui obligea l'empereur à faire paffer l'Aras à fes troupes,
& à reprendre la route de Tauris ; mais il ne féjourna pas long-
tems dans cette ville, car aïant appris qu'Ali Pacha avoit quitté
Erivan, & Ahmed Pacha Bagdad, dans le deffein de reprendre
l'Irak & l'Azerbigian, il fit avancer fes étendarts vers Zengian &
Sultania. En ce lieu les troupes impériales aïant été jointes par
celles de Mohammed Ali Khan, gouverneur de Fars, tournérent
du côté d'Hamadan, & drefférent leurs tentes en Kerdekhan.
Ahmed Pacha, aïant dans fa marche appris la retraite de l'empereur de devant Erivan, vint fe pofter à deux ftations de l'armée
Perfane, & envoïa offrir la paix aux miniftres de la cour ; ceux-ci,
totalement dépourvus de jugement, confentirent à cette propofition, & envoïérent un des principaux d'entre eûx pour traiter avec
Ahmed. Cependant, le jour d'après l'armée Turque s'étant approchée, les Perfans, quoique faifis de frayeur, fûrent obligés de
fe préparer au combat. Dans ce moment un meffager d'Ahmed
arrivoit avec des paroles de paix ; mais il étoit à peine entré dans
le camp, que les notres, tirant un coup de canon, firent parvenir
la voix de la bataille aux oreilles des Turcs.

☞ L'empereur donna le commandement de l'aîle droite à quelques
Emirs, fe referva celui de l'aîle gauche, & confia le corps d'armée à Mohammed Khan Balouge. Celui-ci, fur qui rouloit la
conduite de la bataille, commença l'attaque avec un détachement,
mais après quelques coups il recula. Peu après l'aîle gauche
perdit du terrain ; alors les Turcs, tombant fur le corps d'armée,
le mirent en déroute, & tuérent quatre ou cinq mille cavaliers
& fantaffins ; ceux qui échapérent à l'épée fûrent chargés de
chaines.

chaines. L'artillerie & le camp impérial devinrent la proïe de l'ennemi. Le peu de Perfans qui fe fauvérent par une prompte fuite fe retirérent dans leurs habitations, & l'empereur retourna à Isfahan avec un très petit nombre des feigneurs de fa cour & de fes gardes. Ahmed Pacha reprit Kermanchah & Hamadan, & tous les diftricts de ces cantons jufqu'à Abher. Ali Pacha, de fon côté, affiégea Demdem, l'ancienne demeure des Afchars; mais y aïant échoué, il prit Merghé & Tauris. Mohammed Khan s'étant enfui à Kom, y commença une revolte, qui pourtant fût bientôt appaifée, s'étant reconcilié avec l'empereur par la médiation de Mohammed Ali Khan.

Au nombre des événemens qui concernent la famille roïale, on doit raconter ici le fuivant. Chah Thahmafp avoit un frere nommé Ifmaïl Mirza. Quand Mahmoud ordonna le maffacre des princes du fang de Sefevi, Elmas, un de ceux à la garde defquels ils étoient commis, aïant conçû une amitié particuliére pour Ifmaïl, réfolut de lui fauver la vie. A cet effet, après avoir bleffé ce prince très légérement, il le mit dans un fac, & l'aïant emporté avec les corps des autres innocentes victimes du tiran, il lui donna la liberté. Ifmaïl Mirza erra long-tems de ville en ville, & fe rendit enfin à Couhkelouïé. Un impofteur, qui fe difoit auffi fils d'Huffein, & qui fe faifoit nommé Sefi Mirza, étoit alors maître de cette place; il fe fit amener Ifmaïl, & lui aïant fait couper les oreilles il le renvoïa honteufement. Ce prince infortuné, aïant trainé dans le defert fa vie & fes malheurs pendant l'ufurpation des Galgiens, tourna fes pas vers Isfahan après leur défaite, il arriva dans cette ville lorfque Chah Thahmafp revenoit de fon expedition d'Erivan, & que l'augufte armée faifoit le fiége d'Hérat, & il fixa fa demeure à Abbafabad. Les miniftres de la cour allérent trouver ce prince; & lui aïant fait prouver fa naiffance, réfolûrent de

dépofer

dépofer Chah Thahmafp, & de faire monter Ifmaïl fur le trône.
Ce complot aïant été révelé par un des confpirateurs le jour
même qu'il devoit s'executer, l'empereur envoïa une compagnie
de fes gardes à Abbafabad, lefquels aïant trouvé Ifmaïl Mirza dans
le bain, fe faifirent de lui, & l'amenérent devant la roïale préfence.   Ifmaïl répondit aux interrogations qu'on lui fit, en pro-
teftant de fon innocence, et en affurant qu'il avoit entiérement
ignoré le deffein qu'on avoit eû ; mais Chah Thahmafp, s'armant
contre fon propre fang d'une barbare cruauté, fit trancher la tête
à un frére digne d'un meilleur fort, & repût même fes yeux de
cet horrible fpectacle.

CHAPITRE XXIV.

L'empereur fait un traité de paix avec les Turcs, qui eft rompû par
Nader.

RIZA Kuli Khan avoit été envoïé en Turquie par Nader
pour demander la reftitution de l'Azerbigian, & Veli Kuli
Khan avoit été dépeché par l'empereur à la même cour pour complimenter le Sultan Mahmoud fur fon avénement à la couronne ;
mais quand les miniftres de la Porte apprirent la marche des Perfans vers Erivan, ils firent mettre ces deux ambaffadeurs en prifon.

Après l'affaire d'Hamadan, les Turcs craignirent que Nader, aïant mis en sureté le Khoraffan, ne vint laver dans leur fang la honte de la défaite des Perfans, ils fongérent donc à faire une prompte paix, & donnérent pouvoir à Ahmed Pacha de la négocier. Celui-ci envoïa Ragheb Effendi à l'empereur, qui d'abord conclut cette paix fous condition que les territoires recouvrés par Nader appartiendroient à la Perfe, & que les Turcs demeureroient en poffeffion de tous ceux qui étoient fitués de l'autre côté de l'Aras; cédant en outre neufs diftricts de Kermanchah à Ahmed. Après qu'on fût convenû de ces articles, Chah Thahmafp envoïa une copie du traité à fa Hauteffe. Le magnanime héros, indigné d'une paix fi infenfée & furtout fi honteufe, après une défaite que fon grand courage fentoit qu'il pouvoit réparer, ordonna à Mohammed Aga, que Sultan Ahmed lui avoit envoïé avant fa dépofition, de s'en retourner fur le champ à Conftantinople avec ce meffage pour l'empereur, " Rendez tous les territoires de l'Azer-
" bigian, ou préparez vous à la guerre." En même tems il dépêcha un courrier à Ahmed Pacha, & lui manda d'attendre inceffamment fa vifite. Enfin Nader, après avoir envoïé un Afchar de confiance à Isfahan, chargé de faire les plus amers reproches de fa part aux miniftres, publia dans tout l'empire le manifefte fuivant : " Sachez vous tous gouverneurs & peuples de l'Iran, vous
" tous chefs du facré empire qui êtes refignés à la volonté de
" Dieu, & qui acquiefcez à fes décrets eternels, que c'eft la fa-
" veur du Supreme Ordònnateur de toutes chofes qui a rendû notre
" épée capable de percer le firmament, & femblable à la nou-
" velle lune pour prendre des villes & des provinces entiéres; qui
" a fait que nos troupes fortunées ont toûjours été fuivies de la
" victoire, qui a foutenû nos armées par des légions invincibles
" d'anges, et renforcé notre bras par la profpérité. Nous fûmes
" affiftés par cette faveur divine en ces tems heureux où les Af-

6

" gans

" gans prirent la fûite à la lueur des cimeterres de nos héros,
" comme un foible troupeau fuit devant une lionne en fureur, &
" que croïant fe faire un fur azile de leurs remparts, ils fe reti-
" rérent dans la plus forte de leurs villes. Mais en ce lieu même la
" crainte s'empara de leurs cœurs, l'affiette de leurs affaires fût é-
" branlée par une violente fecouffe ; les pilliers de leur patience & de
" leur conftance tremblérent, l'excès de la faim, les bleffures de
" nos fabres & de nos lances les forcérent à fe foumettre, & à
" demander merci pour leurs vies. Pour obeïr à ce divin com-
" mandement, " *Si un infidele defire ton amitié et ton voifinage,*
" *accorde le leur,*" & connoiffant tout le prix de la clémence après
" la victoire, nous tranfplantames les habitans d'Hérat au nombre
" de foixante mille en Khoraffan, & eûx qui n'avoient jamais
" connû que les fentiers de la calamité & l'abîme de la deftruc-
" tion, eûrent à benir leur fort en fe trouvant difperfés comme
" des fauterelles dans des rians & fertiles diftricts. Gloire foit
" rendue à Dieu, qui avec la clef de fon pouvoir fans bornes ou-
" vrit les portes de la ville d'Hérat, & fubjugua pour nous ces
" rebelles, ainfi que les Afgans de Galgé & de Kandehar qui les
" avoient joints, & qui enfin les obligea de porter le collier de
" l'obeïffance. Quand cette importante expédition a été termi-
" née, & que notre province a été entiérement affranchie des
" attentats de la revolte, nous avons reçû une lettre de l'illuftre
" miniftre de l'empereur Mohammed Riza Khan Abdallou, nous
" déclarant qu'il avoit fait un traité de paix avec la cour Otto-
" mane, fous condition que les territoires en delà de l'Aras de-
" meureroient aux Turcs, & feulement ceux d'en deça aux Per-
" fans. Cette paix aux yeux de la fageffe apparût comme une
" image fur l'eau, ou comme le faux brillant d'une vapeur de
" l'air, furtout n'y aïant aucun article concernant la liberté des
" captifs Perfans, cette importante matiére n'étant pas même

Z 2

" mentionnée

" mentionnée dans le traité. Mais nous, qui par la faveur du
" Tout-puiffant fommes élevés à un fi haut dégré de pouvoir, nous
" reffouvenant de ce precepte, *Vous êtes tous des bergers, àïez*
" *l'œil fur votre troupeau,* voulons écarter les complots des me-
" chans de deffus la tête des fideles, & extirper de l'empire les
" femences de la corruption ; bien loin de mettre le cadenat de
" la negligence à nos cœurs, & de favorifer les fouhaits de nos
" ennemis. Ainfi fupportés par le ciel nous avons en ce jour ob-
" fcurci le jour de nos adverfaires, raffermi la main de la pro-
" fperité, & obtenû une glorieufe victoire en foutenant ceux qui
" font foibles, & même qui nous fouhaitent du mal ; car plufieurs
" de ceux qui nous haïffent verifient ces paroles, *Quand la crainte*
" *s'empare de leurs cœurs, ils fe jettent fous ta protection avec*
" *autant d'allarme que fi la mort s'étoit dejà faifie d'eux ; mais lorf-*
" *que leur terreur eft diffipée, il te bleffent avec des lances acerées.*"
" Une telle conduite eft indigne d'une ame noble & généreufe,
" où plutôt eft le comble de la baffeffe. Comme les articles ci-
" deffus mentionnés au fujet des limites font contre le bon plaifir
" du Très-haut, & contraire au bien de cet empire, nous n'avons
" pas crû devoir y acquiefcer. En outre, comme les anges
" mêmes qui entourent la tombe des grands califes, commandeurs
" des fideles, comme furtout le victorieux Ali Ebn Abi Talib
" (fur qui foit la paix du Seigneur !) défirent devant le trône de
" Dieu la délivrance des prifonniers Mufulmans, nous avons pris
" la refolution fuivante : Auffi-tôt après l'heureufe fête du Neu-
" rouz, & s'il plait à l'Etre fuprême, nous quitterons Meche-
" hed, cette ville qui fût confacrée par la préfence d'Ali Ebn
" Mouffi, & accompagné de la protection de la Providence, ainfi
" que d'invifibles armées à laquelle elle nous donnera en garde,
" nous conduirons fans délai nos vaillantes légions & nos lions de
" combat. Quiconque s'oppofera à nos intentions fera cenfé,

" privé

" privé du manteau de la nobleſſe, & de tout honneur & felicité ; A. D. 1731.
" il ſera un objet de la malediction des cieux, étranger à la vraie Nad. 44.
" foi, & confondû dans la foule des rebelles."

CHAPITRE XXV.

Commencement de l'année de l'Hégire 1144.

LÉ jour fortuné de Neurouz tomba cette année ſur le vingt A.D. 1731.
deux du ſacré mois de Ramazan.   Alors les légéres troupes Nad. 44.
des Zéphirs prirent poſſeſſion du chateau feuillé des boutons de   10 Mars.
roſes, ouvrirent leurs portes cloſes, & reduiſirent la fortereſſe des
tulipes & des autres fleurs ſous la domination du ſultan printems.
Le roſſignol volant de branches en branches fit entendre ſes tendres
notes, & les armées de Deï & de Bahman fûrent chaſſées des
villes des bocages.   La nature dreſſa les tentes du puiſſant empereur Ferourdin, & éleva les pavillons aux couleurs variées des
arbuſtes fleuris ſur les bords des plaines, & dans les riantes allées.
Le tiran Deï, qui avoit ravagé les jardins, fût banni.   Les pieces
d'or des roſes & les pieces d'argent des lis fûrent frappées dans
l'attelier des jardins au nom du monarque printems.   Les colombes & les linottes, orateurs éloquens, perchés ſur les branches
commes ſur autant de tribunes, faiſoient des vœux pour la proſperité de leur ſouverain, & les exprimoient par leurs accens mélodieux.

L a

A. D. 1731.
Nad. 44.

La fête de cette aimable faifon fût célébrée avec magnificence. On tira des magazins de la liberalité neuf mille robes & manteaux fpendides, qu'on diftribua aux chefs de l'armée & aux officiers de la cour, & enfuite on fit les derniéres preparations pour l'expédition d'Irak. Les glorieufes tentes quittérent le pont de Melan, & fûrent élevées, comme le foleil & la lune, dans les plaines de Keberzan ; rendant par leurs pavillons nuancés les bords du defert femblables à une corbeille remplie de bouquets. Ce même jour Ibrahim Khan joignit l'armée avec les troupes victorieufes qu'il ramenoit de Ferah ; fa Hauteffe honora ces héros de manteaux brillans comme les raïons du foleil. Le gouvernement de Ferah & de Kaïn fût donné à Ifmaïl Khan, & celui d'Ezferaz à Ifmaïl Soltan Leczié, fils de Beïgan Soltan, qui réfidoit à Zemindaour. Thahmafp Beg fût nommé gouverneur de plufieurs diftricts, avec le titre de Khan ; on lui donna un parti d'Afgans, avec ordre de lever trois mille hommes dans les tribus de fon gouvernement, & de bâtir un fort près du defert de Kaptchak, afin d'empecher les courfes des Turcmans.

Quand toutes ces affaires fûrent réglées, l'armée fe mit en marche pour le Khoraffan, & campa en Giam, où Lutfali Beg, qui avoit été envoïé contre les rebelles de Tajan, fit favoir qu'il avoit entiérement défait ces revoltés, & fait fur eûx un butin confidérable. Le quinziéme du mois Chaval les légions conquérantes arrivérent à Mechehed ; les yeux des habitans de cette ville fûrent illuminés par la fplendeur de l'augufte préfence ; grands & petits enfilérent les perles de leurs actions de grace pour l'heureux retour de leur illuftre héros. Ce fût de ce lieu que Nader renvoïa à Isfahan les miniftres qui lui avoient apporté la nouvelle de la paix ; il leur enjoignit de détailler à l'empereur les raifons qu'il avoit eû pour rompre un tel traité ; de l'informer du deffein qu'il

avoit

2 Avril.

A. D. 1731.
Nad. 44.

avoit de marcher inceſſamment vers l'Irak & contre Bagdad, & enfin de prier ſa Majeſté de venir à ſa rencontre juſqu'en Teheran & Kom, afin d'aller conjointement attaquer les Turcs. Sa Hauteſſe fit partir pluſieurs habiles commandans pour tenir en ordre Loriſtan, Fars, & pluſieurs autres territoires, confiant les poſtes importans de l'Azerbigian à Lutfali Beg. Elle donna le gouvernement des Abdalis, & le titre de Khan, à Abdalgani, qui pendant le ſiege d'Hérat lui avoit rendû de ſignalés ſervices ; enfin elle congedia les autres chefs Afgans avec pluſieurs marques d'honneur, les envoïant ſe repoſer dans les demeures qui leur étoient aſſignées, avec ordre de ſe tenir prêts à joindre l'armée lors de ſon départ pour l'Irak.

Le treiziéme de Zou'lkadé Nader partit de Mechehed pour aller régler les affaires du deſert, & celles d'Abiverd ſon ancienne habitation. Il prit ſa route par le chateau de Kelat exalté comme le firmament, & ſe donna en chemin faiſant le plaiſir de la chaſſe. Lorſqu'il fût arrivé à Abiverd il confia à Ibrahim Khan le commandement de ces quartiers ; & après avoir ſéjourné une ſemaine en ce lieu, il tourna ſes pas du côté de Meïab & de Khorremderé, où il donna aux ſeigneurs qui l'accompagnoit des chevaux de la race de Gulkhun, & qui avoient la forme du cheval Rekhche. En un lieu nommé Beradcan, à douze paraſanges de Mechehed, on trouve des eaux excellentes & un air pur & ſain, ce qui avoit jadis engagé d'y élever de ſuperbes bâtimens, ruinés depuis par le laps de tems ; Nader ordonna à d'ingenieux artiſtes de réparer ces édifices, & de rendre cet endroit ſemblable aux jardins du printems. Sa Hauteſſe étant arrivée à Mechehed le cinquiéme de Zou'lheggé, y reçût les ſoumiſſions des Turcmans 2ı Mai. de Koukelan qui s'étoient précedemment revoltés ; il leur donna ordre de ſe tranſporter du nord au ſud de la riviére Mané, d'ha-

biter

biter tout ce canton jufques aux bords de Craïli, & d'envoïer mille jeunes gens d'élite pour l'expédition d'Irak. Le dixiéme du même mois arriva à la cité facrée un meffager des commandans Ruffes, lequel après avoir fait des préfens convénables, et pris le ton de l'humilité, déclara que fes maîtres étoient prêts d'évacuer le Ghilan felon le bon plaifir de fa Hauteffe. On a dit plus haut, que lorfque Nader étoit en Mazenderan il avoit envoïé un ambaffadeur à l'empereur de Ruffie pour demander la reftitution des provinces de la Perfe qui étoient en fa poffeffion. Après la prife d'Isfahan & de Tauris cet empereur confentit à rendre Rechet & Lahigian, & congedia l'ambaffadeur Perfan. Celui-ci étant arrivé lorfque l'armée étoit devant Hérat fa Hauteffe l'envoïa à Chah Thahmafp, dont les miniftres avoient fait la paix avec les Ruffes ; & fit partir un Emir pour Rechet; afin d'en ratifier les conditions. Cependant les commandans Ruffes, qui favoient que Nader étoit le feul fupport de l'empire Perfan, differérent l'exécution des articles pour attendre l'événement du fiége d'Hérat, & détinrent l'Emir en Lahigian. C'étoit donc en conféquence des victoires & des conquêtes de notre héros que les Ruffes avoient jugé prudent d'obéir à fes ordres. Nader fit partir deux de fes officiers pour être témoins de l'évacuation du Ghilan, & pour être informé fi les Ruffes ne jetteroient pas l'ancre du délai dans la mer de leurs fecrets defirs, & ne refuferoient point encore de déploïer les voiles de leur départ.

CHAPITRE

CHAPITRE XXVI.

Les banniéres protegées par le Roi des Rois font tournées vers l'Irak.

QUAND toutes les affaires du Khoraffan fûrent arrangées, & le Vendredi vingt fixiéme de Zou'lheggé, quarante quatre minutes après midi, les troupes s'avancérent de Tcheharbeg, fepulchre d'Ertezé Ali Ben Mouffi, pour implorer la protection de ce faint. Le feptiéme de Moharrem l'armée douée de la force de Corfri & de Gem quitta la ville, & prit la route de Khabouchan, l'artillerie aïant été envoïée par Sebzour. Comme les Turcmans n'avoient point envoïé les mille hommes qu'on avoit exigé d'eûx, Nader laiffa fon bagage en Seugekh'aft, & marcha vers Craïli dans le deffein de punir une telle défobeïffance, & auffi pour pouvoir defcendre comme un fleau du ciel fur les Ruffes au cas qu'ils differaffent d'évacuer le Ghilan; mais quand il eût atteint Giagerem cinq cent Turcmans arrivérent, le refte aïant fui vers le defert. Nader fe mit à leur pourfuite avec deux mille de fes chevaux légers; & comme les chaleurs avoient défféché l'eau & le fourrage dans les plaines, il fe munit de provifions pour dix jours. Alors Thahmafp Khan, qui avoit été mandé par fa Hauteffe, venoit la joindre; en fon chemin il rencontra les cinq cent deferteurs, & tombant fur eûx avec l'epée du châtiment, il en ramena un grand nombre chargés de chaines. Nader envoïa Thahmafp Khan à Hérat, afin que conjointement avec Pir Mohammed il pût raffembler des forces fuffifantes pour reprimer les rebelles, & pour fe préparer au deffein formé contre Kandehar. Le vingt quatre l'armée dreffa fes tentes fur les bords de la riviére Kercan,

A. D. 1731.
Nad. 44.
11 Juin.

8 Juillet.

PART I.   A a   où

A. D. 1731.
Nad. 44.

où l'on apprit que les Ruffes, aïant eû avis des intentions de fa Hauteffe, s'étoient totalement retirés du Ghilan. Sur cela Nader manda les gouverneurs de cette province qui fe rendirent en Teheran, eûrent l'honneur de baifer l'augufte pavé, & fûrent congédiés après que les affaires de leurs diftricts eûrent été réglées. En ce lieu fa Hauteffe paffa fes troupes en revüe, & leur fit de grandes largeffes. Dans la ftation de Chehriar Mohammed Khan Balouge fe préfenta au camp victorieux, & fût reprimandé pour fa mauvaife adminiftration, dont les peuples de fon gouvernement s'étoient plaints. Le gouverneur de Fars eût ordre de raffembler les troupes de la province, & de joindre l'armée. Nader comptoit de continuer fa marche par Ferahan; mais aïant appris que l'empereur prenoit des mefures pacifiques avec les Turcs, il tourna fes banniéres du côté d'Isfahan, afin de prévenir l'exécution d'un deffein fi préjudiciable à l'empire. Comme l'armée ne pouvoit paffer toute à la fois la riviére Kehrou, fa Hauteffe la fépara en divers corps, qu'elle fuivoit de près avec fes étendars perçans les nües, & à jamais triomphans & glorieux.

FIN DU LIVRE SECOND.

LIVRE III.

Depuis le couronnement de Chah Abbas jufqu'à celui de Nader Chah dans les plaines de Mogan.

CHAPITRE I.

Arrivée de fa Hauteffe à la célébre ville d'Isfahan. Dépofition de Chah Thahmafp, & couronnement de fon fils Chah Abbas.

LE conquérant exalté comme les Pleïades ne pouvoit pref- fer la marche de fon armée à caufe de l'exceffive chaleur de la faifon ; il étoit obligé, pour éviter les raïons ardens du foleil, de la faire avancer de ftation en ftation pendant la nuit, ainfi que la lune lumineufe parcourt à la tête de l'armée des étoiles les différens degrés des demeures du zodiaque. Enfin le Mardi quatriéme de Rabiu'lavel, deux heures avant le point du jour, cet illuftre héros, aïant quitté la ftation de Gez, fit défiler fes troupes vers les quartiers qu'il leur avoit deftinés. Les Emirs, envoïés par l'empereur pour complimenter fa Hauteffe, ne pûrent d'abord pénétrer jufqu'à elle ; ils n'eûrent l'honneur de baifer fes étriers facrés qu'au matin, quand les innombrables légions ne leur fer- mérent plus le paffage, & quand les lunes des victorieufes ban- niérent répandirent leurs raïons fur toute la ville d'Isfahan.

A.D. 1731.
Nad. 44.

16 Aouft.

A a 2

'A l'arrivée

A l'arrivée de l'armée toûjours glorieufe les canons du palais
impérial, des tours, & des places publiques, fûrent fixés fur leurs
plateformes auffi folides que les cieux ; ils briférent les chaines
du filence, & femblables à des magiciens firent voler de leurs
bouches des dards de feu fur les joïeufes plaines. Le bruit enflâmé de l'artillerie éveilla les peuples qu'on avoit endormis ainfi
que leur fortune, & les fit revenir de leur lethargique yvreffe ; ils
fe hâterent avec le foleil de jouïr du jour de bonheur qui venoit
de fe lever, & guidés par des cris d'allégreffe ils accourûrent aux
jardins d'Hezargerib, où fa Hauteffe en fixant fon camp avoit
établi le féjour de la félicité.

Chah Thahmafp fe rendit à la tente facrée du conquérant, &
eût l'avantage de s'entretenir avec lui. Après un banquet fomptueux le tapis de la gaïeté fût étendû dans l'intérieur des appar-
temens. L'Empereur & fa Hauteffe, avec quelques courtifans
choifis, fe livrérent pendant un jour & une nuit aux plaifirs du
vin, de la bonne chére, & d'une converfation animée par la joïe
& la liberté. L'intention de ce banquet de la part de Nader &
des fiens étoit, qu'en rempliffant les coupes de leur loïauté envers
l'empereur, ils pûffent boire le vin de la tranquillité, oublier leurs
différens, & établir une concorde durable, afin qu'après la guerre
des Turcs l'augufte armée pût fans inquiétude fe retirer en Khoraffan, & laiffer fa Majefté gouverner l'empire à fon gré. Nader,
profitant d'une occafion fi favorable, n'oublia rien pour apprendre
de Chah Thahmafp l'état des affaires & les réfolutions qu'il avoit
prifes, mais malgré fes inftances reïterées il n'en pût tirer aucune
réponfe décifive. Une referve fi à contretems aïant convaincû
notre fage héros de l'averfion de l'empereur pour les devoirs d'un
fouverain, & de fa totale incapacité, il fit dès le lendemain affem-
bler les principaux de fon armée, & les gens les plus confidéra-

bles

bles & les plus intelligens de fa cour ; & après leur avoir raconté
ce qui s'étoit paffé la veille entre l'empereur & lui, il continua
ainfi : " Si l'on s'oppofe au deffein que nous avons formé de
" réduire nos ennemis, il en arrivera mille maux à cet empire ;
" & fi l'empereur perfifte à rompre toutes nos mefures en s'af-
" fociant avec nos adverfaires, nous fera-t-il poffible d'obtenir le
" repos que nous cherchons ?" Alors les chefs & les grands répondirent unanimement, " Le bracelet de l'empire s'étoit dé-
" taché de notre bras par la violente oppreffion de nos ennemis,
" mais il y a été remis par la main puiffante de votre Hauteffe.
" L'empereur eft dépourvû de prudence, & abandonné de la for-
" tune, ainfi le corps de fes fujets eft dépouillé de la robe de fon
" gouvernement. L'empire vous doit fa fplendeur, c'eft donc à
" vous que la dignité impériale appartient." Une offre fi fédui-
fante ne tenta point l'ame généreufe de Nader, & fe voïant forcé
de détrôner Chah Thahmafp, il voulut que la couronne paffat à
fon fils le prince Abbas Mirza, enfant âgé de huit mois. Cette
réfolution aïant été ainfi prife pour l'avantage du roïaume, le
diademe fût pofé fur le jeune prince, les priéres fûrent faites en
fon nom, & fon avénement au trône fût proclamé folemnellement
en tous lieux. La terre facrée du Khoraffan fût affignée pour
la réfidence de Chah Thahmafp, afin que dans cette fainte contrée
il tournât fon efprit à la foumiffion, acquiefçât au nouveau gouvernement, & devoüât le refte de fes jours au maître fuprême de
l'univers. En effet, le quatorziéme du même mois ce prince fortit d'Isfahan dans une litiére, & étant accompagné de fon Harem,
ainfi que de tout ce qui pouvoit lui être néceffaire, il fût conduit
par la route de Yezd vers le Khoraffan. Le Lundi dix fept la
fête du couronnement fût célébrée, cinq mille robes précieufes
& manteaux fplendides fûrent diftribués aux Emirs & commandans auffi exaltés que la planéte de Saturne.

Avant

A. D. 1731.
Nad. 44.

26 Août.

29 Août.

Avant ce tems Alimerdan Khan Chamlou avoit été envoïé de
Fars en Indoſtan.   A l'occaſion préſente Mohammed Ali Khan,
Beglerbeg de Fars, fût dépeché à la même cour, avec ordre d'y
renouveller la requête au ſujet des Afgans dont avoit été chargé
ſon prédéceſſeur.   Ahmed Khan, commandant des mouſquetaires
& fils de Zulkhan, fût nommé pour porter en Ruſſie la nouvelle
de l'avénement du nouvel empereur.   La ville de Kazvin fût
deſtinée à être la demeure de ſa très haute Majeſté Chah Abbas,
ainſi que du ſerail roïal.   Sur ces entrefaites on apporta la nouvelle de la revolte des Bakhtiaris qui avoient maſſacré leur gouverneur ; cette affaire s'étoit paſſée de la maniére ſuivante : Après
que l'auguſte armée fût arrivée à Isfahan, Ahmed Khan, fils de
Caſſem Khan, qui avoit eû le bonheur d'accompagner ſa Hauteſſe
au ſiege d'Hérat, fût élevé au gouvernement des Bakhtiaris :
s'étant rendû dans les quartiers qui lui étoient confiés, & ſe trouvant en Khalilabad, il y fit donner la baſtonade à un coupable
Bakhtiari qui mourût ſous les coups ; ſur cela il fût mis à mort
par les habitans mutinés, qui s'enfuirent enſuite du côté de Kerm-
ſirat.   Sa Hauteſſe, pour ne pas laiſſer le tems à cette revolte de
s'étendre, envoïa ordre au commandant d'Havizé, qui étoit alors
en Behbehan, de marcher avec ſes troupes vers Chouſter ; & à
Baba Khan Tchaouchlou, commandant de Loriſtan, de s'approcher de la riviére que les Bakhtiaris devoient traverſer, & de s'oppoſer à leur paſſage.

Le vingt neuviéme de Rabiuſſani ſa Hauteſſe, accompagnée de
l'aſſiſtance divine, ſe mit à la tête d'un eſcadron pour aller elle
même punir les Bakhtiaris, commandant que ſon armée, artillerie, & bagage, le ſuiviſſent ſix jours après ſon depart, & s'arrê-
taſſent juſqu'à nouvel ordre proche de la ſainte demeure de l'Imam
Zadé Sehel Ali.   Le jour que les banniéres ſemblables aux cieux
fûrent

A. D. 1731.
Nad. 44.

fûrent mifes en mouvement, Mohammed Khan le Balougien, aïant été regardé d'un œil de faveur, fût nommé gouverneur du mont Keilouïé ; il lui fût ordonné d'agir conjointement avec l'Emir Khan Beg, gouverneur de Fars, pour châtier Cheikh Ahmed Medini, ainfi que les Arabes d'Oulé, & autres rebelles des quartiers de Benader. Enfuite fa Hauteffe, paffant par la fource de la riviére Zenderoud, marcha vers les montagnes des Bakhtiaris, qui furpaffent en hauteur le firmament ; oüi, fi la plume de la defcription vouloit donner une idée d'une route fi efcarpée & fi difficile, elle fe perdroit dans la forêt de l'étonnement, & fe confondroit dans le defert de la foibleffe. Après que les troupes fortunées eûrent atteint ces lieux, les coupables fe retirérent fur la haute montagne de la défobeïffancé, c'eft à dire, dans le chateau de Benovar, où ils fe fortifiérent ; mais après vingt & un jours leurs têtes aïant été meurtries contre la pierre des revers, ils fortirent de leur fortereffe, & vinrent recevoir le châtiment dû au meurtre de leur gouverneur Ahmed Khan. Il fût ordonné que trois mille familles des tribus d'Heft Leuker feroient tranfplantées en Khoraffan, le gouvernement de la province fût donné à Abou'lfath Khan, fecond fils de Caffem Khan ; & les banniéres fubjuguant le monde, laiffant Loreftan & Fili, tournérent par la route d'Hilan vers Kermanchah.

Le neuf de Giumadi'lakhri le camp impérial quitta auffi la demeure d'Imam Zadé Sehel Ali, & joignit les troupes de fa Hauteffe. Cinq ou fix cent familles de la tribu de Zend, qui depuis l'ufurpation des Afgans avoient commis des defordres continuels, & ne s'étoient occupées qu'à voler & à piller, fûrent mifes au fil de l'épée, & leurs enfans & leurs femmes reduits en captivité. Les victorieufes légions, qui avoient été détachées en Loriftan &

Hamadan,

Hamadan, rejoignirent alors le corps d'armée, ainſi que les ri-
viéres vont rejoindre la mer.

CHAPITRE II.

L'armée marche vers Kerkouk & Bagdad.   Evénemens de ces tems fortunés.

QUAND les étendars qui traverſoient le monde & perçoient le firmament quittérent Kermanchah, les ſons du pouvoir & de la victoire firent retentir la terre. Le vingt deux de Gemadi'laveli le grand luminaire de l'univers paſſa dans ſa maiſon des poiſſons, & les banniéres ſemblables à la lune s'arrêtérent dans le deſert de Mahidechet. Les cieux s'écriérent de fraïeur à la vûe de la redoutable armée, & le lion du zodiaque trembla comme une ſouris à l'approche de ces lions de bataille.

Ahmed gouverneur de Bagdad avoit nommé Ahmed Pacha Bagelan pour commander dans Zehab, place forte à ſix ſtations de Kermanchah, & dont la garniſon étoit renforcée par pluſieurs Pachas & un grand nombre de troupes.

Sa Hauteſſe laiſſa le bagage & l'artillerie à Mahidechet, ordonnant qu'ils ſuiviſſent par degrés les crocodiles de la riviére de la guerre, qu'elle conduiſoit en hâte pour une grande entrepriſe.

A la

A la premiére ſtation on apprit qu'un parti Turc s'avançoit par Tak Kera, & par la route ordinaire à travers laquelle l'armée victorieuſe devoit paſſer. Sur cela Nader, aïant examiné de tous côtés, tourna au Nord d'une montagne nommée le mont Carvan, vers laquelle ſes anges tutelaires le dirigeoient. En ce lieu, les guides, qui connoiſſoient parfaitement les deſerts & les montagnés de ces quartiers, vinrent pour tâcher d'arrêter les courſiers des intentions de ſa Hauteſſe avec les mains des priéres & des ſupplications ; ils lui remontrérent que l'oiſeau de la penſée ne pouvoit élever ſes aîles juſqu'à une telle hauteur, que le griffon de ſes deſſeins n'atteindroit jamais le ſommet de ce mont perçant les cieux. Ces diſcours ne firent aucun effet ſur l'intrépide héros, il avança pouſſé par la proſpérité, conduiſant ſon armée tantôt à pied & tantôt à cheval, tantôt en grimpant des rochers eſcarpés & tantôt en franchiſſant des précipices. Le chemin de cet impraticable défilé étoit auſſi étroit que le cœur d'un avare, & le courſier de l'entendement deviendroit boiteux en eſſaïant de concevoir la hauteur & l'inégalité de ces rocs entaſſés. Tous les jours l'œil reſplendiſſant des cieux s'arrêtoit ſur ce mont inacceſſible, & demeuroit dans l'étonnement ; toutes les nuits le vouté firmament lançoit ſes étoiles contre ces raboteuſes cimes, mais inutilement. Enfin les troupes au courage invincible ſurmontérent ces innombrables difficultés, & arrivérent au ſoleil couchant dans la vallée, du côté oppoſé à celui par où elles avoient monté. Le camp fût fixé au pied d'une colline ; & Nader, après avoir diviſé ſon armée en légions, prit les devans monté ſur ſon léger courſier. Lorſqu'il s'éloignoit ainſi de ſon armée la nuit qui s'avançoit ſur notre horiſon, déploïa ſes voiles épais, & lui cacha ſa route ; il s'égara donc errant au hazard, & ſuivi ſeulement de ſix cent de ſes champions prêts à ſacrifier leurs vies, & de voler comme des inſectes aîlés dans la flamme de la lampe de ſon ſervice. Le reſte

PART I.　　　　　　　B b　　　　　　　des

A. D. 1731.
Nad. 44.

A. D. 1731.
Nad. 44.

des légions, qui le fuivoient de loin, cherchérent pendant quelque tems le droit chemin, & enfuite laiffans les yeux de leur fortune fe clorre par le fommeil de la négligence, elles n'atteignirent point leur augufte général. Au matin, quand Nader fe trouva fi éloigné de fes nombreufes troupes, il mit fa confiances aux armées invifibles du Très-haut, & fans compter le nombre de ceux qui l'accompagnoient il pouffa le courrier de l'affaut contre Zehab. Les Turcs, s'étant éveillés aux henniffemens des chevaux Perfans, fûrent faifis d'une terreur foudaine, & prirent la fuite, non fans perte de plufieurs d'entre eûx. Ahmed Pacha Bagelan, ainfi que plufieurs autres chefs des Turcs, fûrent faits prifonniers; un grand nombre de fuperbes chevaux, & un riche butin, demeurérent à la difcretion des vainqueurs. Cette troupe victorieufe avoit fait trente cinq parafanges en un jour, tant fur les montagnes que dans des chemins couverts de neige. Cinq jours après, l'armée, aïant joint fa Hauteffe, fit bâtir de fortes tours autour de Zohab, & plaça une compagnie dans chacune; elle envoïa un détachement pour ramaffer des provifions & du fourrage fur les bords de Behrouz; enfin elle manda à Lutfali Beg, gouverneur de Tauris, de prendre la route de Tchoualan, avec les troupes de l'Azerbigian, d'Ardilan, & d'Hamadan, & de fe rendre au camp victorieux.

6 Janvier,
1732.

Le Vendredi premier jour de Regeb les conquérans étendars quittérent Zohab, & fe remirent en marche. La ville de Bagdad étoit fi bien fortifiée par l'art & par fa propre fituation, & Ahmed Pacha étoit refolû à la fi bien défendre, que fa Hauteffe prit le parti de s'approcher de Kerkouk dans l'efpoir d'engager Ahmed à lui donner bataille; mais les guides aïant manqué le gué où il falloit traverfer le Tigre, plufieurs chevaux & quantité de beftiaux s'y noïérent. Le prudent guerrier fe hâta de réparer cette

erreur,

erreur, & par fa bonne conduite, qui auroit pû conferver le feu A.D. 1732.
au milieu des ondes, il tira fes troupes de ce mauvais pas, & les Nad. 45.
rappellant à lui les conduifit une demi parafange plus haut en un
lieu où elles traverférent le fleuve fans danger. On campa dans
la ftation de Khermaton ; enfuite neuf cent héros fûrent choifis
et divifés en trois partis, qui fûrent envoïés pour piller & ravager
plufieurs diftricts. Sa Hauteffe elle même fe mit à la tête d'une
compagnie de cavalerie, & s'avançat vers Kercouk, et au lever
du foleil faifant une courfe dans les environs du chateau, elle fit
plufieurs prifonniers et un grand butin. Les trois détachemens
eûrent le même fuccés, & revinrent au camp avec des prifes confidérables. Nader tranfporta à Nichapour deux familles de la
tribu de Bciat, qui refidoient à huit parafanges de Kercouk,
qu'il envoïa affiéger par fix mille hommes ; enfuite tournant fes
étendars du côté de Dacheképri, il marcha par Kerapeté vers
Bagdad. Lutfali Beg fût envoïé en avant, & l'armée entiére fuivit le jour d'après. Les coureurs aïant découvert à deux parafanges de l'armée un parti de Turcs, en donnérent avis à Nader,
qui immédiatement alla à eûx, & trouva que c'étoit douze mille
hommes des troupes de Diarbecr, commandées par Fetah Khan.
Les Perfans fe jettérent fur l'ennemi comme des loups affamés
fur un troupeau, & commencérent l'action par la prife de Fetah
Khan, qu'ils conduifirent aux auguftes tentes ainfi que plufieurs
autres captifs ; le commun des prifonniers fût deftiné à l'emploi
pénible de fervir l'artillerie.

Le jour fuivant les glorieufes tentes fûrent dreffées en Rebat-
khan, à treize parafanges de Bagdad ; & lorfque les troupes des
étoiles paffoient fur le pont de la Voïe Lactée Nader quitta fon
camp pour aller s'emparer du pont de Behriz, mais l'obfcurité de
la nuit fit echoüer ce deffein. Alors l'illuftre guerrier, que nulle

B b 2

difficulté

A.D. 1732.
Nad. 45.

difficulté ne rebutoit, s'avança jufqu'à une parafange de Bagdad, & aïant trouvé fur le bord du Tigre un parti de Turcs & d'Arabes, il en tua un grand nombre, & fit le refte prifonniers; enfuite il retourna à fon camp alors à Nikigé. Pendant cette excurfion, Ahmed Pacha, fur la nouvelle de la défaite de Fetah, avoit envoïé Mohammed Pacha, gouverneur de Couï, avec deux mille cavaliers, pour reconnoître l'armée Perfane. Ces troupes s'approchoient en droite ligne de Nikigé, tandis que par un chemin détourné fa Hauteffe s'avançoit vers Bagdad, ignorant des deux parts qu'ils fe croifoient ainfi. Au retour de Nader par la route ordinaire fes foldats aïant reconnû les traces des chevaux de l'ennemi, fe hâtérent de les fuivre. Les Turcs de leur côté, allarmés par la pouffiére qu'élevoit l'armée des Perfans, reprirent avec précipitation le chemin de Bagdad, de maniere que ces deux partis s'étant rencontrés foudainement, celui de Nader, compofé de trois mille lions de guerre & aigles du combat, eût bientôt l'avantage. En vain les Turcs effaïérent de fe fauver par la fuite; nos héros, fe trouvant entre eûx & la ville, leur coupoient la retraite, & pas un d'eûx n'échapa au fabre de la violence ou aux chaines de la captivité. Les vainqueurs fuivis de leurs prifonniers, dans le nombre defquels étoit Mohammed Pacha, retournérent en triomphe au camp de Nikigé, emploïant le refte du jour à partager les dépouilles qu'ils venoient de remporter.

Le lendemain Nader, aïant fait avancer les étendars, fit roder le courfier de fa vûe autour de la ville, & en aïant examiné les environs il fixa fon camp à Siranpeté, vis-à-vis la maifon facrée des deux faints (à qui foit paix!). Ce fût en ce lieu, qui n'eft qu'à deux parafanges de Bagdad, que le prémier de Chaban les auguftes tentes fûrent élevées jufqu'au firmament. Une avanture finguliére qui arriva alors mérite d'être ici rapportée.

5 Fevrier.

Le

Le jour que les troupes de Mahommed Pacha devinrent la proïe des lions chaffeurs, un nommé Bendali Afchar, aïant tué un Turc, fufpendit fa tête à la felle de fon cheval; enfuite s'étant trop échauffé à la pourfuite des ennemis, il s'éloigna fi fort de fes compagnons qu'il ne pût retrouver fon chemin : ainfi égaré il erra toute la nuit dans la plaine. Quand le fabre du matin eût féparé de l'horifon la tête du foleil, Bendali fe trouva fous les murs de Bagdad; bientôt après voïant venir fur lui les troupes de la garnifon, il fe defit adroitement de la tête qu'il portoit en trophée, & s'avançant hardiment vers les Turcs il leur dit, " Je viens envoïé " par fa Hauteffe Nader, qui m'a ordonné de délivrer de bouche " mon meffage à Ahmed." Sur cela il fût conduit devant le Pacha, auquel il parla ainfi, " La victorieufe armée a fejourné " plufieurs jours dans ce quartier, ainfi, ou fortez pour livrer ba- " taille, ou rendez la ville." Le Pacha répondit, " Sa Hauteffe " régit la Perfe, & gouverne cet empire à fon gré; quant à nous, " il ne nous eft permis par l'empereur Ottoman notre fouverain " ni de rendre la ville, ni d'en fortir pour donner bataille." Après ces paroles Ahmed fit reconduire Bendali hors de la ville par un corps de janiffaires. Quand cette hiftoire fût rapportée à fa Hauteffe, elle envoïa Fetah, commandant de Diàrbecr, pour dire à Ahmed Pacha, que le meffage n'étoit pas venû de fa part, & pour l'informer de l'affaire.

A.D. 1732.
Nad 45.

Le quatriéme de Chaban on s'affura du pont de Behriz, & un corps de moufquetaires fût deftiné à la garde du tombeau du grand Iman Abou Hanifé; & comme la garnifon de Bagdad s'étoit emparée précedemment de tout le fourrage qui fe trouvoit dans ces quartiers, on envoïa un grand nombre de bêtes de charge pour en apporter de Khermaton, Zohab, & Mendelige. Comme les Turcs avoient raffemblé tous leurs bateaux de l'autre côté du Tigre, les

8 Fevrier.

Perfans

Perfans fe trouvérent fort embaraffés pour s'en procurer, mais après beaucoup de recherches ils en trouvérent quelques uns dans les environs d'un moulin ; fa Hauteffe s'en fervit pour embarquer un certain nombre de foldats Afgans, & les envoïa de l'autre côté de la riviére, efpérant qu'ils feroient en état d'y élever une batterie. Mais une troupe de la garnifon, faifant une fortie fur eûx, en tua une quarantaine, & força les autres de fuir vers leurs bateaux, & de fe refugier fur le rivage de fureté.

Deux Pachas avoient été envoïés par Ahmed pour établir des mortiers, & élever un rempart vis-à-vis du lieu où un corps de Perfans étoit campé avec de l'artillerie ; Nader, efpérant de tomber fur eûx à l'improvifte, emploïa un ingénieur Européen qui étoit dans fon armée à jetter un pont de bois fur le Tigre. Cet homme, pour exécuter l'ordre qu'il avoit reçû, coupa de grandes piéces de bois dans un forêt de palmier qui fe trouvoit dans le voifinage, chacune defquelles étoit longue de trois ou quatre coudées, & il les fit tranfporter fur des chameaux dans l'endroit nommé Dekhalé, à fept parafanges de Bagdad. Le foir fa Hauteffe, exaltée comme les Pleïades, fe rendit fur les lieux à la tête de douze mille hommes, chacun defquels prit un planche avec lui, & la tranfporta à Chehervan à deux parafanges de Bagdad ; là ils fe procurérent toutes fortes de fourniture, comme cordes & cables, avec lefquels ils formérent cet immenfe radeau ; ils y attachérent des outres remplis d'air, & le lancérent fur la riviére en guife de pont, après l'avoir fortement lié à des gros pilliers qui étoient fur le bord. Quand l'ouvrage fût fini, Nader traverfa avec deux mille & cinq cent hommes. Vers la nuit, quand la nouvelle lune de Ramazan tira fon flamboïant cimeterre, fa Hauteffe, foutenue par d'invifibles armées, s'avança avec le peu d'hommes qui fe trouvoient avec lui, & laiffa des ordres pour faire fuivre autant de

2

troupes

troupes qu'il en pourroit paſſer ſur le pont. Le jour ſuivant à midi quinze cent ſoldats paſſérent, mais le pont ſe trouvant affoibli rompit après eûx.

A D. 1732.
Nad. 45.

Pendant ce tems là Nader continuoit ſa marche, & avança toute la nuit, dans l'eſpérance de tomber ſubitement ſur les Turcs qui étoient poſtés vis-à-vis du camp Perſan. Les routes étoient ſi mauvaiſes, que ſur le matin il ne ſe trouva arrivé qu'à une certaine diſtance; il fût alors découvert par quelques vedettes Turques, deux deſquelles fuïant l'épée des Perſans portérent nouvelle aux Turcs de ce quartier de l'approche du torrent ravageant le monde. Les Turcs fûrent incontinent ſaiſis d'effroi, & laiſſant leur bagage prirent la fuite du côté de Bagdad. Comme il eût été inutile de les pourſuivre, Nader ſéjourna tout le jour dans le lieu où il étoit, & continua ſa marche pendant la nuit. Au matin, qui étoit le Mardi ſecond de Ramazan, l'intrépide héros atteignit un lieu rempli de monts & de vallées, leſquelles ne préſentoient qu'un terrain extrêmement raboteux. Mais ſon eſpoir en l'aſſiſtance divine lui fit compter pour rien toutes ces difficultés; & aïant diviſé ſes ſoldats en ſept corps, il éleva les étendars de la conſtance & de la fermeté.

Ahmed Pacha, enhardi par le nombre de ſes troupes, ſi diſproportionné avec celui des ſoldats qui accompagnoient Nader, envoïa contre lui trente mille hommes, tant de cavalerie que d'infanterie, ainſi qu'un corps de janiſſaires avec de l'artillerie; il en donna le commandment au gouverneur de Garſé & à Kara Muſtapha Facha. Nader, les voïant approcher, détacha d'abord ſes Kiurdes contre eûx, enſuite ſes Turcmans, & puis ſes autres troupes, qui toutes aïant combattû quelque tems ſur ce terrain inégal ſe retirérent; mais les Afgans tinrent bon, et expoſant leur ſein aux flêches du deſtin, répondirent aux Turcs avec les langues de leurs lances, & les bouches de leurs mouſquets.

Malgré

Malgré le nombre des ennemis Nader continuoit à encourager ses soldats, qui, quoiqu'assurés s'ils reculoient d'être poursuivis par les sabres sanguinaires des Turcs, ne voioient pas moins de danger à tenir ferme. Le cœur de sa Hautesse étant alors comme un poisson dans un filet, elle toucha la terre avec le front de l'humilité, & imploroit l'assistance du ciel, quand tout à coup on apperçût la poussiére qu'élevoit la seconde troupe qui avoit passé le pont, les raions de laquelle, en éclairant les yeux des notres, obscurcirent ceux des ennemis. A l'instant Nader, avec le mouvement rapide de l'éclair ou de la tempête, poussa son coursier d'un des côtés des Turcs, aprés avoir envoïé une troupe d'Afgans de l'autre, & il les attaqua avec la derniére vigueur ; ceux-ci, ne pouvant soutenir un tel choc, fûrent bientôt mis en désordre, & fuirent vers Bagdad. Plus de cinq mille Turcs fûrent consumés par les flâmes des cimeterres Persans ; leur artillerie fût prise ainsi que leurs munitions de guerre ; enfin les vainqueurs s'emparérent de la place qu'on nomme l'ancienne Bagdad, & eûrent l'avantage de s'assurer du pont. Sur le soir les troupes conquérantes campérent vis-à-vis de l'endroit où les Turcs avoient posé leurs bastions. Alors les Afgans qui s'étoient si hautement signalés, & auxquels on devoit la victoire, fûrent libéralement récompensés par Nader, qui fit mettre à mort quelques Kiurdes & Turcmans qui avoient pris la fuite, après avoir sévérement reprimandé leurs commandans. Ensuite sa Hautesse prit possession de Sameré, Hillé, Kerbelaï, Negef, Echeref, Hesseké, & Remahié, de maniére que la seule ville de Bagdad étant restée à Ahmed Pacha fût dès ce jour ébranlée par les canons & les machines de guerre des assiégeans. On rassembla les débris du pont de bois, qui fût réparé & renforcé par des bateaux qu'on transporta d'Hesseké & de Remahié. Des tours fûrent élevées au couchant, à l'orient, & au midi de Bagdad, dans chacune desquelles fût mise une compagnie de vaillans soldats ; grand

nombre

nombre de barques fûrent remplies d'hommes intrépides, ainfi la
ville fût entiérement bloquée, & la garnifon perdit la reffource de
s'enfuir par la riviére à Bafra.   Sur ces entrefaites le chef d'une
tribu de Lar, nommé Abdeléli, étant venû offrir fes fervices à
Nader, il l'envoïa contre Bafra par la route d'Havizé.

Pendant que l'illuftre héros foutenoit ces travaux guerriers, des
chefs mal intentionnés caufoient des défordres dans quelques provinces.   Gani Khan avoit eû querelle avec Emir Khan Beg l'Af-
fchar ; & Mirza Beker, aïant affemblé les Arabes d'Ouz, avoit
tué Veli Mohammed gouverneur de Lar, & s'étoit retiré auprès
de Cheikh Ahmed Medini ; furquoi les troupes d'Havizé & de
Kerman fûrent envoïées pour châtier ces deux coupables.

CHAPITRE III.

Prémiers événemens de l'année de la Vache, répondant à celle de
l'Hégire 1145.

APRÈS que le détefté général Deï eût préparé fes nuages
impétueux tiffus de tonnerres & d'éclairs, afin d'attaquer le
fouverain des régions orientales, les armées des bofquets de rofes
effuïérent un revers, & fûrent dépouillées de leurs feuilles ; les

PART I.   C c   fortunés

fortunés Turcs de l'hyver enlevérent aux jardins les cottes de maille & les casques de leurs branches : mais le souverain du quatriéme ciel, devancé par les troupes légeres des étoiles, se mit en marche pour ranimer le monde, & le troisiéme de Chaval il se transporta dans la station du Belier, & rangea en ordre de bataille la puissante armée du printems. Les héros des buissons de roses fûrent si ardens au combat, que les cheveux de leurs épines se dressérent sur leurs têtes, & le sang de la violence coula impétueusement dans les veines fanées des tulipes & des hyacinthes. Les arbres portes-lances des vergers ne songérent plus qu'à la vengeance, & les arbustes braves soldats prirent leurs rangs dans la plaine des jardins. Le général Ferourdin, avec le pouvoir de Feridoun, vainquit l'armée de Bahman, & saccagea le camp Turc de la froide saison : enfin les escadrons d'Ardibechet détruisirent les neiges & les frimats janissaires aussi nuisibles qu'obstinés.

La fête de Neurouz fût célebrée avec magnificence autour des murs de Bagdad. Des pieces d'or d'un poid exact, & plus brillantes que les étoiles, fûrent données à ceux qui assistoient au banquet, dans des vases d'argent plus resplendissans que les celestes spheres. Sept mille robes & vestes raïonnantes comme le soleil fûrent distribuées aux chefs de l'armée & aux principaux officiers. Le blocus de Bagdad étoit alors si serré, que la garnison se trouva réduite aux derniéres extremités. Le feu de la famine faisoit un tel ravage, que plusieurs poussés par sa violence se jettérent du haut des tours & des remparts, & vinrent en supliant à l'armée fortunée, & aïant été rassassiés à la table de la génerosité ils demeurérent dans l'auguste camp.

Le dernier jour du mois Moharrem Ragheb Effendi & Mohammed Aga, deux des principaux ministres d'Ahmed Pacha, vinrent
implorer

implorer la clémence du conquérant, & le supliérent de permettre qu'ils differassent la reddition de la ville jusqu'au mois de Sefer. Dans le tems qu'on s'occupoit de part & d'autre à des négotiations Topal Osman Pacha, généralissime des armées Ottomanes, s'avançoit vers Kercouk à la tête de cent mille hommes. Cette nouvelle fût apportée dans Bagdad par quelques espions déguisés, surquoi Ahmed rompit tous les engagemens qu'il avoit pris, & déclara qu'il continueroit à défendre la ville.

A. D. 1732.
Nad. 45.

Quand le général Turc eût atteint Sameré, sa Hautesse resolut d'aller à sa rencontre; elle mit sous la conduite d'officiers expérimentés douze mille hommes qu'elle destinoit à continuer le blocus & à garder les tours; & ceux-ci s'acquittérent de leur commission avec tant d'habilité, que les assiegés ne s'apperçûrent point qu'il manquat une seule goutte à la mer de l'armée Persane, ni une seule étincelle au soleil enflâmé des troupes conquérantes. Ce fût la nuit du sixiéme de Sefer que Nader fit défiler son armée par troupes; il les joignit le lendemain, & trouva que l'armée des Turcs étoit campée sur les bords du Tigre, dans un lieu dont le terrain se trouvoit fort raboteux & inégal, & qu'on avoit entouré de forts retranchemens, ainsi que de tours où l'artillerie étoit attachée par de puissantes chaines. Mais dès que l'avant-garde de l'ennemi s'avança, les mousquetaires Persans tombérent dessus, & disperférent les Turcs aussi aisément que le matin dissipe les ténebres de la nuit, consumant leur existence avec leurs sabres flamboïans & leurs redoutables javelines; plusieurs de ceux qui échapérent aux coups de nos héros, au lieu de se refugier auprès de leur général, s'enfuirent vers Kercouk. Cependant les autres troupes qui s'avançoient pour soutenir les mousquetaires aïant joint, les Turcs lâchérent les rênes de leur résolution, & se retirérent dans leurs

17 Juillet.

C c 2   retranchemens,

retranchemens. Alors Nader alluma le feu de la bataille autour d'eûx, & les haraſſa par ſon artillerie. Le combat duroit depuis long tems, quand notre héros, ſe ceignant de la réſolution de prendre l'artillerie Turque, ordonna à ſon infanterie d'attaquer de trois côtés, tandis que lui-même, ſuivi de ſes vaillans mouſquetaires & des intrépides Afgans, s'élança ſur les ennemis, dont la tête fût clouée au caſque par les coups puiſſans de nos cimeterres. Après avoir pris pluſieurs canons, Nader paſſa de l'autre côté des retranchemens, dans le deſſein d'exterminer en un jour ces nombreuſes troupes. L'étendart aux aîles d'aigle, qui tenoit ſous ſon ombre le corps d'armée, prit auſſi ſon vol ; les cavaliers & les fantaſſins ſe mêlérent, & dans cette chaleur tumultueuſe chacun combattit à ſon gré depuis le matin juſqu'à midi. Nos troupes eûrent beaucoup à ſouffrir pendant tout ce tems d'un extréme ſoif qui les dévoroit, la ſaiſon étant ardente, & les Turcs s'étant emparés du Tigre : la chaleur s'accrût à un tel point, ainſi que la détreſſe de l'armée, que le ſigne des Poiſſons fût grillé, & les yeux du Taureau céleſte verférent des larmes en voïant l'état où étoient reduits ces lions du combat.

> " Le ſoleil, altérant la face da la terre,
>   " Avoit changé les eaux en feux étincellans ;
> " Son nom ſeul brûleroit la langue temeraire
>   " Qui décriroit l'ardeur de ſes raïons perçans.

> " Cette ardeur conſumoit l'aîle tendre & timide
>   " De l'oiſeau qui de l'air l'immenſité tentoit ;
> " Et pénétrant le cœur du roc le plus aride
>   " En un bruïant torrent elle le diſſolvoit.

" Ouï,

“ Oüi, fi dans ce moment la fiere falamandre,
  “ De qui le fouffle accroit des flâmes la chaleur,
“ Avoit jufqu'aux ruiffeaux entrepris de defcéndre,
  “ Ses feux auroient péri dans leur feu deftructeur.”

Sa Hauteffe, dans le fort de la mêlée, avoit jetté deux des ennemis fous les pieds à corne d'ambre de fon courfier, lorf-qu'un des deux bleffa cet animal, dont la chute entraina le héros qui foutenoit le monde, lequel pourtant fe degagea promptement, & montant un autre cheval pénétra dans les rangs les plus épais, fuivi de la protection divine qui veilloit fur fes jours précieux. Les Turcs, le voïant paffer comme une falamandre au milieu du feu, tirérent fur lui de tous côtés, fans que leurs coups (detournés par la Providence) pûffent l'at-teindre. Bientôt après, comme le vaiffeau de fon courage flottoit avec les voiles de fon courfier dans la mer furieufe du combat, & qu'il avoit percé de fa lance plufieurs des ennemis, un de ceux qu'il avoit frappé tomba ainfi que fon cheval ; ce qui ef-faroucha celui de notre héros, au point que s'étant jetté en avant il tomba fur fa tête ; mais fa Hauteffe fe releva fans bleffures, & remonta un des chevaux qui lui fûrent d'abord pré-fentés. Cependant les flâmes de la foif bruloient tous les cœurs ; d'ailleurs les foldats, voïant fi fouvent leur général dans des dan-gers eminens, & craignant qu'un caprice de la fortune ne flé-trit la rofe de fa profpérité, lâchérent les rênes de la perféve-rance ; & les officiers, hors d'état de tenir bon, cefférent de com-battre. Sa Hauteffe fe vit ainfi forcée de faire fonner la retraite, & marcha vers Behriz, après avoir envoïé fes ordres pour que fon camp, & les douze mille hommes qu'élle avoit laiffé devant Bag-dad, fuiviffent.

Dans

Dans cette action grand nombre de Perſans, en s'élançant dans la mer de la bataille, bûrent les gouttes de la deſtruction ; d'autres perdirent la vie en cherchant à étancher leur ardente ſoif dans le Tigre. Nous eûmes deux milles hommes de tués, tant cavaliers que fantaſſins, & notre artillerie tomba au pouvoir de l'ennemi. Les troupes qui ſe trouvoient du côté oriental du Tigre arrivérent ſans obſtacle à Behriz ; il n'en fût pas de même de celles qui étoient poſtées à l'occident de cette rivière, car Ahmed Pacha, informé de l'avantage que les ſiens avoient remporté, & aïant fait rompre le pont, elles fûrent obligées de marcher par la route d'Heſſeké & d'Hillé, aſſiſtées par quelques Arabes de ces quartiers.

Après un événement ſi favorable le général Turc ſe rendit à Bagdad, où il ſéjourna trois jours, enſuite il déploïa les enſeignes de ſa courſe dans le chemin de Kercouk. Les Perſans étant arrivés à Mendélige un conſeil de guerre fût aſſemblé, dans lequel tous les chefs de l'armée convinrent que cette défaite étoit un décret du deſtin, aux ordres duquel il étoit impoſſible de réſiſter, ſelon ces paroles du poëte :

> * " Si la Fortune en ma faveur,
> " Veut fixer ſa roüe mobile,
> " Je trouverai peu difficile
> " D'être du monde le vainqueur.
> " Mais lorſque le fil du bonheur
> " Se dérobe à ma main agile,
> " Tout effort devient inutile,
> " Du ſort je ſubis la rigueur."

Et

Et ainfi que le prudent moniteur nous remontre fecretement,   A.D. 1732.
                                                               Nad. 45.

* " L'ombre qu'on voit tomber, & couvrir la pouffiére,
    " Si Dieu veut l'ordonner, peut devenir le nid
    " De l'aigle qui s'éleve, & qui d'une aîle altiére
      " Va chercher fon féjour jufques au paradis.

    " Vous pouvez poffeder le pouvoir qu'on envie,
      " Et nous, être un objet de haine & de mépris ;
    " Et lorfque nous perdons & nos biens & la vie,
      " Vous pouvez du bonheur connoitre tout le prix.

    " Ignorant les fentiers que fuît la Providence,
      " A fes fages decrets foumettant notre cœur,
    " Nous favons que nos jours font fous fa dépendance,
      " Et nous les réfignons à notre Créateur."

Sa Hauteffe envoïa fes ordres dans toutes les provinces voifines,
& aux gouverneurs de Loriftan, d'Hamadan, & de Kermanchah,
afin de reparer la perte qu'on avoit fait en inftrumens de guerre,
tentes, chevaux, & bêtes de charge. Elle donna le gouvernement
de Couhkelouïé à Mohammed Khan Balouge, qui avoit déjà ceux
de Choufter & de Dazfoul ; lui ordonna de fe joindre au gouverneur de Fars, & de fe rendre dans deux mois à l'augufte armée.
Il fût auffi ordonné à Thahmafp Kuli Khan de fe rendre à Hamadan avec les gouverneurs de Ferah, de Kaïn, & de Seïftan, &
d'y amener fix milles hommes de troupes choifies, tandis que Pir
Mohammed, avec le même nombre de foldats, s'avanceroit fur
les frontiéres de Kandehar. Enfin un corps confidérable de
jeunes héros du Khoraffan fût appellé auprès de leur illuftre fouverain. Nader avoit eû deffein de tranfplanter quelques tribus de
                                                    Kiurdes

Kiurdes & d'Afchars qui étoient à Ardilan ; mais comme il étoit dangereux d'affoiblir les frontiéres de l'Irac, devenûes le théatre de la guerre, il remit l'execution de ce projet à un tems plus favorable ; & il se mit en marche pour Hamadan, où il arriva le vingt deux de Sefer.

En ce lieu le magnanime héros passa ses troupes en revûe ; il leur distribua deux cent mille *tomans* tirés du trésor de sa liberalité, & combla de largesses le giron de leurs espérances. Il donna à chaque soldat le double de la valeur de ce qu'ils avoient perdû dans cette infortunée expédition, soit en chevaux, chameaux, ou mules, soit en tentes, boucliers, ou casques, choses qui arrivoient journellement à l'auguste camp de toutes les parties de l'empire. En soixante jours tout ce qui concernoit l'armée fût terminé ; les troupes qui devoit la joindre étant venuës à chaque moment au rendez-vous, ainsi que tombent les pluïes du printems.

Pendant que Nader étoit à Hamadan, Timur Pacha, gouverneur de Van, fût envoïé à Tauris avec un parti, & conduisit le courser de l'insolence par la route de Keratchédague. A l'approche des Turcs les habitans de Tauris commencérent d'évacuer la ville ; & Lutfali Beg, voïant par cette desertion qu'il lui seroit impossible d'y tenir, s'enfuit précipitamment à Meragué ; mais Abderrezak, gouverneur de ce district, fit rebrousser chemin à Lutfali Beg, & le força d'aller à Khelkhal, d'où il envoïa un courrier à Nader, pour lui faire savoir la situation où il se trouvoit. Aussitôt le vigilant guerrier fit partir des troupes pour garder les frontiéres ; il en donna le commandement à Bektache Beg son oncle, & l'honora du titre de Khan. Les soldats qui avoient abandonné Lutfali Beg, & qui s'étoient retirés dans les lieux les plus écartés des districts voisins, fûrent poursuivis & punis commes ils méritoient. Une tribu de Bakhtiaris, qui se tenoit cachée dans les

cavernes

cavernes & les antres, aïant alors appris la défaite de Bagdad, reparut, & fecoüa ouvertement le joug de l'obeïffance.

A.D. 1732.
Nad. 45.

Nader s'étoit determiné de retablir Chah Thahmafp fur le trône, après que la guerre contre les Turcs feroit terminée, & d'aller étendre ailleurs les aîles de fa propre fouveraineté ; en confequence de cette réfolution, & dans le tems qu'on efpéroit la conquête de Bagdad, il avoit envoïé le Mufti & Mirza Cafi à Mechehed, afin d'amener l'empereur au camp. Ses ordres avoient été executés, & Chah Thahmafp s'étoit mis en route le dix hui-tiéme de Sefer ; mais la défaite de notre armée étant arrivée, un contre ordre fût donné aux conducteurs de ce prince, auquel ils firent prendre la voïc de Demgian, pour fe rendre à Mazenderan. En effet, tandis que fa Hauteffe ne refpiroit que vengeance con-tre les Turcs, elle auroit agi peu prudemment de remettre l'em-pereur en état de croifer fes deffeins, ainfi elle fixa fon féjour dans l'agréable ville de Mazenderan, où elle fit auffi venir de Kazvin Chah Abbas, au nom duquel la monnoïe fe battoit dans toute la Perfe.

Thahmafp Kuli Khan eût ordre de renforcer de dix mille hommes les troupes qu'il avoit déjà, afin que, comme gouver-neur d'Isfahan & de l'Irac, & fe trouvant par là au centre de l'empire, il pût appaifer tout foulévement, & punir les rebelles. D'un autre côté il fût enjoint à Bekteche Khan, à Lutfali Beg, & autres gouverneurs, de fe tenir prêts fur les frontiéres de leurs gouvernemens refpectifs, afin de pouvoir en cas de befoin fe fou-tenir & s'affifter mutuellement,

CHAPITRE IV.

Le roseau de la narration est élevé dans la plaine de l'éloquence pour décrire la seconde expédition contre Bagdad, & l'arrivée de l'armée illustre à Kercouk.

A. D. 1732.
Nad. 45.
30 Septembre.

APRÈS que toutes les troupes conquérantes fûrent rassemblées, & le vingt deux de Rabiuffani, les étendars vengeurs quittèrent Hamadan, pour aller à la rencontre d'Ofman Pacha. Lorfque l'armée eût atteint Kermanchah, on apprit que Foulad, Memeche, Mohammed Pacha, & plufieurs autres commandans, étoient campés près de Kercouk, avec vingt mille hommes de troupes reglées, dans l'intention de s'avancer de Kermanchah fi Nader marchoit vers Tauris, & de lui livrer bataille s'il tournoit fes forces du côté de Bagdad. Sur ce rapport l'illuftre & intrépide guerrier, laiffant fon bagage, fe mit à la tête de fes héros, & fit huit ftations en quarante huit heures, dans le deffein de tomber fur l'ennemi pendant la nuit ; mais étant retardé par la difficulté des chemins, les enfeignes du jour parûrent & firent briller les fiennes. Alors étant monté fur une éminence, il parcourut des yeux l'ocean de l'armée des Turcs, dont les vagues écumantes jailliffoient jufqu'à l'azuré firmament. Peu après il apperçût que fon approche aïant jetté la terreur parmi les ennemis, ils éperonnoient les courfiers de la fuite ; il les fit auffi-tôt pourfuivre, & nos troupes marchant fur leurs pas quatre parafanges, en firent un grand nombre prifonniers, & fe faifirent de leurs munitions, tentes, & inftrumens de guerre.

Les

Les vainqueurs, fatigués de la longue marche qui avoit pre-
cedé leurs fuccés, campérent & fe repoférent pendant deux jours.
En ce lieu fût apportée la nouvelle de la revolte de Mohammed Balouge. Cet homme, ainfi qu'il a été fommairement
raconté, étoit venû de Kandehar avec Mahmoud le Galgien, &
enfuite avoit été envoïé par Echeref en qualité d'ambaffadeur en
Turquie; d'où n'étant arrivé qu'après la défaite totale de cet
ufurpateur, il avoit délivré à l'augufte cour les lettres & les préfens dont la porte l'avoit chargé. Sa Hauteffe, dont la prudente
conduite éclairoit grands & petits, avoit alors honoré Mohammed
du gouvernement de Couhkelouïé; mais après qu'elle eût repris
le chemin du Khoraffan, ce miferable avoit donné carriére à fes
mauvaifes intentions, allumant le feu de la difcorde entre les miniftres de l'empereur, & avoit été la principale caufe des défaites
des Perfans à Erivan & à Hamadan. Néanmoins Nader, par un
excés de bonté, lui avoit non feulement encore pardonné ces offences, mais avoit ajouté à fon premier gouvernement ceux de
Choufter & de Dezfoul; lui enjoignant de fe rendre au camp, ainfi
qu'Emir Khan Beg, au jour fixé pour la réunion des troupes,
après avoir remis le foin des affaires de leurs provinces entre les
mains d'officiers nommés pour les garder en leur abfence. En
conféquence de cet ordre Mohammed s'étoit d'abord mis en marche
pour fe rendre au camp tout-puiffant; mais lorfqu'il eût atteint
Fili, les ferres de fa mauvaife fortune fe faifirent de lui, & trou-
blérent fon entendement au point que s'étant joint à quelques mécontens de Fars, de Choufter, de Balouge, & d'Hezaré, il fit
prendre la route de Fars à fes rebelles étendars, & laiffa Emir
Khan Beg pourfuivre feul celle qui conduifoit à l'armée augufte.
Quoique dans la conjonĉture préfente cet événement fût très
facheux, & qu'il pût s'en fuivre des conféquences funeftes, Nader
n'y fit pas plus d'attention que la mer orageufe à des rofeaux fecs.

A.D. 1732.
Nad. 45.
22 Octobre.

Il mit fa confiance dans le Très-haut ; & quand le bagage & le camp l'eûrent joint, il s'avança à la rencontre du général Turc. Le quinziéme de Giumadi'laveli l'armée arriva proche de Leilan, à trois parafanges de Kercouk ; & le jour d'après, quand le Sultan de l'orient déploïa fes étendars, elle fût rangée en ordre de bataille dans un lieu nommé Élmderan. Nader, pour animer fes troupes, voulut qu'elles fe livraffent un combat fimulé ; & tandis que les cris des héros, le bruit des tambours & des autres inftrumens de guerre, rempliffoient l'air, il parcouroit les rangs, & encourageoit les foldats. Cette revûe montra le pouvoir & la force du conquérant avec tant d'avantage, que les cieux ouvrirent leur cent yeux pour le contempler, & demeurérent dans l'étonnement ; & que toutes les langues, louant fa fage conduite & fes habiles difpofitions, s'écriérent,

* " Soliman n'eût jamais une femblable armée.
" Alexandre, il t'eft dû bien moins de renommée.
" Nul en ordre, en valeur, n'a devancé fes pas ?
" Feridoun fi vanté ne l'égaleroit pas.

Ofman Pacha, encor enyvré de la joïe de fon prémier triomphe, avoit quitté Bagdad pour fe rendre à Kercouk ; fes tentes étoient dreffées autour de cette place ; il avoit entouré fon camp de profonds foffés & de forts retranchemens, & fe repofant fur la couche d'une inactive prefomption, il fe contenta d'envoïer un détachement confidérable, conduit par plufieurs officiers de marque, pour donner bataille aux Perfans. Nos héros s'élancérent fur ces troupes avec la furie des lions & la violence des tygres, & allumant le feu du combat avec leurs fabres étincellans & leurs ardens moufquets, bientôt les Turcs roulérent fous les pieds des chevaux, & enfin prirent la fuite, quelques-uns du côté d'Erzeneroun,

A.D. 1732.
Nad. 45.

neroun, & le refte dans les retranchemens du chateau. Les conquérans demeurérent fur le champ de bataille jufqu'à midi, efpérant que les Turcs reviendroient à la charge. Nader, laffé de
les attendre, dépêcha un des prifonniers au général, avec une lettre plus acerée qu'une flêche, & plus tranchante qu'un cimeterre :
" Nous avons, difoit-il, fait un long voïage dans l'efpoir de nous
" battre contre vous ; s'il vous refte une étincelle de valeur, pa-
" roiffez dans le champ du combat." Après avoir attendu encore
long-tems pour une réponfe, fa Hauteffe, dont les momens étoient
auffi ferrés que le cœur de fes ennemis, retourna à fon camp.
Deux jours de plus fûrent emploïés à s'approcher des retranchemens du chateau ; mais quand Nader vit que le courfier du courage de Topal Ofman étoit boiteux, il détourna fes banniéres de
ce lieu pour aller prendre le chateau de Sourdeche, fituée fur une
haute colline à deux ftations de Kercouk, & qui fe trouvoit rempli de provifions. Nader fe flattoit que par ce mouvement il en-
gageroit le général Turc à s'avancer pour lui livrer bataille ; mais
s'il fût dans cet efpoir, il eût d'ailleurs un plein fuccés dans fon
entreprife. En effet, à peine l'ombre de fon approche fe fût
répandue fur Sourdeche, qu'il fût maître de ce chateau, où un
grand nombre de Kiurdes s'étoient retirés pour éviter le torrent de
l'armée victorieufe : la plufpart de ces malheureux fûrent tués ;
on fit prifonniers tant hommes que femmes, & un butin très confidérable, qui fût partagé entre les conquérans.

Comme fa Hauteffe avoit refolû de recommencer le fiége de
Bagdad, il envoïa ordre à Emir Khan Beg de fe tranfporter avec
fes troupes en un lieu nommé Gemchah fur les bords du Tigre,
où Foulad Pacha avoit dreffé fes tentes, & d'y élever plufieurs
fortes tours. Les gouverneurs d'Ardilan & de Kermanchah
fûrent chargés de faire toutes fortes de provifions, tant à Cheher-

zour.

zour que dans les païs voifins, & de les faire partir de Kiurdeftan bien efcortées, afin qu'elles arrivaffent en fureté au camp d'Emir Khan Beg, où elles devoient être mifes dans les magazins & les greniers des tours, pour fervir pendant le blocus de Bagdad.

Trois jours après les troupes glorieufes fe remirent en marche, & un confeil de guerre fût tenû pour déliberer fur les expéditions de Tauris & de Bagdad; il y fût convenû que, quoique l'exécution de ces deffeins eût été & dût être encore pénible pour les Khoraffaniens qui venoient de fi loin; quoique le fardeau de la guerre, qui tomboit principalement fur eûx, fût difficile à porter, il étoit néceffaire de foutenir ces travaux, en confidérant que la lune ne pourroit jamais parvenir à fon plein fi elle ne traverfoit les cieux, & que les gouttes des plüies d'Avril ne deviendroient jamais des perles précieufes fi elles ne tomboient dans la mer. Que d'ailleurs les habitans de Bagdad, defefpérant d'être fecourûs par le général Turc, & étant oppreffés par la famine, le torrent de nos armes détruiroit facilement des murs déjà ébranlés, changeant leurs tours en veffies furnageantes, & leurs fortifications en tableaux peints fur les ondes. Enfuite ils ajoutérent,

* " Quoiqu'un prémier revers nous abbatit un peu,
   " Nos piéces à la fin fauront gagner le jeu."

Pour conclufion, tous les chefs & commandans s'écriérent, " Tant qu'il nous reftera un fouffle de vie, nous demeurerons " dans le fentier de l'intrépidité, & nous rendrons notre dernier " foupir en obéiffant aux ordres de notre illuftre général." Sur cette réfolution fa Hauteffe envoïa toutes les bêtes de charge furnumeraires à Cheherzour, afin d'en apporter de nouvelles provifions,

fions, & avoir abondance dans l'augufte camp pendant le blocus de A. D. 1732.
Bagdad. Nad. 45.

CHAPITRE V.

Topal Ofman Pacha s'avança vers Kerapeté. Bataille entre lui &
les Perfans. Défaite des Turcs, & la mort de leur général.

SOUS les aîles des glorieux étendars les troupes auguftes aïant
continué leur marche arrivérent à Kerapeté, où elles campérent. Cependant les Kiurdes aïant remarqué que les Perfans
avoient fait apporter leurs provifions fur les bords du Tigre, duquel ils s'approchoient, s'imaginérent qu'étant affoiblis ils ne fon-
geoient qu'à fe retirer. Auffi-tôt ils en firent donner avis au général Turc, qui, jugeant comme eûx du mouvement de nos
troupes, envoïa pour nous pourfuivre Memeche Pacha, à la tête
de douze mille hommes, & monté fur le courfier de l'audace.
Le Pacha dreffa fes tentes en Akderbend, à fept parafanges de Se-
verdache, place forte fituée entre deux montagnes. Cette heureufe nouvelle fût apportée au héros du fiécle par quelques coureurs qui favoient combien elle lui feroit agréable. En effet, dès
qu'il la reçût il prit avec lui des troupes d'élite, & fe mit en
marche par un chemin peu connû, & dont par conféquent on ne
fe défioit point. Le fommeil de la négligence s'étoit fi fort emparé des yeux des vedettes Turques, qu'elles ne s'apperçûrent pas

de

A.D. 1732.
Nad. 45.

dé l'approche du détachement victorieux. Au matin, quand le soleil fortoit de l'horifon avec les troupes refplendiffantes de fes raïons,

    * " Le vainqueur des humains, des villes, des contrées,
    " Arbora dans ce lieu fes banniéres facrées."

D'abord les moufquetaires, violens comme des tygres, firent rugir leur redoutable tonnerre, & en ébranlérent les montagnes. Les Turcs, étonnés & confondus, fe hâtérent de fe ranger en ordre de bataille ; les flâmes du combat s'allumérent, & le fang des combattans commença à couler de toutes parts.

Cependant Topal Ofman s'étant perfuadé que Nader feroit défait, & craignant que par une telle victoire Memèche Pacha ne fe faifit de la balle de la renommée, voulut en partager l'honneur avec lui. Ainfi donc, pouffé par fon mauvais deftin, il fuivit Memèche de fi près, qu'il arriva lorfqu'on en étoit au fort de l'engagement ; quand les éclairs des armes à feu éblouïffoient les yeux du foleil & de la lune, & que la pouffiére du champ de bataille obfcurciffoit le firmament. Il plaça fes noires troupes vis-à-vis d'Akderbend, & verifia ces paroles, " Il changea le jour en " nuit." Quoiqu'un renfort fi confidérable dût animer les Turcs, & décourager les notres, néanmoins, felon ces vers,

    * " Ecarte tout chagrin, que peux tu défirer ?
    " La faveur du Deftin n'eft-elle pas entiére ?
    " L'œil du loup eft rendû plus clair par la pouffiére
    " Qu'éleve le troupeau qu'il voudroit dévorer."

Sa

A. D. 1732.
Nad. 45.

Sa Hauteſſe ne ſe mit point en peine du nombre de ſes ennemis, & s'en repoſa ſur ſon courage ſoutenû des légions inviſibles qui l'accompagnoit. En effet, cet intrépide guerrier eût bientôt rompû les rangs des Turcs, & pénétré juſqu'au centre de l'armée du général, laquelle remplie d'effroi rompit le bracelet de la fermeté, & ſe mit au galop ſur les chevaux de la fuite. Topal Oſman donnoit ſes ordres, aſſis dans une magnifique litiére, & entouré de toute la pompe de ſa dignité ; mais lorſqu'il vit l'extrémité du péril, il monta un cheval prompt comme l'éclair, & prit auſſi la fuite. Les vainqueurs pourſuivirent vivement les fuïards, auxquels d'ailleurs le chemin étoit coupé par deux partis de braves Abdalis qu'on avoit poſté des deux côtés des montagnes. Environ dix milles Turcs fûrent tués dans cette action, & trois mille faits priſonniers. Leur général, malgré la viteſſe de ſon courſier, ne pût ſauver ſa vie ; un nommé Allagar l'aïant atteint lui coupa la tête, qu'il rapporta au camp au bout de ſa lance. Le camp de Memeche Pacha, l'artillerie, les munitions, les tréſors de Topal Oſman, devinrent la proïe des troupes conquérantes. Nader, toûjours généreux ennemi, renvoïa aux Turcs la tête de Topal par Abdalkerin Effendi, un de ſes priſonniers, afin qu'elle reçut, ainſi que ſon corps, les honneurs de la ſepulture, tels qu'ils étoient dûs à ſa dignité de généraliſſime.

Les vainqueurs rétournérent enſuite à Kerapeté. Sa Hauteſſe envoïa ordre à Baba Khan, gouverneur de Loriſtan, de paſſer le Tigre avec ſes troupes, & de s'aſſurer d'Hillé, Negef, & Kerbalaï, afin d'empecher que la garniſon de Bagdad ne reçût des proviſions ; lui ordonnant d'attendre en ce lieu l'arrivée de l'armée auguſte.

PART I.   E e   Comme

Comme les forces de l'ennemi étoient alors détruites, & qu'il n'en reſtoit aucun dans le païs pour s'oppoſer aux deſſeins de Nader, il réſolût d'aller châtier Timur Pacha, dont la valeur étoit en grande réputation parmi les Turcs ; à cet effet il tourna ſes armes vers l'Azerbigian, & ſe mit à la tête d'un corps de ſes lions de guerre. Quand il fût proche de Saoükbelag il reçût avis, que Timur, aïant appris la défaite de Foulad Pacha, arrivée ſur les bords du Tigre, avoit quitté Tauris pour retourner à Van, & que Lutfali Beg étoit rentré dans ſon gouvernement. Sur cette nouvelle ſa Hauteſſe reprit le chemin de Kerapeté. Elle paſſa par Leilan, & aïant atteint Khermaton elle y fût pleinement informée de l'accroiſſement du pouvoir de Mohammed Balouge.

Cet homme ſéditieux avoit traitreuſement fait empriſonner Caſſem Beg, qu'il avoit trouvé à Dezfoul. Il avoit attiré à ſon parti les habitans de Chouſter, leſquels ne prévoïoient pas combien étoit proche le châtiment dû à leur inſolence. Mohammed avoit auſſi gagné les Arabes d'Havizé, & donné à leurs chefs le commandement de Couhkelouïé. Il s'étoit enſuite approché de Chiraz, où Ahmed Soltan, à la tête de trois mille hommes, s'étant oppoſé à lui, il l'avoit battû, forcé de rendre la ville après treize jours de défenſe, & d'aller partager la priſon de Caſſem Beg. Les Arabes de Benader, & les chefs Cheikh Ahmed Mederi & Cheikh Gebéreh, avoient joint le rebelle Mohammed, dont l'armée ſe trouvoit forte de dix mille hommes.

Le blocus de Bagdad n'éxigeant point un grand nombre de troupes, Nader ordonna au gouverneur d'Aſtrabad de conduire les forces de Khouriſtan contre les Arabes ; il donna le gouvernement de Couhkeilouïé à Iſmaïl Khan Khazimé, mandant à Thahmaſp Khan de l'aider à mettre les rebelles dans leur devoir ; enfin il fit

2

marcher

marcher douze mille hommes vers Fars, ſous le commandement d'officiers expérimentés. Après tous ces arrangemens, les enſeignes conquérantes quittérent Khermaton, & vinrent à Serrimenraï, & viſitérent avec vénération ce lieu ſacré. Ce fût alors que ſa Hauteſſe reçût un courrier de Baba Khan, qui lui faiſoit ſavoir, qu'aïant traverſé le Tigre il avoit demeuré toute la nuit ſous les armes, comptant que les Turcs feroient une ſortie, mais qu'aïant par leur inaction connû la crainte qu'ils avoient d'être encore vaincus, il avoit pourſuivi ſa marche le jour ſuivant, & s'étoit aſſuré d'Hillé & des autres places conſacrées.

A. D. 1732.
Nad. 45.

L'armée aïant quitté Serrimenraï pourſuivit ſa marche vers Bagdad, & le vingt ſixiéme de Giumadi'lakri campa dans ſes anciens retranchemens, & éleva les glorieuſes tentes juſqu'aux Pléïades. Trois jours après Ahmed Pacha envoïa un de ſes miniſtres à l'auguſte camp, confeſſant la triſte ſituation où il étoit réduit, & offrant de la part de ſa cour de rendre toutes les provinces priſes par les Turcs ſur les Perſans, & de fixer les limites des deux empires. Après que ces propoſitions eûrent été pluſieurs fois renouvellées, ſa Hauteſſe les accepta. Auſſi-tôt Ahmed Pacha envoïa ordre aux Pachas de Cangia, Chirvan, Erivan, & Teflis, d'évacuer leurs villes. Comme c'étoit contre l'uſage qu'un gouverneur Turc ſortit de ſa ville dans une telle occaſion, Ahmed fit porter quantité de riches préſens au camp de ſa Hauteſſe, & rendit les priſonniers Perſans, qu'il envoïa ſous la conduite d'Abdalla Effendi, Cadi de Bagdad. Nader de ſon côté délivra les officiers Turcs qui avoient été pris dans la bataille donnée contre Topal Oſman; enſuite il viſita les tombeaux ſacrés des ſaints (ſur leſquels ſoit la paix!) aïant été juſqu'alors détourné de cette acte de piété par les événemens qui étoient ſurvenûs.

2 Decembre.

E e 2

C H A-

CHAPITRE VI.

Les troupes auguftes marchent contre Mohammed Khan Balouge. Sa défaite. Autres événemens de cette année.

A. D. 1732.
Nad. 45.

LE quinziéme du mois Regeb, lorfque le froid de l'hyver étoit dans fa plus grande apreté, les banniéres triomphantes s'étant raffemblées quittérent Bagdad. En méme tems l'artillerie fût tranfportée de Khorremabad Fili vers Isfahan. Ce fût alors qu'Abu'lfath, commandant en chef dans Choufter, lui fur la fidélité duquel on avoit tant de raifons de fe repofer, obfcurcit la face de la terre par la noirceur de fa trahifon, en devouant la ville & les forces qu'elle contenoit au fupport du rebelle Mohammed; lequel avoit non feulement mis dans fes interêts les chefs d'Havizé, mais encore les tribus de Cael & les Taïmnites.

Le guerrier tout-puiffant, aïant confideré qu'il falloit extirper jufques dans fa racine une rebellion qui faifoit de fi rapides progrès, fit revenir quelqes-uns de fes efcadrons victorieux, qui avoient pris la route de Bagbian. Après qu'il fût arrivé à la fortereffe de Beïat, il envoïa les bagages du côté de Dezfoul; il laiffa un nombre fuffifant de foldats pour obferver Choufter, tandis que lui-même avec des troupes choifies, prenant la voïe du defert, s'avança à marche precipitée vers Havizé, où il arriva le lendemain à l'aube du jour. Huffein Mohammed Khan, commandant de cette ville, qui avoit difparû depuis quelque tems, & dont on avoit été très inquiet, vint fe profterner devant fon maître, en lui apprenant que jufqu'alors il avoit été occupé à faire des excurfions

contre

A. D. 1732.
Nad. 45.

contre les Arabes, qu'il avoit enfin fait rentrer dans le devoir. Auffi-tôt l'illuftre héros envoïa Huffein pour châtier un rebelle qui, s'étant fortifié dans fon propre chateau, fe défendoit dans le féjour de la défobéïffance. Enfuite s'étant arrêté trois jours à Havizé, pour régler des affaires dont l'importance & le poids demandoient fa préfence, il reprit le chemin de Choufter ; & arriva bientôt devant cette ville, dont les remparts s'élevoient au deffus des nuës, & dont les habitans allarmés & éperdûs reconnurent trop tard leur faute.

Le jour fuivant, lorfque le roi des aftres, encore envelopé du manteau de pourpre de l'aurore, s'affeïoit fur le trône azuré du firmament dans le palais de l'horifon, le grand guerrier, doué de la puiffance de Keherman, fit proclamer l'arrêt de mort d'Abu'l-fath, & celui du fac de la ville.

Après la devaftation de Choufter & le châtiment du malheureux Abu'lfath, l'invincible conquérant donna le commandement de la province à un des chefs du Khoraffan. Il réfolut enfuite de punir une tribu de Bakhtiaris fur laquelle il avoit compté, & qui pourtant avoit élevé l'étendart de la fédition. A cet effet il nomma Babakhan beglerbeg de Fili, gouverneur d'Ardilan, d'Hamadan, & de Kermanchah, & l'envoïa avec vingt mille hommes pour réduire cette tribu rebelle. Cependant, l'augufte armée prit la route de Chiraz, faifant divers campemens, & aïant laiffé derriére foi fes bagages. Quand elle fût parvenue en Behbehan on y apprit que Thahmafp Kuli Khan avoit quitté Isfahan, & Ifmaïl Khazimé fon gouvernement de Couhkeïlouïé, dans l'intention de joindre leurs forces pour repouffer le rebelle Mohammed, & que celui-ci, de fon côté, à la tête de fes foldats, venoit de Chiraz pour les rencontrer.

Sur

Sur ces nouvelles Nader quitta Behehan, & s'approcha de Khei-
rabad, d'où aïant mandé ces deux gouverneurs, ils joignirent les
glorieuses tentes. Alors on sût que Mohammed étoit arrivé à
Derbend; que s'étant arrêté en Choulestan, il avoit envoïé un
corps de troupes choisies & plusieurs détachemens à la rencontre
de ceux qui le poursuivoient. En conséquence de ces mouvemens
sa Hautesse envoïa quelques unes de ses légions triomphantes pour
notifier son approche à son sujet rebelle.

Mohammed, qui n'avoit point encore appris que les banniéres
fortunées s'approchoient, prit ces troupes pour quelques parties des
armées réûnies des deux gouverneurs. Dans cette erreur, comptant
sur les forces de Derbend, et sur le nombre & la valeur de ses propres
soldats, il plaça ses mousquetaires sur le penchant de la montagne,
& une compagnie de surnumeraires au bas, fermant par ce moïen
le passage aux troupes victorieuses. La nuit même qu'il eût fait
ces dispositions, l'heureux guerrier fit faire halte à la distance d'une
demi parasange de Derbend. Au matin les banniéres redoutables
flottérent dans les airs, le glorieux étendart fût placé en face de
Derbend, pour intimider les rebelles; & il fût soutenû par les
gendarmes aussi étincellans que la planéte de Mars, & par les
lanciers semblables au Sagittaire. A l'orient & à l'occident fûrent
placés les mousquetaires remplis de la fureur de Beharan. Ensuite par l'auguste commandement du puissant héros, le feu du
combat fût allumé des deux côtés; tels paroissent deux tourbillons
de flâmes qu'on voit monter avec rapidité vers leur centre. Avec
la même activité les soldats de Mohammed lançoient du sommet
de la montagnes des brandons de feu en aussi grand nombre que
les gouttes de la rosée; mais nos courageux champions les recevoient
comme si ce n'avoit été qu'une pluïe du printems, ou les petites
ondées qui reverdissent les collines; & à l'aide de leurs mains ils

montérent

montérent intrépidement jusqu'à cette cime sourcilleuse qui touche au firmament. On en vint alors aux mains avec le dernier acharnement, & le combat dura pendant deux heures entiéres. Enfin Mohammed, qui se trouvoit posté ailleurs, aïant desiré d'examiner l'étendüe des forces de ses adversaires, se rendit à ce sommet fatal; mais aussi-tôt que cet homme au cœur de vipére eût apperçût l'enseigne couleur d'émeraude de son maître, il connût que le coursier qui portoit sa bonne fortune alloit tomber, & que les portes du séiour de la vie alloient se fermer pour lui. Dans cette terreur il donna de l'éperon au cheval de la fuite, & se retira avec précipitation. Alors sa Hautesse envoïa sur le chemin de Felhian, & sur celui de Tenckera, des troupes de lions alterés du sang des rebelles, lesquels pendant l'espace de dix parasanges, suivant la fougue de leurs coursiers belliqueux, ne cessérent de blesser, de tuer, & de massacrer les fuïards, sans quitter un moment leurs redoutables cimeterres & leurs lances invincibles.

Dans le même tems trois mille hommes qui n'avoient aucuns moïens d'échapper, & étoient réduits à la necessité de combattre sur le penchant de la montagne, tombérent enfin au pouvoir de leurs braves ennemis, & fûrent précipités de la colline de l'existence dans la caverne de la mort. Les terres du rebelle, ses meubles, ses équipages, son camp, tout fût saisi comme dépouille de guerre, après quoi Thahmasp Kuli Khan fût fait commandant de cette place, & on lui laissa des troupes choisies pour s'y maintenir.

Mohammed, cependant, un peu revenû de sa premiere consternation, se mit à errer d'un endroit à l'autre, accompagné de quelques amis; enfin tournant les rênes de son hardi coursier vers Chiraz, il y prit ses femmes, & se retira du côté de Lar. Le

lendemain

lendemain Nader arriva à Chiraz, où Mohammed avoit caché ſes tréſors, & laiſſé d'amples proviſions, après en avoir confié la citadelle à une compagnie d'Afgans & de Balouges, leſquels ne ſongeant qu'à leur propre ſalut ſe rendirent auſſi-tôt, & pour gagner les bonnes graces du vainqueur mirent en liberté Ahmed Soltan & Cazem Beg, qu'ils tenoient dans les fers par ordre de l'infame rebelle. Sa Hauteſſe demeura un jour dans la ville, pour y remettre l'ordre neceſſaire, & rejoignit ſon armée.

Mohammed, ſans s'arrêter un moment dans ſa fuite, avoit gagné les environs de Lar, d'où il envoïa Jahia Khan des Balouges, pour demander azile & protection aux habitans de cette place; mais le gouverneur ſaiſit & empriſonna Jahia & ſes compagnons, & ne répondit à Mohammed que par des volées de flêches & une pluïe de boulets. Ce miſerable, ſe voïant ainſi ſans eſpoir d'aſſiſtance & abandonné de tous, prenoit, le deſeſpoir dans le cœur, la route de Kermſir, lorſque rencontrant quelques païſans, à la ſureté deſquels le gouverneur de Lar n'avoit pas aſſés pourvû, il les fit priſonniers, & puis les maſſacra dans l'excés de ſa rage.

Pendant ce tems les banniéres du conquérant du monde s'avançoient d'un campement à l'autre vers Chiraz, & enfin arrivérent dans cette ville, où les bagages joignirent bientôt. Nader aïant apprit la nouvelle de la fuite de Mohammed vers Kermſir, envoïa ordre à Thahmaſp Kuli Khan de s'avancer avec ſes troupes par Feſa & Geherem, & de venir à la cour qui défend le monde. Ce général obéit, & aïant baiſé le plancher auguſte, il lui fût commandé de completer ſes forces, pour ſaiſir la première occaſion de réduire à l'obéïſſance Mohammed Ahmed Cheikh, & les autres Arabes revoltés qui habitoient le Kermſir. Le gouverneur d'Havizé envoïa un meſſager pour donner avis de la ſoumiſſion

des

des princes rebelles d'Arabie qui demeuroient dans les fortereſſes
de Caab & de Fares Alcazir, leſquels deſiroient leur pardon, &
promettoient la plus entiére obéïſſance ; ſur quoi les très clément
ſouverain du monde commanda que les princes & leurs enfans
s'aſſembleroient, & paſſeroient par la voïe de Khorremabad à
Aſterabad, & que le gouverneur d'Havizé s'avanceroit avec ſes
troupes vers Iſfahan. Dans ce même tems le prince Riza Kuli
Mirza, à qui il avoit été mandé de quitter le Khoraſſan pour ſe
rendre devant l'auguſte préſence, arriva à la très haute cour &
baiſa le glorieux tapis qui s'étend ſur toute la terre.

A. D. 1733.
Nad. 46.

CHAPITRE VII.

Evénemens de l'année du Leopard, répondant à celle de l'Hégire
1146.

LE quatorziéme de Chaval, quand la victorieuſe armée étoit
campée dans les délicieuſes plaines de Chiraz, le ſultan des
cieux ſe tranſporta dans ſon palais du Belier, & s'aſſit ſur le trône
du firmament. Les troupes du monarque printems s'avancérent
pour prendre poſſeſſion du monde. L'infant bouton de roſe naquit, & étant nourri dans le berceau des nuées printanniéres, y
ſuça le doux lait de leurs rafraichiſſantes ondées. Les Zéphires
meſſagers empreſſés allérent porter cette heureuſe nouvelle aux
Narciſſes dont les yeux brillérent de joïe. Les tumultueuſes

A. D. 1733.
Nad. 46.

10 Mars.

A. D. 1733.
Nad. 46.

gions de Dei, qui avoient ravagé les jardins, furent forcées de quitter leur poste. Le général de la riante saison envoia les vents aîlés du couchant vers les Daghestan des tulipes & des anemones ; il s'empara des collines où les troupes de Chebet avoient campé, & chassa enfin l'armée de Bahman des plaines & des vergers.

Dans ce tems la fête de Neurouz fût célébrée, & les chefs de l'armée furent décorés de robes tissues d'or & de manteaux raïonnans comme le soleil.

Comme Ahmed Pacha avoit demandé un délai de deux mois pour la ratification des articles dont il étoit convenu avec sa Hautesse, & que cependant il ne venoit aucune réponse satisfaisante de la Porte, il étoit aisé de voir que les ministres de cette cour avoient voulu différer la paix jusqu'après l'événemens des troubles de Fars, Nader résolut donc de ne pas se laisser amuser plus long tems, & de prendre de justes mesures pour se faire rendre tous les territoires qui appartenoient à la Perse. A cet effet, après avoir établi Taki Khan gouverneur de Fars, & donné à Thahmasp Kuli Khan le commandement de Khoristan, Benader, Fars, et Kerman, & lui avoir laissé le soin de châtier Mohammed, il quitta Chiraz le quatorziéme de Zou'lkadé, & prit la route d'Ispahan.

8 Avril.

Ce fût lorsqu'on étoit dans la station d'Espas qu'arriva du Khorassan la nouvelle de la naissance de Chahrokh Mirza, fils du prince Riza Kuli Mirza. Ce prémier fruit du jardin de prospérité & d'honneur quitta le chaste flanc de la sultane Fatima Begum, fille de Chah Hussein, le quinziéme de Chaval 1146, un peu après la troisiéme heure. Le souffle de la joie que respiroit cette heu-

11 Mars.
1146.

reuse

reufe nouvelle fit fleurir les rofes de la fatisfaction & de l'allégreffe
dans le jardin de tous les cœurs.

L'auteur de cet ouvrage, étant alors à l'augufte cour, confulta
le glorieux Alcoran fur le deftin de cette branche d'un arbre fi illuftre ; & à l'ouverture du livre il trouva le verfet fuivant, " C'eft
" ainfi que nous avons établi Youfef fur la terre, & que nous
" lui avons donné la fcience d'interpreter les fonges. Dieu pré-
" fide fur fes affaires ; mais la plus grande partie des hommes ne
" voudront pas en convenir." Sa Hauteffe fit conferver avec foin &
révérence la copie qui fût faite de ce verfet facré, enfuite elle quitta
cette ftation fortunée, l'ame remplie de contentement.

Le vingt cinquiéme de Zou'lkadé l'armée arriva à Isfahan. Les
habitans de cette ville firent une magnifique illumination ; les
joueurs de luth & les autres muficiens furpafférent dans leurs
concerts l'harmonie des fphéres céleftes. En ce tems là Abdel
Kerim Effendi, qui avoit été envoïé pour conduire le cercueil de
Topal Ofman Pacha, revint à la cour, & aïant baifé le feuil facré préfenta une lettre du grand vifir, qui portoit, qu'Abdalla
Pacha Kiupriuli Ogli avoit été nommé généraliffime des armées
Turques, & étoit en Diarbecr, où il attendoit que fa Hauteffe
envoïât un miniftre pour conclurre la paix. Quoique Nader fût
perfuadé que la Porte ne vouloit que gagner du tems, & en venir
à fes fins fous les apparences de la cordialité, comme il defiroit
de prévenir l'effufion du fang, il fit partir avec l'Effendi un envoïé, qu'il chargea de ce meffage pour Abdalla Pacha, " Nous
" infiftons fur la reftitution de toutes les provinces de l'autre côté
" de l'Aras : fi elles nous font rendues, tant mieux ; fi non, pré-
" parez vous à recevoir notre viûte, car, s'il plait à Dieu, nous
" vous rencontrerons en perfonne, & réglerons definitivement nos

F f 2   " affaires

affaires. D'une autre part, les Russes, étonnés des continuels succés de sa Hautesse, lui envoiérent une ambassade pour traiter de
la restitution de Bedkouï & autres lieux qu'ils avoient jusqu'alors
differé d'évacuer.

CHAPITRE VIII.

L'armée marche du côté de Chirvan ; on apprend que Cheikh Ahmed
Medini & Mohammed Balouge avoient été fait prisonniers. Autres
événemens de ce tems.

14 Juin.

LE douziéme de Moharrem les étendars fûrent déploïés sur la
route d'Hamadan ; & dans cette marche on reçut la nouvelle des succés de Thahmasp Kuli Khan. Ce général, après
avoir quitté la cour qui défend le monde, étoit allé attaquer les
chateaux de Khenge & d'Ouz, où habitoient les Arabes de Bender, & s'en étoit émparé ; ensuite aïant laissé un détachement
devant la forteresse de Beg, dont il avoit commencé le siége, il
avoit marché sur les pas de Mohammed Balouge, & l'avoit atteint à une demi parasange du chateau de Kemchek. Cette place
appartenoit au Cheikh Ahmed Medini, un des plus fameux rebelles de ces quartiers, lequel y aïant rassemblé plusieurs Arabes
& Afgans commettoit de perpetuels desordres dans les païs d'a-
lentour.

Mohammed,

Mohammed, qui n'avoit que cinq cent hommes, ne pût tenir un moment contre nos vaillantes troupes; tous fes officiers fûrent tués, & lui-même fût forcé de fuïr du côté de la mer. Alors Thahmafp s'étant avancé contre le chateau, le prit d'affaut, & chargea de chaines le Cheikh & fes adhérens ; tous les forts voifins eûrent le même fort, & fûrent rafés comme étant des nids de fedition ; les tribus rebelles qui les habitoient fûrent tranfplantées en Khoraffan. Le Cheikh Ahmed & les autres chefs fûrent en- voïés à la très haute cour, pour y gouter le breuvage du châti- ment. Cependant le fugitif Mohammed, voïant toutes les voïes de fecours fermées pour lui, prit un vaiffeau & fit voile vers l'ifle de Keis, demeure des Arabes d'Houlé. Cheikh Allaque, fils de Cheikh Kached, dont la famille avoit été faite prifonniére à Ben- der, chargea de chaines Mohammed & fes complices, fe flattant de meriter par cette action la liberté de fes parens, qu'il obtint en effet, ainfi que de grandes récompenfes. Sa Hauteffe, en par- donnant les offenfes fi fouvent reïterées de Mohammed, l'avoit à chaque fois menacé d'un rigoureux châtiment pour le prémier crime dont il fe rendroit coupable ; ainfi fa patience étant pouffée à bout, elle ordonna, dès que l'incorrigible rebelle lui fût pré- fenté, qu'on lui arrachât les yeux, afin de fervir d'exemple à ceux qui voïent. Ce malheureux languit pendant trois jours dans ce douleureux aveuglement, après lefquels il entra dans le fentier de la mort.

Le treiziéme de Sefer l'augufte armée quitta Hamadan ; & Nader, aïant mandé Achour Khan, gouverneur d'Aroumi, ainfi que trois mille Afchars de ce diftrict, il les paffa en revüe, & les tranfplanta dans le Khoraffan ; enfuite il s'avança vers Meragué & Mogan. A fon approche, les Pachas qui avoient négligé le com- mandement d'Ahmed, & differé d'évacuer les provinces qui de-

voient

A. D. 1733.
Nad. 46.

voient être rendûes, fentirent leur folie, & vinrent avcc foumiffion baifer le feuil de la glorieufe cour, d'où ils fûrent bientôt
congediés. Bektache Khan, commandant des provinces frontiéres, fût envoïé à Tauris avec plufieurs khans & gouverneurs; &
les chefs des Afchars, de Mekden, & Mecri, eûrent ordre de fe
rendre à Demden. Ces divers corps devoient attendre dans leurs
poftes refpectifs l'événement de la paix ou de la guerre, & obferver le tour que prendroient les affaires. Comme un certain nombre de peuples fauvages, habitant les cavernes & les forêts épaiffes
d'Eftára, avoient défobeï aux commandemens fuprêmes, fa Hauteffe, pour les châtier, envoïa contre eûx les gouverneurs d'Eftára,
d'Ardebil, & du Ghilan, avec un corps de moufquetaires. Les
revoltés fe cachérent pendant quelque tems dans les antres des
deferts, mais à la fin ils fûrent completement réduits ; & le dix

19 Aouft.

neuviéme de Rabiu'level l'illuftre armée campa dans les plaines
d'Ardebil.

CHAPITRE IX.

*Les troupes auguftes s'emparent du Chirvan & de Kemouk. Châti-
ment des Leczies du Dagheftan ; fuite de Serkhaï.*

LORSQUE le glorieux camp fût fixé à Ardebil, Abdalla
Pacha, général des Turcs, y envoïa un meffage conçû en
ces termes, " Sa Hauteffe a demeuré quelque tems fans requerir
" la

" la reftitution des provinces; mais dès qu'elle les a demandées
" la cour Ottomane les a rendûes, ainfi elle n'a [nul motif de
" plainte, ni aucunes raifons pour continuer la guerre.'   Malgré
ces proteftations, la mauvaife volonté de la Porte étoit évidente.
Les Pachas avoient non feulement différé d'obeïr aux ordres d'Ahmed, mais encore ils avoient perfuadé le général de prendre des
moïens violens pour foutenir leur refus.   Serkhaï, le Lekzie gouverneur pour la cour Ottomane du Chirvan & du Dagheftan, s'é-
toit plus opposé que tout autre à la convention faite avec Nader;
il avoit même, en recevant l'ordre d'Ahmed Pacha, fait la réponfe
fuivante : " J'ai conquis les territoires de Chirvan avec les cimé-
" terres de mes Lekzies lions de guerre, & de quel droit Ahmed
" de Bagdad fe mefle-t-il de ce qui me regarde ?" Sa Hauteffe, informée de ces paroles de Serkhaï, réfolut de punir fa rebelle obftination, & de s'emparer par la force de fes armes de la province
qui lui étoit déjà dûe à tant de titres.   A cet effet, l'armée, pourfuivant fa marche, arriva le vingt cinquiéme de Rabiu'level fur les
bords du Ker.   Lorfque Serkhaï fût l'approche de cet ocean
tempeftueux il s'enfuit vers les montagnes du Dagheftan, & le
vingt neuf du même mois les brillans étendars fûrent élevés près
du chateau de Chemakhi.   Nader donna le commandement de
ce diftrict à Mohammed Kuli Khan Saadlou, & aïant appris que
les rebelles s'étoient poftés dans un lieu de fort difficile accés nommé Yelfi, il envoïa un corps de troupes pour les en chaffer; cinq
cent d'entre eûx fûrent fait prifonniers, mais enfuite mis en liberté
par la bonté de fa Hauteffe.

Comme les deux rebelles Ahmed & Mohammed avoient fubi
la peine qui leur étoit dûe, & comme les affaires de Fars étoient
terminées, Nader ordonna à Thahmafp Kuli Khan de fe rendre
au plutôt à la très puiffante cour, dont en conféquence il vint
                                                        baifer.

baiſer le ſeuil auguſte. Sur ces entrefaites on reçut la nouvelle que Serkhaï avec un corps de Leczies s'avançoit, perſiſtant dans ſa revolte : ſurquoi le héros ſubjuguant le monde, laiſſant ſon bagage derriére lui, ſe mit en marche le dix neuf de Rabiuſſani avec ſon artillerie & douze mille lions de guerre pour s'emparer de Kemouk, place qui ſervoit d'habitation & de refuge aux rebelles. Il avoit auparavant donné ordre à Thahmaſp Kuli Khan d'aller à la rencontre de Serkhaï avec un corps de troupes ; & lorſqu'il auroit terminé cette expédition, de ſe rendre par Fars & Seiſtan à Hérat, & de prendre le commandement de ce que les Perſans poſſedoient en Kandehar. Quand ſa Hauteſſe fût à la ſtation de Kebrek, diſtrict du Dagheſtan, elle reçût la nouvelle que Serkhaï avoit été défait par Thahmaſp entre Kabela & Chemákhi, & s'étoit retiré du côté de Kemouk. Voici un détail précis de cet événement.

Après ce qui s'étoit paſſé à Chemákhi, Serkhaï avoit aſſemblé ſes troupes, & s'étoit mis en marche vers Kabela, il fût joint dans cet endroit par les Leczies de Giar & de Tellé, & envoïa demander du ſecours à Ali Pacha, gouverneur de Cangé, & à Iſhhac Pacha, gouverneur de Teſlis. Ce dernier refuſa d'aſſiſter Serkhaï ; mais l'autre lui envoïa ſon propre fils avec trois commandans à la tête de huit mille Turcs, tellement que ſon armée monta à vingt mille hommes. Le général Thahmaſp partit de Chemákhi au jour marqué par ſa Hauteſſe ; Serkhaï avoit poſté un corps de mouſquetaires à Divébatem, lieu qui touche d'un côté à une montagne & de l'autre à une forêt, & derriére ce corps on avoit placé quelques compagnies qui devoient le ſoutenir. Thahmaſp, qui ne ſavoit pas le nombre de ſes ennemis, ſe jetta hardiment ſur eûx, & battit la premiére troupe ; les autres, s'imaginant que c'étoit ſa Hauteſſe en perſonne qui attaquoit avec tant de furie, tournérent le dos. Il en périt pluſieurs, & leur armée fût miſe en

une

une entiére déroute. Les Turcs fe retirérent à Cangé, & Serkhaï à la tête d'un parti prit la fuite vers Gazi Kemouk. Les
vainqueurs s'approchérent du château de Khagemez, qui avoit été
nouvellement bati par Serkhaï, & ils le pillérent, s'emparant auffi
du camp & des munitions des rebelles.

Dès que le conquérant couronné du foleil eût appris la victoire
de fon général, il envoïa un détachement pour couper chemin aux
fuïards. Cependant Serkhaï, aïant eû avis que les auguftes troupes
s'approchoient de Kemouk, pouffa le courfier de la fuite, & paffa
pendant la nuit à Meïanicouh, où notre armée arriva au matin.
Un parti de Leczies & de Tartares qui s'étoient égarés vinrent
tomber au milieu des Perfans, qui en détruifirent plufieurs avec
leurs redoutables cimeterres, & mirent les autres dans les chaines
de la captivité.

Lorfque le foleil fultan des cieux defcendoit de fon trône du
firmament, fa Hauteffe affembla fon confeil ; & après une longue
déliberation elle fe mit à la pourfuite de Serkhaï, épéronnant fon
courfier aîlé & traverfant le monde. En dix jours de tems l'armée avoit fait quinze ftations, tranfportant fon artillerie par un
chemin pierreux & fur les rochers efcarpés ; on avoit même été
forcé de porter quelques canons fur les épaules des foldats. Ce fût
ainfi qu'on arriva au bourg de Khefrek, & le jour d'après tout
proche de Kemouk.

Pendant cette marche un courrier vint de la part de Serkhaï,
qui demandoit pardon & merci ; ce que fa Hauteffe étant difpofée
à accorder, elle fit réponfe, " Le moïen que tu aurois dû prendre
" pour obtenir notre faveur, étoit de venir humblement à notre
" cour ; fans cette foumiffion il te fera impoffible d'arrêter le ra-

A.D. 1733.
Nad. 46.

PART I.   G g   " pide

A. D. 1723.
Nad. 4.6

" pide torrent de nos forces, contre lequel les foibles joncs de la
" déception ne peuvent rien ; n'espére donc pas échapper par de
" vains contes & rufes magiques au souffle confumant de nos
" troupes de dragons." Soit que Serkhaï n'eût en effet voulû
que gagner du tems, soit qu'il eût repris cœur, il venoit alors de
rassembler les Leczies du Dagheftan fur les bords d'une riviére
qui couloit à travers d'une profonde vallée, le fond de laquelle
pouvoit à peine être atteint par la fonde de l'imagination. En ce
lieu il éleva des remparts, & aïant rompû un pont qui étoit fur
la riviére, il fe prépara à tenir ferme contre le puiffant guerrier.
Nader, après avoir fait feu pendant quelque tems fur ce temeraire,
envoïa Gani Khan avec un corps d'Abdalis, pour tâcher de traverfer la riviére un peu plus haut. Ce détachement trouva à la
fin un gué dont le fentier étoit auffi refferé que les paupiéres d'une
fourmi, & ils le pafférent dans un clin d'œil. Serkhaï voïant fes
retranchemens envahis prit la fuite ; il fût pourfuivi par les troupes
victorieufes, qui envoïérent un nombre confidérable des fiens dans
le féjour de la mort ; mais aïant échappé à nos fabres vengeurs, il
fit fortir fa famille et fes adhérens de Kemouk, & fe mit à errer
dans les environs d'Oar & de Tcherkés. La mer furieufe de la
conquérante armée élança fes vagues fur les habitations, & les
champs de Kemouk & les poffeffions de tous les habitans de cette
place fûrent ravagées. Khasfoulad Khan, fils du chef du Dagheftan, fe hâta de venir baifer le fortuné marchepied, & étant honoré
d'une vefte fplendide, il obtint le pardon des peuples de ce territoire.

Comme les armées de Bahman & de Deï avoient alors rendû
les montagnes inacceffibles, & que Serkhaï ne valoit plus la peine
d'être pourfuivi, fa Hauteffe, après avoir demeuré une femaine en
ce lieu, rendit à Khasfoulad Khan les Leczies qui avoient été

faits

faits captifs, & avec la plume de la clemence effaça les erreurs A. D. 1733.
du peuple de Kemouk. L'armée s'étant remife en marche, et Nad. 46.
äïant atteint Akhtitazi, on apprit que les Leczies du Dagheftan
hauffoient encore la tête de la rebellion ; qu'ils avoient rompû le
pont de la riviére Semour, & s'étoient retranchés fur le fommet
d'une montagne. Sur cet avis les troupes auguftes s'approchérent
de cette riviére, & avant le foleil couché eûrent conftruit un pont
de bois, & achevé d'y paffer lorfque l'aftre aux banniéres dorées
fe trouva à l'autre bout du pont azuré du firmament. Nader fit
camper au pied de la montagne, & le jour fuivant, quand le flambeau du monde fortit fon cimeterre de la montagne de l'horifon,
les intrépides guerriers fe préparant à atteindre jufqu'aux retranchemens des rebelles, la premiére troupe qui monta fe trouva
juftement dans le lieu où l'on avoit placé les femmes & les enfans. Les rebelles commencérent à prendre la fuite ; mais ils
fûrent pourfuivis par le guerrier infatigable, qui parcourut cette
effraïante région depuis le matin jufqu'au foir, & tua plufieurs des
fuïards qui fe cachoient dans des cavernes & dans des creux de
rocher. Le refte de ces malheureux fûrent faifis d'une télle terreur, qu'ils précipitérent dans les ondes ceux de leur enfans qui
n'étoient pas en état de les fuivre, & cherchérent leur propre falut
dans un prompte fuite. Alors le foleil defcendoit dans la ftation
de l'occident, & le conquérant du monde chercha une place pour
fe repofer.

Comme il étoit impoffible que le camp & le bagage paffaffent
fur ces montagnes efcarpées, Nader les envoïa à Kebala par Mef-
kingé & Chaldagué, & réfolut d'avancer elle-même vers cette
place par la route de Tchakmez. Ce chemin étoit très difficile,
& rempli de pierre & de bois fec, de maniére que les fantaffins
étoient obligés de paffer un à un, non fans de grands dangers ;

G g 2

néanmoins

néanmoins fa Hauteffe & fes gardes, guidés par leur courage indomptable, traverférent à pied ces montagnes, & le feiziéme de
Giumadi'laveli arrivérent en un lieu nommé Khelckchin, diftrict
de Kebala. Trois jours après, le refte de l'armée fortunée, le
camp, & bagage joignirent.

Après la défaite de Serkhaï, Thahmafp Kuli Khan marcha
vers Hérat, où Gani Khan eût ordre de fe rendre pour le tems du
Neurouz.

Lorfque l'armée étoit dans la ftation ci-deffus mentionnée, il
arriva un meffager de la part de Tahmouras Mirzaï, fils de Naz-
rali Khan, & d'Ali Mirzaï fon neveu, déclarant, que lorfque Serkhaï avoit demandé du fecours aux Pachas de Cangé & de Teflis,
ils s'étoient mis à la tête d'une troupe de Georgiens, & étant tombés
fur un parti de Turcs qui vouloient joindre les rebelles, ils en
avoient tué cinq cent & difperfé le refte. En récompenfe d'un
fervice fi fignalé, ces jeunes héros fûrent honorés de robes brillantes comme le foleil, & autres marques de diftinction.

CHAPITRE

CHAPITRE X.

Siege de Cangé. Evénemens de ce tems.

QUAND l'armée se fût suffisamment reposée des travaux qu'elle avoit enduré pour s'emparer du Chirvan, & pour châtier les Leczies du Dagheftan, les enseignes victorieuses fûrent deploïées, & prirent la route de Cangé le vingt quatriéme de Giumadi'laveli. Par le commandement suprême un pont très fort fût conftruit fur l'Aras, fur lequel passérent les glorieuses troupes, & le Mercredi fixiéme de Giumadi'lakhri les magnifiques tentes fûrent elevés jusqu'au soleil & à la lune devant Cangé.

Ali Pacha étoit alors gouverneur de cette place ; & Fath Kefaï Soltan, avec un nombre confidérable de Turcs & de Tartares, en formoient la garnifon. Tandis qu'Ali, après avoir abandonné les fauxbourgs, fe préparoit à la défenfe du chateau, fa Hautefle s'avança pour rconnoitre les lieux, & d'une main puissante poussa jufques fous les murailles fon fuperbe courfier. Le jour fuivant le héros fans pareil fit élever une batterie au midi du chateau prefque au pieds des fortifications ; il y plaça une compagnie de foldats alterés de fang, & des trois autres côtés aïant aussi élevé des remparts il y pofta de vaillantes troupes. Il logea de l'artillerie dans les tours d'une mofquée qui étoit vis-à-vis le chateau, & qui le commandoit, & de là commença à faire feu fur l'ennemi ; mais les Turcs, aïant pris ces tours pour le but de leurs boulets, les rendirent dans trois jours de niveau avec la terre.

Alors

A.D. 1733.
Nad. 46.

22 Octobre.

3 Novembre.

Alors les Perfans tiréren t fur les Mofquées qui étoient dans la ville, & abbatirent les enfeignes de leur élevation, & donnant la vie de ceux qui les occupoient à l'ange de la mort, ils éteignirent les bruïantes flâmes qui auparavant perçoient les nuës. Après cela, les affiégeans établirent une large batterie fur des madriers, qu'ils placérent pendant la nuit contre les murs, & d'où ils répandirent le feu de la calamité fur la garnifon ; mais dont au jour la force fût prefque éteinte par les coups qui partoient des baftions du chateau. Enfuite plufieurs machines fûrent emploïées contre les murailles, & de redoutables mortiers repetoient ce verfet de l'Alcoran, " Nous avons répandû fur eûx des pluïes de pierres." D'habiles ingénieurs avec les mains de Ferhad creuférent des mines de tous côtés, trois defquelles aïant reuffi détruifirent un grand nombre de foldats de la garnifon. Sept autres mines fûrent immédiatement preparées, dont une fût éventée par les Turcs, mais ils ne découvrirent pas les fix autres, qui contenoient trois mille cinq cent *Mens* de poudre. Lorfque la garnifon des planêtes & des étoiles fixes allumoient les lampes de leurs raïons fur la haute citadelle du firmament, une de nos mines prit feu, ce qui allarmant la garnifon Turque l'obligea à fe rendre en foule dans les tours, & alors les cinq autres mines aïant joué firent fauter en l'air fept cent des ennemis, parmi lefquels fe trouva le fils d'Ali Pacha.

Les Turcs de leur côté creuférent deux mines, l'une defquelles fût découverte & éventée ; l'autre, aïant pris feu, confuma la vie de trente ou quarante Perfans. Souvent pendant cette manœuvre les mineurs de deux partis fe rencontroient fous terre dans des étroits paffages, & en venoient aux mains avec des poignards. Une fois les Turcs firent une fortie, tenant d'une main leur fabre nud, & de l'autre une grénade, à laquelle ils mirent le feu, &

tombérent

tombérent fur les afliégeans ; ils les chaffoient jufqu'à l'extremité du terrain, qu'ils occupoient lorfque un corps de Kiurdes furvenant il fûrent à leur tour repouffés.

A. D. 1733.
Nad. 46.

Sa Hauteffe avoit accoutumé d'aller tous les jours aux remparts, pour examiner les progrès des ingénieurs ; ce que les Turcs aïant remarqué, ils augmentérent prodigieufement leur feu, &, une fois que cet intrépide héros s'étoit avancé de plus près, un boulet de canon emporta la tête d'un foldat fi proche de lui, que le fang & la cervelle de ce malheureux rejaillirent fur fa robe. Une autre fois fe trouvant dans une Mofquée à quelques pas de la ville, & s'y délaffant des fatigues du jour, une bombe tomba au milieu de la compagnie, qui l'entouroit et tua un de fes gardes. C'eft ainfi que le feu du combat continua de tonner pendant long-tems fans qu'aucun des deux partis fût découragé ; quoique les Turcs euffent perdû, outre plufieurs foldats, Kougeali Pacha gouverneur de Berkechat, & qu'Ali Pacha eût à déplorer la mort de fon fils. Du côté des Perfans, une bombe avoit tué Pir Ali Khan, Beg, maître de l'artillerie.

Les batteries avoient joué nuit & jour depuis le prémier de Ramazan, & les tranchées étant prefque comblées par des piéces de bois & de groffes pierres; les ouvrages étoient pouffés avec la plus grande diligence, & atteignoient les pieds des fortifications. Cependant fa Hauteffe, voïant que les neiges & les pluïes retardoient le fuccés des batteries, eût recours à un autre moïen. Elle fit élever une haute chauffée, & dirigea les eaux contre le chateau ; les ouvrages extérieurs & les tours fûrent détruits, & la moifié de la place étoit inondée. Néanmoins la garnifon ne fe rebuta pas, elle efpéroit d'être fecourûe par Abdalla Pacha Kiuprili Ogli ; le bruit de fon approche augmentant de jour en jour.

25 Janvier.
1734.

Pendant

Pendant plufieurs mois toutes les tentatives poffibles fûrent faites pour prendre la ville, mais demeurérent infruCtueufes ; car outre que la clef de la viCtoire eft entre les mains de la Deftinée, il n'y avoit pas moïen de donner un affaut. Sur cela fa Hauteffe cho- fit, pour contïnuer le fiége, un corps de fes héros alterés de fang & en aïant confié un autre à Sefi Khan Begairï, elle lui ordonna d'y joindre autant de Georgiens qu'il en pourroit lever, & d'aller affiéger Teflis.

Dans le nombre des preuves de l'heureufe deftinée de Nader, nous citerons encore celle-ci : Pendant le fiége de Cangé, comme les auguftes tentes n'étoient qu'à la portée du canon, on avoit fait une haute élevation de terre devant la tente roïale, pour la ga- rantir du feu des ingénieurs Turcs. Cependant fa Hauteffe étant un jour affife au milieu de fon férail, & allant fe lever pour fe rendre au Divan, un boulet de canon tomba à côté de fon fiége facré. Le méme accident lui étoit arrivé devant Hérat, & le ciel ne fe laffoit point d'être le bouclier du héros qu'il condui- foit par la main au faîte des honneurs, au comble du pouvoir & de la gloire.

CHAPITRE

CHAPITRE XI.

Châtimens des rebelles de Giar & de Tellé, & autres événemens arrivés pendant le siege de Cangé.

QUAND les très glorieufes enfeignes étoient arborées dans les dehors de Cangé, un corps de Leczies fe préfenta à la puiffante cour, & promit de revenir au bout de vingt jours, & de s'enroler dans le fervice du guerrier auffi refplendiffant que le foleil. Sur leur manque de parole, un parti fous la conduite d'officiers expérimentés fût envoïé contre eûx, & Ali Mirzaï fils d'Imam Kuli Khan eût ordre de marcher avec une compagnie de Georgiens de l'autre côté de l'Aras. Ces deux détachemens, s'étant renforcés en chemin faifant, arrivérent aux habitations de cette tribu, qui fe fortifia dans une haute montagne qu'on auroit prife pour la fille ainée du mont Alborz. Les rebelles, fe ceignant du baudrier de la hardieffe, fe préparérent au combat, & avec leur cavalerie & infanterie attaquérent nos troupes, mais plufieurs d'entre eûx fûrent tués, les autres fe retirérent dans leurs retranchemens.

Nos commandans firent maffacrer cent & cinquante prifonniers qu'ils avoient fait dans cette action, ravagérent tous ces quartiers, brulérent les villages des rebelles, & fe faififfant de toutes leurs poffeffions tuérent ou firent captifs tous ceux qui ne pûrent leur échapper. Toutefois comme c'étoit la faifon de l'hyver, & que

A.D. 1737:
Nad. 44.

PART I.   H h   les

les troupes du froid & des glaçons s'étoient emparées de ces quartiers, comme les défilés qui conduifoient aux retranchemens des rebelles étoient bouchés par des arbres & des piéces de bois, nos détachemens eûrent ordres de revenir, & d'amener au camp augufte les principaux prifonniers qu'ils avoient fait fur cette audacieufe tribu, dont l'entiére punition fût remife à un autre tems.

Sa Hauteffe reçût la nouvelle d'un autre fuccés de fes troupes toûjours victorieufes. Une tribu de Bakhtiaris, qui avoit été envoïée en Khoraffan, s'étoit échappée & retirée dans les montagnes ; mais Tchaouchelou, gouverneur de Fili, aïant marché contre ces mutins, les avoit forcés pour la plufpart ou de fe jetter dans la riviére prochaine, ou d'être confumés par les fabres étincellans ; le refte de ces féditieufes familles avoit été renvoïé en Khoraffan. Le gouverneur du Kerman & du Seïftan n'avoit pas été moins heureux ; il fit favoir à la très haute cour, qu'il avoit châtié les Balougiens de Dizek ; qu'à l'aide de la fortune il avoit réduit tous les rebelles de ce quartier, & par les cimeterres vengeurs conduit un grand nombre d'entre eûx dans le fentier direct de la deftruction, & enfin pris poffeffion de toutes leurs fortereffes.

CHAPITRE

CHAPITRE XII.

Commencement de l'année du Lievre, répondant à celle de l'Hégire 1147. Paix avec les Ruſſes, reſtitution de Badkouïé & de Derbend.

C'ÉTOIT alors la ſaiſon que les frontiéres des vergers & les chateaux des boutons fleuris des arbuſtes ſi long-tems au pouvoir de l'envahiſſeur Deï, étoient reſtaurés par les ondoïantes nuées & les légions des douces haleines printanniéres. La Nature faiſoit ſortir de ſon ſein libéral des ſources rafraichiſſantes pour humecter la racine des arbres. Les rebelles de Bahman, qui avoient pillé les berceaux de roſes, étoient relegués dans le ſéjour ténébreux de la miſére. Dans ces momens heureux, où tout ſembloit reprendre une nouvelle vie, le ſultan des planétes parût redoubler l'éclat de ſes raïons, & le vingt cinquiéme de Chaval déploïa ſes banniéres dans la région du Belier ; auſſi-tôt les Zéphirs empreſſés & careſſans parcourûrent les jardins, & ouvrirent les portes cloſes des roſes & des tulipes.

Les ſons joïeux du Neurouz & les acclamations de la victoire anoncérent en tous lieux le bonheur & la proſpérité. La fête roïale fût célébrée avec la plus grande magnificence. Le jardin de roſes ſembla emprunter ſon éclat de la ſalle qui fût deſtinée au ſomptueux banquet, les bocages de l'Irem en recevoir de nouvelles beautés, les anémones & les tulipes en être jalouſes, & à ſon éclat la violette palir d'envie. Les chefs de l'armée fûrent revêtûs de manteaux de couleurs variées, & de veſtes tiſſues d'or ; un nouveau printems brilla dans cette glorieuſe aſſemblée.

H h 2

Après

Après cette folemnité arriva le tems où le jardin de rofes de l'empire devoit reprendre tous fes ornemens.   En effet, après la prife de Chamákhi, Nader fe détermina à fe faifir les armes à la main des territoires que la Ruffie retenoit encore, & à ne plus s'en remettre à des négociations.   L'ambaffadeur Ruffe, qui avoit fuivi l'augufte camp, informé de cette réfolution, fuplia fa Hauteffe de vouloir bien lui accorder un délai de trois mois, & fit favoir à fa cour, qu'il étoit auffi dangereux qu'inutile de differer d'évacuer Derbend, Badhhouïe, & les autres lieux redemandés ; ainfi la paix fût ratifiée entre les deux empires, les prifonniers fûrent rendûs, les commandans Ruffes fe retirérent des frontiéres, & des gouverneurs Perfans allérent les remplacer.

Comme la ville de Chámakhi étoit fituée dans un lieu trop expofé à l'ennemi, fa Hauteffe ordonna qu'on battit une autre ville du même nom à quatre parafanges de la premiére, dans un lieu naturellement fortifié, & nommé Akfou, entre là riviére de Ker & l'ancienne Chámakhi.   Ses ordres fûrent auffi-tôt exécutés par les plus habiles architectes & ouvriers ; les habitans fe tranfportérent dans cette nouvelle demeure femblable au mont Kaf, & on y fixa le fiege des gouverneurs du Chirvan.

Dans ce même tems Nader reçût une nouvelle qui lui fût très agréable.   Ilbarz, prince de Kharezme, avoit envoïé Huffein de Yemout avec trois mille Turcmans pour piller les frontiéres du Khoraffan.   Ces troupes s'étoient divifées en trois corps, & repandûes dans les plaines de Bané, dans les environs d'Eldague & de Semelkhan, qui étoit l'habitation d'une tribu de Kiurdes.   Mais les gouverneurs de ces territoires s'étoient fi vigoureufement oppofés à ces infolens ennemis, qu'ils les avoient prefque entiérement

mept

ment détruits, auffi leur courage & leur bonne conduite fûrent récompenfés par des marques particuliéres de diftinction.

CHAPITRE XIII.

*L'armée marche vers Cars, afin de donner bataille à Abdalla Pacha.
Défaite de ce général devant Erivan, & fa mort.*

ABDALLA Pacha à la tête de fon armée étoit venû depuis quelque tems de Van à Cars. Quoique le rapport commun fût, qu'il alloit s'avancer comme un torrent qui defcend d'une haute montagne, il n'ofoit aller plus avant. Après la fête du Neurouz, fa Hauteffe, voïant qu'Abdalla ne fongeoit point à venir au fecours de Cangé, & brulant de lui livrer bataille, envoïa un parti ravager les environs de Cars, fe flattant par là de l'attirer au combat ; mais le général, ne prenant nulle connoiffance de ces ravages, refta tranquillement dans fon camp. Le guerrier infatigable, s'étant laffé d'une attente inutile, prit fes mefures pour aller défier en perfonne ce patient ennemi. Il laiffa aux héros doués de la force de Saturne le foin du fiége de Cangé. Il envoïa un détachement à Agdache, avec ordre de veiller fur les Leczies de Giar, de Tellé, & du Dagheftan, & au cas qu'ils fiffent mine de fe foulever, de fe joindre au gouverneur du Chirvan pour les reduire. Enfin il envoïa un corps de troupes du côté de Penge Khan, pour obferver la ville d'Erivan. Après ces fages précautions,

l'armée

A. D. 1743.
Nad. 47.

l'armée victorieuse déploïa ses triomphantes banniéres, & quitta Cangé le treize de Zou'lheggé.

26 Avril.

Lorsqu'on fût à la station d'Elacouï, dans le district de Chemseddinlou, on eût intelligence que Timur Paçha marchoit vers Teflis avec six mille Turcs & Kiurdes de Van. Sur un rapport si agréable, Nader prit avec lui une légion de vaillans guerriers, afin d'arrêter la course de ses audacieux ennemis, ordonnant à son camp de s'approcher du chateau de Louri, & d'y attendre son retour. A trois parasanges de Teflis on apprit que Timur Pacha s'étoit retiré, après avoir ravitaillé la garnison. Sur cela sa Hautesse forma le dessein de passer par la montagne de Kaïgouli, & de tomber à l'improviste sur le chateau de Karentcheni proche de Cars, où plusieurs Turcs étoient postés ; mais comme la neige étoit si épaisse qu'on ne distinguoit pas les montagnes d'avec les plaines, & les abîmes d'avec un chemin sur, Nader ordonna à son infanterie de travailler à faire un passage pour son armée en écartant la neige ; à son commandement sacré tous les bras s'armérent de vigueur pour repousser les troupes de Deï qui avoient fixé leur camp dans cette région. Cependant le succés ne répondit pas au zéle ; plusieurs chevaux périrent dans ces immenses gouffres de neige, & il fallut rebrousser chemin.

De retour au camp de Louri sa Hautesse envoïa un prisonnier Turc avec une lettre à Abdalla Pacha, pour l'informer de son approche ; ensuite elle se mit en marche avec ses héros, & le prémier de Moharrem elle fit dresser ses tentes aussi brillantes que les étoiles à une parasange de Cars.

14 Mai.

     * " Quand des cieux au matin la trompette dorée
      " Repetoit au mortels, La nuit s'est retirée,"

la

la mufique guerriére de l'armée invincible fit à fon tour retentir
le firmament, & les victorieufes banniéres comme des dragons
aîlés s'elevérent jufques aux conftellations.   A l'approche de Nader le général Turc avoit pourvû à fa propre fureté en fe retirant
dans le chateau, & commençoit à fortifier la ville, tandis que Timur Pacha en protégeoit les murailles à la tête d'une armée de
cent vingt mille hommes.   Nader tâcha par quelques légeres attaques d'attirer l'ennemi fur un terrain égal à celui où il avoit
rangé fon armée en bataille ; mais ne pouvant y parvenir, il pofta
un corps de troupes fur une haute colline qui commandoit le
chateau ; ce corps aïant en un clin d'œil élevé une batterie, fit feu
fur la garnifon. Après que les canons à bouche de dragons eûrent
vomi leurs dévorantes flâmes pendant quelque tems, les cavaliers
& les fantaffins fe jettérent tous enfemble le fabre levé fur les
Turcs, qui au prémier choc reculérent, les uns fuïant vers Erzenneroum, & les autres fe mettant à l'abri dans leurs retranchemens.

Quand la nuit eût étendû fes tentes de fatin couleur de mufc,
le conquérant d'heureufe fortune fe retira dans fon camp folide
comme les cieux. Pendant trois jours l'armée de héros, femblables
aux chérubins, foulérent les environs de Cars, & en fillonérent
le terrain par les pieds à cornes d'ambre de leurs victorieux courfiers. Enfin fa Hauteffe envoïa par un des captifs une lettre au
général, l'invitant de venir dàns la plaine du combat ; mais elle
n'en reçût aucune réponfe. Alors elle penfa que puifque les
villes de Cangé & de Teflis étoient affiegées, fi elle menoit fes
conquérantes troupes à Erivan, Abdalla pourroit vouloir au moins
fauver une de ces trois importantes places ; dans ce deffein s'étant
mis en marche, elle fit dreffer fes tentes près d'Ouge Klifia, &
dans peu de jours parvint à une parafange d'Erivan, dont le

                                                gouverneur

gouverneur parut déterminé à une vigoureuse resistance. Un dé-tachement, que le héros du monde envoïa pour saccager Bagezid, amena bientôt à ses pieds Osman Aga, gouverneur de ce fort, & plusieurs autres prisonniers.

Cependant le général Abdalla, oubliant le sort de son préde-cesseur, vérifia ces paroles, " Quand l'heure du destin est venûe, " on tombe dans l'aveuglement;" il crût que la retraite des troupes conquérantes de devant Cars étoit une marque de leur foiblesse, ou de quelque calamité dans la terre d'Iran. Son cœur étant animé par son imagination, il marcha vers Erivan avec une armée composée de soixante & dix mille cavaliers et de cinquante mille janissaires. Quand il fût arrivé à Arpetcheï, la joïeuse nouvelle de son approche fût apportée à Nader, qui aussi-tot en-voïa son bagage à Coucgé-denghiz, & s'avança avec seulement quinze mille champions d'élite. Les Turcs avec leurs nombreuses forces atteignirent Baghaverd district d'Erivan, & se postérent pendant la nuit au pied d'une montagne. Les Persans campérent à deux parasanges de l'ennemi proche d'Akhikendi, de maniére qu'il y avoit une plaine spacieuse entre les deux armées. Le gé-néral Turc, dont le vain espoir voloit avec les aîles de l'illusion sur le mont Kaf de ses chimériques desirs, croïoit déjà voir les lions Persans dans le laqs de la captivité.

Nader au contraire fixoit l'ancre de son vaisseau dans le rocher de sa confiance dans le Tout-puissant, & regardoit l'approche des ennemis comme une marque de la faveur divine. Avec ces sen-timens, une résolution inébranlable, un courage indompté, il s'oc-cupa jusqu'à minuit à régler tout ce qui concernoit son armée, & puis se livra au repos en attendant le matin desiré. Dans ces momens de sommeil il songea, qu'un terrible animal semblable à

un

un cameleopard étoit entré dans fa tente, & avoit d'abord courû fur lui; mais qu'avec le courage d'un lion il s'étoit jetté fur la furieufe bête, qu'il avoit faifie par le col, & qu'en dépit dés efforts qu'elle faifoit pour lui échapper, il l'avoit terrafféee, qu'alors quelques foldats étant furvenus avoient voulû bleffer l'effraïant animal, mais qu'il l'avoit tué lui même avant qu'ils euffent pû venir à fon affiftance.

Au matin Nader affembla fes officiers, & d'abord leur reprefenta l'extremité où ils fe trouvoient, les affurant que l'ennemi aïant bû le vin de l'arrogance les avoient entourés de toutes parts, & leur remontrant qu'il n'y avoit de fureté pour eûx que dans leur valeur; enfuite il leur raconta le fonge qu'il avoit eû, & leur en fît augurer une pleine victoire.

Cependant les Turcs étoient fortis de leurs retranchemens dans le deffein de commencer l'attaque fi les Perfans quittoient une eminence fur laquelle ils étoient poftés. Nader répondant à leurs defirs defcendit comme le tonnerre du haut de la colline, où comme un torrent du printems qui tombe de la cime d'un rocher. Les Turcs diviférent leur artillerie en deux parts, l'une defquelles fût placée vis-à-vis notre aîle gauche, & l'autre fur un petit mont; & ils commencérent à pouffer les foudroïantes nues de leurs canons & de leurs moufquets. Le conquérant héros commença l'engagement, & tomba fur l'aîle droite des Turcs, commandant à fon corps d'armée de tâcher de pénétrer dans leur centre. Nos braves guerriers s'emparérent bientôt de l'artillerie qu'on avoit placée fur le mont, & faifant un feu terrible fur les Turcs, ils les eûrent bientôt réduits à chercher leur falut dans la fuite; mais un parti que Nader avoit mis en embufcade pourfuivit leur cavalerie, tan-

dis qu'un autre détachement voloit fur les pas de leur infanterie.

Les fuïards fûrent pourfuivis jufqu'à Arpetcheï, & ils perdirent
plus de cinquante mille hommes foit par le fabre de la deftruction,
foit par les chaines de la captivité. Un nommé Ruftem s'étant
faifi des rênes du courfier d'Abdalla, ce général tomba en fe dé-
battant, & fe bleffa à la tête contre une pierre ; Ruftem, voïant fa
proïe à moitié immolée, acheva le facrifice, & vint en triomphe porter la tête d'Abdalla devant l'augufte préfence. Un Khoraffanien
nommé Gelil Beg eût autant de bonheur que Ruftem ; il courût
après Sarou Muftafa Pacha, gouverneur de Diarbeer, lequel étoit
allié à l'empereur Mahmoud, & l'aïant jetté à bas de fon cheval,
la chûte fût fi rude, qu'il mourût lorfqu'on le tranfportoit à l'augufte camp. Dix où douze mille autres commandans & officiers
de marque fûrent tués. Toute l'artillerie des Turcs tomba au
pouvoir des vainqueurs, dont le butin confifta en des tréfors, bagage, chevaux, & beftiaux fans nombre.

8 Juin.

Cette victoire fût remportée le vingt fix de Moharrem. Timur Pacha, qui dès le commencement de l'action avoit avec fes
Kiurdes de Van fui vers Ouge Klifia, & une autre troupe qui
avoit pris la route de Kerbi & d'Echerek, fûrent arrêtés dans leur
fuite par les Armeniens de ces quartiers ; cette attaque donna aux
Perfans le tems de les atteindre avec leurs flèches & leurs balles,
de maniére que trois mille d'entre eûx tombérent dans le puit de
la deftruction.

Sa Hauteffe paffa deux jours dans ce lieu fortuné, pour partager le butin & diftribuer des récompenfes ; elle nomma la colline
où les tentes étoient dreffées Moradpeté, ou la colline du defir.

6

Elle

Elle envoïa enfuite par Mohammed Aga le corps du général à Cars, & celui de Sarou Pacha à Erivan. Le fage conquérant donna la liberté à plufieurs prifonniers Turcs, & les envoïa pour informer les peuples de Cangé, d'Erivan, & de Teflis, de ce grand événement.

L'armée fi manifeftement foutenue par la Providence fe rapprocha d'Erivan, & campa fur le mont Tegefemak Khan, qui a la force du mont Alborz. Baba Khan, gouverneur de Fili, fût mandé & eût ordre d'affiéger Erivan avec fix mille lions de guerre. Le prince Riza Kuli Mirza arriva du Khoraffan avec le facré harem, & eût l'honneur de baifer le glorieux marchepied.

CHAPITRE XIV.

Reddition des villes de Cangé, Teflis, et Erivan.   Précis des événemens de ce tems.

QUAND la volonté de cet Etre Suprême, dont les main puiffantes ouvrent ou ferment les plus folides fortereffes du monde, & qui conduit les affaires de cette vafte citadelle de l'univers, a déterminé quelque événement, les clefs du palais des defirs nous tombent dans les mains fans labeur ni recherche, & les places qui long-tems nous avoient été clofes nous préfentent une entrée facile. Cette verité eft confirmée par les événemens du

tems

A. D. 1734.
Nad. 47.

tems de profpérité que nous décrivons. L'arbre de la réfolution
des Turcs avoit jetté de fi profondes racines dans les terres qu'ils
retenoient injuftement; il avoit pouffé les branches de l'opinia-
treté fi haut, que ni la fcie des continuelles ambaffades, ni la hache
des menaces reïterées n'avoient pû l'abbattre : mais quand la nouvelle de la mort du général Abdalla fût parvenue à Cangé, le
gouverneur de cette place Ali Pacha envoïa Mirza Pacha avec plufieurs chefs à l'augufte camp, avec l'offre de rendre la ville. Sa
Hauteffe, pretant une oreille favorable à ces députés, les fit accompagner par Abdelbaki Khan, qui étoit chargé de lettres de
merci & de fureté. En conféquence, le dix feptiéme de Sefer
Ali rendit la citadelle, & mit en liberté les prifonniers Perfans;
puis aïant délivré l'artillerie, il demanda la permiffion de venir,
avec Fath Keraï Soltan le Tartare, baifer le feuil de la puiffante
cour. Cette faveur leur fût accordée; & après avoir offert les
prefens convénables, & reçû plufieurs marques d'honneur, Ali
Pacha fuivit fon armée à Cars, & Fath Keraï retourna dans fes
états par la route de Teflis, aïant tous deux été reconduits par un
corps de Perfans jufqu'à Arpetchaï, frontiére des deux empires.

29 Janvier.

Peu après Ifhak Pacha rendit la ville de Teflis dont il étoit gouverneur, & en fortit le fecond de Rabiu'level, après avoir mis au
pouvoir des vainqueurs toute fon artillerie & munitions, & delivré
les Perfans & Georgiens prifonniers; puis il fe retira avec la garnifon Turque à Akhefké. Quant à Huffein Pacha, gouverneur
d'Erivan, il demanda un délai de quarante jours pour confiderer
s'il fe rendroit.

18 Juillet.

Cependant les glorieux étendars s'étoient approchés de Cars, &
le dixiéme du même mois les tentes fûrent dreffées à l'orient de
cette

21 Juillet.

cette ville. Timur-Pacha, gouverneur de Van, qui s'étoit trouvé
à la journée d'Erivan, étoit alors dans Cars, & d'accord avec quelques autres Pachas il se détermina à soutenir le siege ; surquoi les
champs & villages depuis Arpetchaï jusqu'à Erzenneroum fûrent
ravagés par nos troupes.

A. D. 1734.
Nad. 47.

Après la perte de ses deux généralissimes, la Porte obligea Ahmed Pacha de quitter son gouvernement de Bagdad, & lui confiant le suprême commandement des armées, elle lui donna le
pouvoir de faire à son choix ou la paix ou la guerre. Ahmed se
trouvoit alors en Erzenerroum, & envoïa un messager à sa Hautesse avec des propositions de paix. Dans le même tems les
Pachas qui étoient dans Cars firent porter des paroles de soumission aux pieds du conquérant, & en fûrent favorable écoutés. Le
gouverneur d'Erivan, voïant qu'il ne lui serviroit de rien de con-
server cette ville, consentit enfin à l'évacuer ; il en sortit le quinziéme de Giumádi'laveli, y aïant laissé l'artillerie & les prisonniers,
& n'aïant pris avec lui que la garnison Turque. L'auguste commandement fût alors donné à Baba Khan, qui avoit assiegé Erivan,
de passer avec ses troupes à la station de Chemseddinlou, & d'y attendre de nouveaux ordres.

22 Septem-
bre.

Sur ces entrefaites il arriva qu'une tribu de Leczies du Dagheftan se revolta, & assiegea le chateau de Kebbé. Khasfoulad
Khan s'avança d'un côté, & le gouverneur de Derbend de l'autre
contre cette tribu rebelle, dont ils prirent six cent prisonniers, &
forcérent les autres à la fuite. Dans le tems que Chemkhal étoit
en Derbend, un parti de Leczies, aïant Ofmeï pour chef, attaqua le chateau de Terkhou, qui étoit l'apanage des Chemkhals ;
mais ceux-ci se défendirent si bien, qu'ils tuérent la pluspart des
ennemis.

Dans

A.D.1734.
Nad. 47.

Dans ce même tems Zoheirreddoulé Ibrahim Khan trouva le moïen de conduire de l'eau dans les champs de Merou, qui avoient demeuré fi long tems fecs & ftériles par la malignité des Tartares. L'ambaffadeur Ruffe avoit eû fon audience de congé lorfque l'armée venoit d'Erivan à Cars, & étoit parti avec Mirza Çafi Neffiri, qui étoit chargé de préfenter à la cour de Ruffie plufieurs elephans & autres dons précieux.

CHAPITRE XV.

L'armée quitte Cars, & s'approche de Teflis & Derbend. Conclu-fion des affaires de Georgie. Tranfactions de Khan Khouïm; ré-duction des rebelles du Daghestan.

APRÈS que fa Hauteffe eût pris une entiére poffeffion des trois villes qui lui avoient été rendues, elle fe refolut à finir les affaires de Georgie. En conféquence elle quitta Cars le dix huitiéme du prémier Giumadi, & s'approcha de Teflis, dont elle manda les chefs, ainfi que Thahmouras Mirza & Ali Mirza, & trois cent hommes de Çartil & de Cakht. Ces chefs eûrent l'honneur de baifer la pouffiére du très glorieux marchepied.

25 Septembre.

Quoique Thahmouras fût digne d'être gouverneur de Georgie, néanmoins comme Ali Mirza avoit eû l'avantage d'embraffer la
religion

religion Mufulmane, & que fon frere Mohammed Mirza avoit été
tué dans la bataille contre Ofman Pacha, il fût nommé au gouvernement de Cartil & de Cakht, honoré du titre de Khan, &
enfuite congédié ainfi que fes troupes. Thahmouras Mirza fût
retenû pendant quelque tems fous l'ombre des puiffantes aîles de fa
Hauteffe, mais enfuite il obtint la permiffion d'aller à Cakht pour
tranfporter fa famille à Teflis, dont on n'étoit alors qu'à deux ftations. Thahmouras, qui s'étoit attendû d'avoir le gouvernement
de cette province, & qui avoit rendû de grands fervices dans l'affaire d'Ifhak Pacha, fût fi fort irrité de la préférence qu'un autre
avoit eû fur lui, qu'après avoir conféré avec les chefs de Georgie,
il retourna dans le lieu de fon habitation, au lieu d'aller à Teflis ;
plufieurs Georgiens prirent en même tems la fuite avec leurs familles, & choififfant les routes dont l'accés étoit le plus difficile,
tournérent vers Kerakalkhan, Ruffie, & Circaffie. L'incomparable héros étant parvenû à la ftation de Soghatlouz, divifa fon
armée en plufieurs corps, & les envoïa par divers chemins pour
arréter la tribu fugitive.

Le vingt neuf du même mois les raïons des tentes femblables au
foleil éclairérent la plaine de Teflis, où ceux des habitans qui
s'étoient foumis fûrent traités avec bonté, tandis que les autres
fûrent feverement reprimandés, & fix mille d'entre eûx tranfportés
en Khoraffan.

Après que l'armée victorieufe eût demouré vingt jours à Teflis,
elle fe prépara à paffer en Derbend, pour châtier Khan Khouïm.
Voici les circonftances de cette affaire. Quand Abdalla Pacha
Kiuprili Ogli fût nommé généraliffime par la cour Ottomane,
un ordre fût envoïé en même tems à Khan Khouïm d'affemblér
fes troupes de Tartares, & d'entrer en Perfe par la route de Solak.
&.

& de Derbend. Auſſi-tôt que l'illuſtre conquérant en fût informé, il commanda à Ali Khan gouverneur de Chirvan, & au gouverneur d'Aſterabad, de ſe jetter dans la ville de Derbend, & d'y
faire ferme, mais de ne point livrer bataille, & d'attendre l'appa-
rence ſplendide des banniéres toûjours victorieuſes. Cependant
la fortune aïant conduit rapidement le héros du ſiecle, de ſuccés
en ſuccés, toute la terre fût en admiration & en crainte. L'empereur des Turcs, voïant que les Ruſſes avoient été trop heureux
de faire la paix, en rendant les provinces qu'ils retenoient, et ſes
propres troupes aïant reçû tant d'échec, ſongea ſerieuſement à appaiſer Nader. A cet effet les miniſtres de la Porte firent partir
Ali Pacha, pour lors de retour de Cangé, afin que de concert avec
le généraliſſime Ahmed il régla les limites des empires Turc &
Perſan, & Iſlam Keraï fût chargé d'un ordre qui enjoignoit à
Khan Khouïm de ne point aller en avant dans ſon expédition, y
aïant un traité de paix ſur le tapis. Iſlam aïant rencontré le
général en chemin, fût envoïé par lui avec un autre miniſtre,
pour informer Nader que la Porte avoit envoïé Ali Pacha avec des
propoſitions de paix. Ces envoïés eûrent l'honneur de baiſer le
ſeuil de la cour ſemblable au cieux, lorſqu'elle étoit encore à Teflis. Après qu'Iſlam Keraï eût reçû pluſieurs marques de diſtinc-
tion, il ſe préparoit à pourſuivre ſa route, & à porter à Khan
Khouïm l'ordre qu'on lui avoit confié.

Sur ces entrefaites ſa Hauteſſe aïant appris les deſordres que
cauſoit Khan Khouïm, & qu'il avoit porté l'audace aux plus
grands excés, elle s'oppoſa au départ d'Iſlam Khan, & déclara
ſes intentions en ces termes : " Nous étancherons le feu de la
" diſſenſion avec la ſplendeur liquide de nos cimeterres, & nous
" ferons boire à nos ennemis la coupe de la deſtruction, au lieu
" de la liqueur ſacrée qu'ils attendoient : notre réſolution ſur ce
" point

A. D. 1734.
Nad. 47.

" point eſt irrévocablement fixée." Le lion qu'il étoit ſi dangereux d'irriter envoïa enſuite Iſlam Keraï à Cangé, & dépêcha Abdelbaki Khan pour aller au devant d'Ali Pacha, afin de le conduire dans la même ville, & là attendre des ordres ulterieurs.

Les victorieux étendars quittérent Teflis le Samedi dix neuviéme du ſecond Giumadi. Ils paſſérent la riviére Fanik, & comme 26 Octobre.
les Leczies de Giar & de Tellé avoient encourû l'indignation de
ſa Hauteſſe, elle laiſſa le camp ſur les bords de la riviére, & marcha avec une troupe choiſie contre cette inſolente tribu. A une
approche ſi formidable les Leczies abandonnérent leurs habitations,
& ſe fortifiérent ſur la cime du mont Alborz, dont l'exceſſive hauteur eſt célébre par tout le monde. Pour obeïr à l'auguſte commandement, les mouſquetaires & les grenadiers eſcaladérent les
flancs de la montagne, & avec les flâmes de leurs armes à feu embraſérent les rocs glacés. Ils s'emparérent preſque auſſi-tôt d'un
côté des retranchemens ; & quand les Leczies virent les troupes
ſans pitié fondant ſur eûx, ils ſe diſperſérent au travers des rochers
& des cavernes, & s'enfuirent du côté d'Oar ; un grand nombre
d'entre eûx fûrent tués ou fait priſonniers, & leurs habitations réduites en cendres. Sa Hauteſſe retourna enſuite à ſon camp, &
de là continua ſa route par la voïe de Cheki.

Quand l'armée eût atteint Chamákhi, on reçût avis que Khan
Khouïm s'étoit préſenté devant la ville de Derbend, mais qu'au
rapport de l'approche de ſa Hauteſſe il s'étoit hâté d'abandonner
le païs, & avec des marches forcées s'étoit retiré à Kouïm ſa propre contrée. Sur cela Nader fit venir Iſlam Keraï de Cangé, &
lui enjoignit d'aller notifier aux chefs Tartares l'ordre que l'empereur Turc envoïoit par lui à leur commandant.

Cependant l'audacieux Khan Khouïm avoit laissé derriére lui
une hydre de revolte; en arrivant en Derbend il avoit eû l'audace de nommer Ildar pour governeur du Daghestan, de destiner
le Chirvan à Serkhaï, & Derbend à Ahmed Khan Osmeï, leur
donnant deux mille cinq cent *tomans*, & des armes, pour faire va-
loir leurs prétendus droits à ces provinces. En reconnoissance
Serkhaï avoit envoïé son propre fils, avec cinq cent Leczies, pour
être de la suite du khan temeraire, auquel plusieurs autres de
cette séditieuse tribu avoient crû pouvoir se joindre impuné-
ment..

Quoique l'hyver eût alors commencé, & que les montagnes du
Daghestan fussent couvertes de neige, & quoiqu'il fût extrémement difficile de passer par les défilés, sa Hautesse, qui comme le
soleil regardoit d'un œil égal les orgueilleuses montagnes & les
humbles vallées, ne fit attention ni à la difficulté de la route; ni à
la rigueur de la saison, et résolut de châtier immédiatement les in-
solens confederés. A cet effet, elle prit la voïe d'Alti Agage; &
quand elle fût parvenûe à la vallée de Kendi elle envoïa ordre aux
commandans qui étoit dans Derbend de se rendre en Déré, diftrict de Tabresan, afin d'y faire des provisions. L'invincible héros envoïa le bagage avec les troupes du prince Riza Kuli Mirza
par Chirvan, &marcha lui même à la tête d'un parti de héros contre les rebelles de Hedouk & Henalik. Il détacha en même tems six
mille hommes, qui s'avancérent vers Dokuzparé & Akhtiparé avec
une autre troupe vers Kaber, pour couper chemin de tous côtés à
ceux qui devoient leur sang à sa juste vengeance. Ensuite ce lion,
la terreur de tous les lions du siecle, aïant tué, saccagé, & châtié
completement les tribus séditieuses de ce quartier, alla camper en
Kulbar.

Le

Le cinqüiéme de Regeb les glorieuſes tentes fûrent dreſſées de- A.D. 1734.
vant Chamákhi, où l'on apprit que Serkhaï, Ildar, & Oſmeï, aïant Nad. 47.
joint la chaine de leurs confederés, ſe préparoient à tomber ſur 10 Novem-
bre.
Khasfoulad Khan Chemkhal. Sur cela ſes ſubjuguantes ban-
niéres s'approchérent pendant la nuit de Megiáles, où Khan Mo-
hämmed fils d'Oſmeï reſidoit. Ce jeune preſomptueux deſcéndit
auſſi-tôt dans la vallée, pour livrer bataille aux Perſans, qui bientôt l'eûrent mis en déroute après une perte conſidérable. Tous
ces territoires & les tréſors des Leczies tombérent entre les mains
des troupes fortunées. Le jour ſuivant les vainqueurs continuérent leur marche, & brûlant tous les villages & les bourgs qui ſe
trouvoient ſur leur paſſage, arrivérent à Kebden, où étoit Khaſ-
foulad Khan ; mais au prémier rapport de leur approche Serkhaï,
Oſmeï, & Ildar, prirent la fuite. Khasfoulad Khan, accompagné de ſes troupes, joignit l'auguſte armée, & eût l'honneur de
bàiſer le glorieux plancher.

Les brillantes enſeignes, aïant quitté Kebden, fûrent déploïées
ſur la route de Kemouk à la pourſuite de Serkhaï, & le dix ſept
de Chaaban atteignirent Zourak, à trois paraſanges de Kemouk. 22 Decem-
bre.
Serkhaï, aïant raſſemblé ſes ſoldats, ſe poſta en la vallée par laquelle les troupes auſſi tempeſtueuſes que l'ocean devoient paſſer.
Ils eſſaïoient de fermer ce paſſage aux lions que les laqs les plus
forts ne pouvoient retenir, quand ſa Hauteſſe commanda au mouſquetaires d'attaquer de quatre côtés. D'abord un corps d'Afgans
verſérent les flâmes du combat ſur ces malheureux, qui voïant une
autre compagnie prête à les charger, prirent la fuite, & étant
pourſuivis fûrent la proïe des lions qu'ils avoient irrités. La nuit
s'avançant, & les chemins ſe trouvant de plus en plus difficiles,
ſa Hauteſſe poſta une troupe de grenadiers ſur les montagnes, &
fit dreſſer ſes tentes ſur le champ de bataille.

K k 2.   Maintenant

Maintenant Ildar, aïant levé un corps de Leczies dans le Dagheſtan, s'avançoit au ſecours de Serkhaï, & ne ſachant point qu'il
avoit été battu il prit nos grenadiers pour ſes ſoldats retranchés
ſur les montagnes ; ainſi continuant tranquillement ſon chemin,
il ſe trouva à ſon tour percé des traits cruels du ſort. Dès qu'il
reconnût ſon erreur il prit la fuite, & marcha rééllement alors ſur
les pas de ſes aſſociés, mais non ſans perte de beaucoup de ſes
ſoldats.

Le jour ſuivant les étendars conquérans fûrent déploïés devant
Kemouk, dont les chefs ſe hâtérent de venir demander merci ; ils
ajoutérent, que Serkhaï avoit fuï avec ſa famille du côté de la
Circaſſie ; & que quant à eûx, renonçant à ſon ſervice, ils ſe de-
vouoient entiérement au maitre du monde. Quand ſa Hauteſſe
ſe fût bien aſſurée que Serkhaï étoit échappé à ſa juſte vengeance, elle marcha contre le chateau de Koreiche, où ſe trouvoit
Oſmeï. En chemin faiſant elle envoïa un détachement contre
Akkouché, dont les habitans & le commandant avoient auparavant demandé merci, puis avoient envoïé du ſecours à Serkhaï.
Ce fort fût pris, & le diſtrict ravagé ; mais la clémence du magnanime héros, qui difficilement ſe laſſoit, lui fit accorder la grace
du commandant, qui après ſa défaite vint ſe proſterner ſur la
terre de l'humilité ; & même ſes ſoldats, qui avoient été fait priſonniers, lui fûrent rendûs.

Les tentes aïant été dreſſées dans les environs de Koreiche,
Oſmeï, pour obtenir ſon pardon, envoïa à l'illuſtre ſérail ſa fille
Heilever ; pluſieurs de ſes officiers vinrent auſſi de ſa part avec
des proteſtations de ſoumiſſion, & des aſſurances d'une conſtante
obéïſſance, ſurquoi ſes fautes fûrent effacées avec la plume de la
bonté. Les Leczies de Dokuzparé envoïérent un préſent de mille
chevaux ;

chevaux; & quelques uns de leurs plus confidérables chefs de famille offrirent à fa Hauteffe le tribut de leur fervice. A leur exemple les chefs de Teberferan s'enrolérent dans l'augufte armée, & prêtérent ferment de fidelité.

Ce fût ainfi que les affaires du Dagheftan fûrent terminées. Khaf-foulad Khan & les autres chefs de cette province fe rendirent aux glorieufes tentes; & après avoir été rafraichis par les fources de l'intariffable bonté, eûrent congé de fe retirer dans leur refpec-tives habitations.

Sa Hauteffe envoïa plufieurs familles de Teberferan & du Dag-heftan à Derbend; elle conduifit enfuite le courfier de fes inten-tions par la voïe de Chirvan, vers les ranimantes plaines de Mogan.

A.D. 1734.
Nad. 47.

FIN DU TROISIÉME LIVRE.

T R A-

TRADUCTION LITERALE

DES

VERS CONTENUS DANS LA PREMIÉRE PARTIE

DE

L'HISTOIRE DE NADER CHAH.

* Preface.   Ecoutez votre ami fincere ; la faifon de la rofe paffe promptement ; au ramage de l'amoureux roffignol fuccedent de triftes plaintes.

LIVRE I.   CHAPITRE I.

* Page 2.   Le deftin vole avec les traits qu'il lance.   Son fabre recourbé eft le fondement de la victoire.   Si la face de Nader eft enflâmée de colére, de quels feux n'allume t'elle pas le foleil ! Si l'amour anime fes joues, l'aure du matin en eft échauffée, & répand dans l'univers la même ardeur ; ainfi, où la Salamandre allarmée fe cache dans fon élement, où les Zéphires fe jouent fur les collines, & dans les plaines.

C H A-

CHAPITRE IV.

* Page 10. Le prémier jour que je le vis, je dis, c'eſt lui qui obſcurcira ma lumiére.

CHAPITRE VII.

* Page 24. Tous ceux qui ont une face polie & luiſante ne ſont pas beaux. Tous ceux qui ſont un miroir, ne ſont pas un Alexandre. Tous ceux qui mettent leurs turbans de côté & s'aſſeoïent impérieuſement, ne ſont pas monarques, & ne poſ-ſedent pas l'art de gouverner.

CHAPITRE X.

* Page 34. Eſt ce que le brillant ſoleil s'eſt caché, que l'on voit la chauveſouris planer dans le champ de l'air ?

CHAPITRE XV.

* Page 51. Eſt ce que toutes les têtes ſont formées pour la cou-ronne de la grandeur ? Si tu ne t'éleve pas par la volonté de la Providence, ton élevation ne fait que t'approcher de plus près de la calamité.

CHAPITRE XVI.

* Page 54. Un chat eſt un tygre, s'il attaque une ſouris ; & une ſouris, s'il eſt mis aux priſes avec un tygre.

C H A-

CHAPITRE XVII.

* Page 59. Toutes les fois qu'il revenoit de ce jardin, l'odeur qu'il en rapportoit devenoit plus forte.

LIVRE II.　CHAPITRE II.

* Page 72. On ne sauroit compter sur tes promesses, non plus que sur le Zéphir.

CHAPITRE VI.

* Page 83. Les plaines & les collines ne parûrent qu'une mer de sang en ce jour de fureur ; la terre devint le roïaume de la nuit, & ne reçût plus des cieux qu'une affreuse clarté ; les chevaux henniffans élevoient des nuages de pouffiére que la lune & le soleil s'efforcoient en vain de percer de leurs raïons.

CHAPITRE VII.

* Page 85. Quand les sons de la victoire parvinrent au sultan, les banniéres de joïe & d'allégreffe fûrent déploïées.

CHAPITRE VIII.

* Page 92. Tu dois recevoir un tribut des beaux adolescens, parce que tu est comme une couronne sur leur tête.

Tes

Tes yeux languiſſans ont mis tout le Turqueſtan en confuſion ; à tes cheveux bouclés la Chine & les Indes païent tribut.

Ta bouche, comme la cire qui découle le miel, donne à Khedder la fontaine de vie ; tes levres ſurpaſſent en douceur le ſucre d'Egypte.

CHAPITRE XII.

* Page 102.   O toi Hafiz ! dont les vers ſublimes fûrent vainqueurs d'Irac & de Fars, viens recevoir les nouveaux triomphes que le ſort te reſerve à Bagdad & à Tauris.

CHAPITRE XIII.

* Page 108.   Telle eſt la volage fortune, dans ſes bontés & ſes rigueurs également changeante, elle éleve un jour, & abaiſſe le lendemain ; mais elles diſpenſe ſes faveurs avec nonchalance, & devient extrême dans ſa haine.

CHAPITRE XVIII.

* Page 129.   Le bonheur que nous demandions au ciel cherche le chemin de notre maiſon, & y entre.

LIVRE III.   CHAPITRE III.

* Page 168.   Le ſoleil avoit ſi fort alteré la face de la nature, que les eaux des fontaines étoient changées en feux.

La chaleur des raïons du soleil étoit si violente, que le nom-
seul de cet astre auroit brulé la langue dans la bouche.

Si un oiseau essaïoit de voltiger dans les airs, ses ailes étoient con-
sumées par les raïons ardens.

Le cœur du dur rocher étoit fondû par une si exceffive chaleur ;
une fontaine tomboit du haut de la montagne.

Si la salamandre qui embrase le feu lui-même, avoit alors approché des eaux bouillantes, elle auroit été réduite en cendre.

* Page 170. Si la fortune & le bonheur m'affistent, je puis sub-
juguer le monde entier :
Mais si le fil de la profperité ne tombe pas dans ma main, je suis
totalement abandonné à la volonté du sort.

* Page 171. S'il plaisoit à l'Etre Suprême, l'ombre qui tombe sur
la terre deviendroit l'habitation de l'aigle de Paradis.

Vous pouvez poffeder autorité & pouvoir, & nous être haïs & me-
prifés ; vous pouvez nager dans la joïe, & nous perdre nos
biens & la vie.

Nous ne connoiffons point les fentiers de la fortune ; nos têtes
dépendent des décrets du Créateur.

CHAPITRE IV.

* Page 176. Soliman n'eût jamais une si belle armée. Alexandre
n'avoit point autant de valeur. Nul ne vit auparavant tant d'ordre
&

& de conduite. Feridoun même, avec toute fa gloire, a-t-il donné un fpectacle pareil ?

* Page 178. Quoique nous aïons perdû la premiére partie; nos pieces à la fin gagneront le jeu..

CHAPITRE V.

* Page 180. Le héros qui enchaine fes ennemis, & qui foumet les provinces, éleva fes banniéres dorées.

Chaffe toute trifteffe, que peux tu defirer de plus ? La pouffiére d'un troupeau de brebis rafraichit les yeux du loup.

CHAPITRE XIII.

* Page 210. Au matin, quand l'étoilé firmament anonçoit avec fa trompette dorée le départ de la nuit..

FIN DE LA PREMIERE PARTIE.